名师名校名校长

凝聚名师共识
回应名师关怀
打造名师品牌
培育名师群体

顾明远题

深度学习视域下的初中语文课堂教学策略

乐晓华 / 著

中国文联出版社

图书在版编目（CIP）数据

深度学习视域下的初中语文课堂教学策略 / 乐晓华著. — 北京：中国文联出版社，2022.10
ISBN 978-7-5190-4997-3

Ⅰ. ①深… Ⅱ. ①乐… Ⅲ. ①中学语文课—教学研究—初中 Ⅳ. ①G633.302

中国版本图书馆CIP数据核字（2022）第188340号

著　　者　乐晓华
责任编辑　刘　旭
责任校对　秀点校对
装帧设计　刘贝贝　李　娜

出版发行　中国文联出版社有限公司
社　　址　北京市朝阳区农展馆南里10号　　邮编　100125
电　　话　010-85923025（发行部）　010-85923091（总编室）
经　　销　全国新华书店等
印　　刷　北京四海锦诚印刷技术有限公司

开　　本　710毫米×1000毫米　1/16
印　　张　15
字　　数　275千字
版　　次　2022年10月第1版第1次印刷
定　　价　58.00元

序 一

“我写故我在！”

“写作”，不仅是一种文字流淌的意象，更是生命行走的方式。

解构任何一名能称之为“行走中的教育人”的人，基本上都能看到其在“思维”“行动”和“话语”三个维度上行走时的精彩绝伦。

“写作”则有利于实现上述三者之间的相互积累、相互交融和相互印证并集中呈现出生命行走的万千姿态。

乐晓华先生就是善于把三者结合起来并表达出来的一名资深“教育行者”。

2012年9月，我被一阵风吹到深圳，成为“南漂一族”。

其时，乐晓华先生已是享誉南国的、教科培领域的著名学者，但其不满足已有的学术成就，开始在文言文翻译成白话文常规教学法的基础上，借鉴外语教学中的对译教学法，致力于研究、创造和实践“文言文对译教学法”，为文言文教学提供了经典法理和高效范式，成为“广东教育一绝”。

现在，乐晓华先生又把目光聚焦于“深度学习视域下的初中语文课堂教学策略”，不禁让我眼前一亮。

其原因无外乎当下语文教学存在浅层次问题，需解决，国内教育界中的学术界（其实已经称不上学术界，教育界的学术人无学术，却喜欢到处“瞎忽悠”，已成为普遍现象）对“深度学习”的研究非常浅薄，表达也异常混乱，亟须一名静得下心、沉得住气的资深学者，在理论和实践之间穿行和探索，并且用一线教师能够听得懂的语言、理解到策略（而不是空谈所谓宏大的战略）表达出来。

而乐晓华先生无疑是担此重任的重要人选。

提前拜读了乐晓华先生《深度学习视域下的初中语文课堂教学策略》的文稿，真可谓体悟颇深、收获良多。

乐晓华先生从“深度学习的理论研究”的点切入，进行了大量的文献综述，科学辨析了深度学习的概念、特征。再经过“深度学习视域下的初中语文教学实践”的深度调研和反思，推理、建构和阐释了“基于深度学习的初中语文课堂教学实践”的前提条件、指导方法和实践策略，创建了深度学习初中语文“五字诀”课堂教学基本模式。

最后从“基于深度学习的初中语文课堂教学典型案例及评点”深入浅出，为广大教师提供了可学、可用的示范样本。

这是一本既接地气也接天气的深度学习语文教学指导用书，非常适合中小学教师使用，能给教师带来课堂教学理念和教学行为的新思考与新启发，以加快教师自身的专业成长。

假以时日，《深度学习视域下的初中语文课堂教学策略》一定会成为广东教育的另一“绝活儿”。

“我写故我在！”

愿乐晓华先生能有更多的作品问世，造福中国基础教育。

郭其俊

2022年4月30日于深圳

（郭其俊先生系中国教育学会初中教育专业委员会副理事长、深圳市福田区教科院院长、著名特级教师、首批正高级教师）

序 二

目前，深度学习作为一种教育理念，顺应了现阶段深化课程改革、落实立德树人、培育核心素养的目标指向，契合了教育改革的需求，在教育实践中发挥着较大的影响力。

深度学习理论研究给予初中语文教学“深度”启示。深度学习作为学习科学的重要分支，20世纪70年代被引入教育领域，广泛受到国内外研究者的关注。与强调知识记忆的浅层学习相比，深度学习注重知识的深度、广度和充分关联度，在对知识进行整体学习后，能够灵活运用到陌生情境。深度学习将关注的视角从教师的教转向学生的学，深度学习理论为语文学科教学改革提供了新视野。深度学习的主要任务在于通过语文学科核心内容的重点探究过程，使学生在掌握学科核心知识的同时，培养学生的高阶思维能力和问题解决能力，实现语文学科教学中的深度覆盖。深度学习理论力图用“少而精”的教学内容代替“多而浅”的教学内容，在真实情境中设计高投入、高认知、高参与的学习活动，发展学生的高阶思维能力。

深度学习努力解决初中语文教学浅层化困境。1978年，吕叔湘在《人民日报》上发表了《当前语文教学中两个迫切问题》一文，指出“中小学语文教学效果很差，中学毕业生语文水平低，大家都知道，但是对于少、慢、差、费的严重程度，恐怕还认识不足”。四十多年后的今天，语文教学“少、慢、差、费”的浅层学习现象依然存在。第一，学生知识理解表面化，靠死记硬背对文字修辞知识、文体章法知识、语法知识、文化知识进行意义建构，学生只是依靠记忆占有知识，并没有深度理解知识，难以在新情境中解决真实问题。第二，学生学习的语文知识与现实生活脱离。学生无法在真实语言实践中运用，这只是占有式而非存在式的学习，不能深化理解文本，感受不到学以致用的乐趣。第三，课堂留给学生思考和阅读的时间较少，学生的学习活动往往是靠教师的提问牵引的，教师的提问要么过于封闭，预设性过强，要么太过零散，学生形式化地在回答问题和寻找答案间不停转化，难以有深入思考的可能，教师用大量的讲解挤占了学生自主阅读的时间和空间，效果事倍功半。第四，学生的思维浅表化，初中语文课堂教学还不能很好地满足学生在思维广度和深度上的发展诉求，学生固化思维，不敢打破预设答案大胆质疑与批判，更难以创造性地生发自己的观点。深度学习的内涵与特征会为我们解决语文教学中的“浅层化”困境提供新的理论视角和教学策略。

深度学习重构初中语文学科价值诉求。第一，从个人的角度出发，语言是一个人由自然人向社会人转变的重要标志，是表达思维的工具，只有掌握了语言，个人才能有效地与他人沟通，才能有效地建构自己的文化经验，随着人类文明的发展，人们需要通过书面语言传承文化，这就需要每个成员通过学习语言文字更有效地实现社会化的进程。第二，从社会的角度出发，语言是一个民族最重要的文化基因，一个民族统一的国家首先要有属于自己的语言文字，中华民族是一个统一的多民族稳定的国家，其中的一个重要原因是我们有自己的民族共同语言，汉字是我们的汉语言书面语。任何国家和民族进行基础教育时，都会设置母语课程，使儿童能够更好地实现自身发展，进而更好地传承和理解本民族的文化。第三，从语文课程育人功能的角度出发，应强调语文课程的基础作用，进一步提高语文素养，形成良好的思想道德修养和科学人文修养，为终身学习和全面而有个性的发展奠定基础，为传承和发展中华文化、增强民族凝聚力和创造力发挥应有的作用，这些都是初中语文教学具有的独特地位和不可推卸的任务。

在此背景下，我们高兴地看到珠海市名教师、珠海市中语会会长、珠海市金湾区教师发展中心教研员乐晓华老师在深度学习理论视角下为语文教师提供创造性的实施初中语文教学策略的新思路，尝试在一定程度上解决初中语文教学浅层化问题，相关的理论研究及凝练的实践成果能付梓，甚为欣喜，乐意为序！

罗易

2022年4月18日

（罗易先生为首批“广东省普教系统名教师”、首批“广东省正高级教师”、首批“广东省教师工作室主持人”）

目 录

CONTENTS

上 篇 深度学习的理论研究

下篇　深度学习视域下的初中语文教学实践

上　篇

深度学习的理论研究

信息化时代的来临，强调发展具有批判思维能力、探究能力和理解能力等多重能力的新型人才。高度信息化的知识时代与我国教育改革的现实需要，呼唤着深度学习的来临。深度学习理论源于计算机、人工智能领域，并于20世纪70年代引入教育学领域。自21世纪初引入我国以来，研究态势不断攀升，理论研究不断深入。

第一章　研究背景与研究意义

随着科技的发展，人们获取信息的渠道和途径变得更加多样与简便，知识量呈爆炸性增长。这种多元的方式和丰富的信息往往导致很多人利用碎片化时间进行学习，但这种学习是浅层的、浮躁的，仅仅停留于对知识的了解与认知。在知识经济飞速发展的今天，社会所需要的是拥有健全人格、能够利用知识力量来改造社会的人才，这就决定了学习者必须对自己有更高层次的要求，不能仅满足于所拥有的简单知识和技能，而要不断提升自己，追求更深层次的发展，实现由浅层学习向深度学习的转变。因此，学习者必须学会学习，掌握深度学习的方法，提高自身的素养以适应社会发展的要求。

一、研究背景

（一）教育改革的普遍趋势

随着社会经济的快速发展，人类生活的方方面面都发生了巨大的改变，同样这种改变对教育活动也产生了巨大冲击。社会对人才的要求逐渐提高，这就意味着传统“教师教，学生学”的这种单方面被动接受的教学方式已不再满足当下社会对人才的要求，走向自主学习、批判性理解接收知识、学会知识迁移、顺利解决问题的教育改革引起了国内外学者的广泛重视。

面对社会的变化，世界各国纷纷对本国教育进行改革，探索形式多样的教学模式和高效实用的学习方法，培养具有终身学习能力、知识创新能力及自主学习能力的新时代人才。21世纪初，美国在国际测评上的糟糕表现让美国不得不去反思当前教育中出现的问题。通过反思，他们意识到现行的课程标准出了问题。在教学过程中，只注重涉及多方面知识，而忽略了知识学习应有的深度，使学习流于表层，不能真正理解掌握知识的内涵。因此，美国开始注重在学习中培养学生的高阶思维能力，强调学生要具备推理、综合应用、创造、批判性思维、分析和解决问题等能力。近些年，美国大力推行的创客教育、STEAM教育促进学科融合，让学生在创造中提升学科学习质量，培养批判思维、创新思维与问题解决能力，这些教育理念中都有深度学习的影子。芬兰完善先进的教育理念一直得到许多国家的一致认可，在21世纪全球化、数字化和移动学习的趋势下，芬兰开始了第三轮教育改革。在结合国际和国内情况的基础上，芬兰国家教育委员会提出此次改革的基本出发点和根本目标，就是培养学生未来社会所需的核心素养与能力，其中包括：思考与学会学习能力，多元文化认知、社会交往与自我表达能力，自我管理与生活能力，综合素质、信息技术与沟通能力，就业与创业能力以及可持续发展意识与社会参与能力。为实现这一目标，芬兰提出学科融合式的“现象教学”，将语言、地理、科学和经济等学科以“主题式”教学的方式进行有机融合，培养学生的跨学科知识和技能的贯通能力；通过基于信息和通信技术（ICT）的教学支持系统的构建，促进信息技术与课程教学的深度融合；此外，注重发挥学生的主体作用，提升学生的自我管理能力和可持续发展能力。新加坡教育部在1997年开始推行名为“思考的学校，学习的国家”（Thinking Schools，Learning Nation）的教育改革计划，强调培养学生的思考技能、创造力与探究精神，让学生在日常生活中能够理性地分析问题、解决问题。2018年3月，澳大利亚政府发布了《以成长促发展：澳大利亚学校实现卓越教育评审报告》，其中三大优先关注事项强调学生要不断取得进步，成为一名具有创造精神、乐于互动和参与的学习者，教育系统及学校的各个环节（包括课程、评价工具、社区与家长参与等）都必须不断改进。

为应对经济全球化，我国教育部也进行了一系列教育改革。2001年，我国颁发的《基础教育课程改革纲要（试行）》中明确指出，课程改革要“改变课程实施过于强调接受学习、死记硬背、机械训练的现状，倡导学生主动参与、乐于探究、勤于动手，培养学生搜集和处理信息的能力、获取新知识的能力、分析和解决问题的能力以及交流与合作的能力等”。而且，《国家中长期教育改革和发展规划纲要（2010—2020年）》中也提出，“要着力提高学生的学习能力、实践能力、创新能力，教育学生学会知识技能，学会动手动脑，学会生存生活，学会做人做事，促进学生主动适应社会，开创美好未来”。

纵观国内外的教育改革趋势可以看出，多数国家已认识到教育改革的核心是提高教育质量，发展学生各项能力，只停留于知识表层的机械记忆与复述的学习已不适应当前的教育，探求知识的深层含义，做到知识迁移及问题解决才更有价值，国际范围内以培养高阶思维的深度学习为表征的教育改革正是反映了这一点。

（二）核心素养的要求

1997年，经合组织（OEDC）启动的项目“素养的界定与遴选：理论和概念基础”中首次提出核心素养。2000年，经合组织开展国际学生评估计划，考察15岁学生是否具备未来参与社会所必要的能力。自此，关于素养这一概念逐渐引起许多国家的关注。特别是在国家排名的浪潮下，围绕核心素养的测评结果不仅具有教育上相互借鉴学习的意义，更折射出一个国家的综合实力。核心素养是学生适应社会发展所需要具备的综合性素质，强调学生不只是需要掌握知识技能，具备乐观积极向上的心态，更重要的是学生能够在具体的情境中运用所学知识，分析解决问题。核心素养的本质决定了指向核心素养的学习不能停留在传统被动机械的浅层学习层面，学生不仅要知道是什么，而且要知道为什么，进入深度学习阶段，注重知识的广度，同时也要注重知识间的关联，掌握知识的深层含义。

为顺应世界教育发展趋势，提升我国教育竞争力的迫切需求，我国于2016年提出了中国学生发展核心素养。以培养全面发展的人为核心的核心素养分为文化基础、自主发展、社会参与三个方面，综合表现为人文底蕴、科学精神、学会学习、健康生活、责任担当、实践创新六大素养，具体细化为十八个基本要点。其中强调学习者要具有问题意识，能多角度分析、辩证问题，积极主动地学习，勇于探究，勤于反思，善于总结。深度学习以培养学生的质疑、批判思维能力和解决问题的能力为中心，是培养核心素养的有效途径。《义务教育语文课程标准（2022年版）》在核心素养上分列为“文化自信、语言运用、思维能力、审美创造”四个方面内容，如何开展指向核心素养的学习？如何实践核心素养，让学生在必备品格、关键能力与价值观得到培育与发展，则必须推进深度学习语文课堂教学项目，顺应教育改革的发展形势。

（三）学生长远发展的需要

传统教与学的方式，教师单方面地向学生灌输枯燥无味的基础性知识，学生不加思考全盘接受，机械地重复记忆，只为取得优异成绩，这样不利于学生的长期发展，将会被社会淘汰。对于学生来说，深度学习不是超越学生认知水平的高难度学习，而是学习能力发展的一种顺承表现，也是实现有意义学习的途径。深度学习对于学生发展的意义表现在以下几个方面：

第一，从学生认知发展的角度来说，深度学习强调学生能利用所学知识在具体场景中进行迁移，这在一定程度上，有助于加强学生新旧知识之间的联系，不断完善建构自身的认知结构。换言之，深度学习强调学生在学习时不断的进步，而非停留在原有的认知水平上。

第二，从学生能力发展的角度来说，深度学习强调学生在学习过程中，批判性地接收分析信息，学会迁移、解决问题，可以培养学生分析、迁移、应用等综合能力，从而不断激发学生的学习动力，挖掘自身的学习潜力。

第三，从学生情感发展的角度来说，深度学习以深度吸引为前提，以深度体验为过程，以深度反思为结果，整个学习过程有助于学生的情感表达，增强学生在课堂中的参与感，激发学生对学习的热情，进而提高学生对学习的信心。通过学习过程中层层深入的情感体验，满足学生自身发展的情绪情感需要，积极表现自己的真实情感，使学生身心健康发展。

二、研究目标与意义

深度学习的理论不是某一流派的理论演绎，而是历史上优秀教育理论成果及优秀教学实践经验的汇聚与提炼，是对学生学习与发展的一般道路的现实探讨。

相当长的时期内，教学理论研究及教学实践探索在教学活动的基本问题上，常常偏执一隅。例如，在涉及师生在教学中的地位与作用时，要么强调学生主体，将“学生主体”与“教师主导”对立起来，从强调“学生主体”走向“学生中心”；要么反其道而行之，强调教师的主导作用以致发展为“教师中心”。而所谓的“学生中心”，只是孤立确定“学生”的兴趣、需要、尊严而回避学生在教学中如何能够获得发展，应该承担怎样的责任。同样，“教师中心”的主张也往往是撇开现实的教学活动去抽象地谈论“教师”的素养与技能，很少关心教师在教学活动中的现实处境和教师的价值及其实现。谈及教学内容时，往往孤立地关注教学内容作为认识成果本身的价值，强调被继承、被传递的重要性，很少将教学内容与学生的发展联系起来，也很少将学生的发展与人类的未来实践活动进行关联考量。例如，要么系统讲授（强调人类认识成果的逻辑与系统），要么自主探究（强调学生个体直接经验的重要性）；要么重过程（强调学生经验），要么重结果（强调人类已有经验）；等等。

深度学习的理论价值，不仅在于克服机械学习、浅层学习的弊端，让学生学得主动、积极；更重要的是，要克服长期以来的种种二元对立，使教师、学生、教学内容（知识）获得高度的统一，使教学内容（人类历史文化、人类认识成果）实现其本应有的价值，使教师、学生在教学中获得最大发展，使学生能够形成有助于未来持续发展的核心素养。

（一）研究目标

目前，一部分学习者学习积极性主动性不强，知识学习只是流于表面，不能深入挖掘知识内涵，学习效率偏低。本研究旨在改变这种浅层学习的现象，帮助学习者提高学习效率，开展深度学习活动。本书以促进学生深度学习的视角来审视当前初中语文教学，具体来说，本研究的目标包括以下几方面：

（1）通过阐述深度学习的内涵特点，提出基于初中语文教学现实需要的深度学习概念，研究揭示深度学习和初中语文教学两者之间的内在关联，明确深度学习在语文学科中的重要性。

（2）运用案例分析法和调查法，对初中语文教学中存在的浅层学习现象进行分析与反思，指出浅层学习对学生学习发展的不利影响，明确深度学习的必要性，帮助学习者养成批判性思考的意识，不断提高学习者批判性思维能力，进而达到深度学习的效果。

（3）通过调查获取第一手的语文教学资源，从中总结反思，从深度学习视角出发提出与初中语文教学相关的改进建议，以促进学生深度学习为目的给一线初中语文教师提供改善性的教学实践策略，帮助学生提升语文综合素养。

（二）研究意义

1. 理论意义

（1）有利于拓展初中语文学科教学理论的研究视角，进一步丰富深度学习的教学理论。近年来，在国家教育改革推进教师队伍素质提高的要求下，各个学科对于学科教学的研究正逐年增多。其中，对于初中语文学科教学的研究视角主要集中于教师在教学方法和教学理论的应用研究上，对学生学会什么、怎样去学的研究还不够深入。本书着力针对初中语文课深度学习的应用开展研究，将深度学习与语文教学的发展相结合进行研究，在一定程度上补充了目前深度学习在教育教学领域的欠缺，同时给深度学习与语文教学的创新打开新的研究思路。因此，本研究有助于进一步推动初中语文学科深度学习的研究，又可拓展初中语文学科教学理论研究的视野和方向。

（2）有利于推进初中语文学科教学改革，促进深度学习的开展。部编版初中《语文》教材内容随年级变化逐级增加难度和广度，与旧版教材相比，浅层性知识得以延伸，教学内容的深度明显增加，这提高了学生对于知识理解的要求。本书基于深度学习的研究，对初中语文教师教学策略进行探讨，以拓展初中学科教学研究的视角。学界针对深度学习的研究体系尚未完善，本书在借鉴前人研究的基础上，从初中语文学科角度出发，提出符合初中生学情的深度学习教学策略，对完善我国初中语文教学改革理论具有重要意义。

2. 实践意义

促进学生深度学习，是初中语文教学的价值诉求。深度学习对初中语文教学具有重要的实践意义，这已达成共识。但大部分语文教师缺乏系统性的理解，对具体操作并没有清晰的认识。本研究的实践意义在于以下三个方面：

（1）有利于提升教师深度教学的专业素质。当前，部编版初中《语文》教材内容深度明显增加，对教师把握教材体系内在逻辑联系及课程理念的理解提出更高的要求。对深度学习理论的实践探索，有利于进一步深入探索深度学习对初中语文教师的教学和学生学习的意义和价值，有利于教师突破传统浅层教学理念的局限，实现对教学知识深度处理。在此过程中，一定程度上有助于加深教师对于深度学习理论的理解，同时促进教师专业素质的提升。

（2）有利于促进学生深度学习的能力培养。在初中语文中深度学习理论以教师教学逐步深化展开，挖掘学生深度学习的可能性，实现对学生“最近发展区”的开发，以构建师生间深度互动的双向课堂。深度学习强调循序渐进地激发学生内部学习动机，以实现学生自主学习能力深度强化、知识的深度理解及情感、态度与价值观的深度浸润。

（3）有利于提高初中语文学科的教学质量。深化课程教学改革全面提高教育质量的“主渠道”在于教师课堂教学。通过实证进行研究，探索深度学习对教师、学生的影响，教师引导学生将课堂学习方式向深度学习转型，为语文教育工作者创新语文教学提供新的思路，旨在改变学生思维方式，摒弃浅层学习“粗浅低效”，加深对所学知识的理解。深度学习理念助力课堂学习形态转型，实现真正的“教”和真正的“学”的有机结合，给教学活动带来真正意义上的高质量和高效率。

三、研究思路

本书的重点是研究初中语文教学中促进学生深度学习的教学策略，将深度学习作为改进初中语文教学的方法，以解决当前初中语文教学中存在的问题，提高初中语文教学的成效。具体的研究思路如下：

（1）通过文献研究法对深度学习理论的概念界定、主要特征及理论基础进行全视角的系统阐释。

（2）从理论出发，将深度学习理论与初中语文教学结合起来，梳理二者的相关性，探讨初中语文教学与深度学习的内在联系，明确深度学习理论对初中语文教学所带来的价值，分析深度学习视角下的初中语文教学内涵、特征及过程，为后续的案例分析和课堂观察指明方向。

（3）运用案例分析法、调查研究法，了解部编版初中语文教材的特点及教学要求，以及深度学习视角下初中语文教学的现状，发现其中存在的问题并寻找问题产生的根源。

（4）在理论梳理和现实依据的基础上，基于深度学习视角提出初中语文教学策略，并结合具体初中语文教学课例进行阐释，改善初中语文教学中存在的问题。

四、研究方法

（一）文献研究法

在中国知网及图书馆查阅有关深度学习在教育领域的相关文献，并结合本书写作需要通过对国内外关于深度学习相关文章的查阅，获取关于深度学习的理论知识，增强对深度学习的理论理解，夯实研究的理论基础，并能让本书站在巨人的肩膀上进行研究。

（二）案例分析法

案例分析法为本次研究提供了事实支撑。通过对已有的初中语文教学案例进行分析，总结深度学习理论在语文教学中的优势和存在的问题，并对其原因进行分析。

（三）调查研究法

1. 问卷调查法

在基于深度学习的初中语文教学设计实验前测中，使用问卷调查法，了解学习者深度学习能力的基本情况，以确定本次实验的实验对象。在实验后测中，采用问卷调查法分析比较实验前后，学习者深度学习能力的变化情况。

2. 测试法

本实验中的测试法主要用于基于深度学习的语文教学设计实验的后测，通过纸笔测试的形式来检测学习者整体的学习效果，验证实验假设。

3. 访谈法

教学实践前与教师进行相关访谈，了解学习者的一些基本情况。教学实践后与教师进行访谈，了解学习者在实际教学活动过程中的学习情况，从教师角度掌握实践研究后学习者在信息整合、知识建构、批判反思、迁移运用、问题解决等方面的能力水平的变化。

第二章　研究文献综述

从"中国知网"搜索，关于"深度学习"主题研究文章共有9万余篇；通过对学术搜索引擎及文献资料服务平台"读秀"搜索，关于"深度学习"主题研究的专著共有500余部。可见，"深度学习"是近些年来学术界热点研究的话题。

一、深度学习文献综述

（一）国外研究现状

深度学习的相关研究源于20世纪50年代中期，美国学者马顿（F. Marton）和萨乔（R. Saljo）在一项有关学生阅读学术文章的实验中，提出"深度学习"概念，指出深度学习是一个知识的迁移过程，有助于学习者提高解决问题并做出决策的能力。此后，很多国外学者对深度学习进行了不同角度的探讨，综合来看，国外对深度学习的研究大致可分为以下几个方面：

1. 深度学习的定义

早期，大多数研究者认为深度学习是相对于浅层学习的一种学习方式。比格斯（Biggs，1979）在马顿等人的基础上对深度学习的概念做了进一步完善，提出深度学习是高水平、主动的认知加工过程，运用的是深层次的学习方法；对应的浅层学习则是低水平认知加工过程，运用的是表层学习方法，并且强调学生的元认知，对带来深度的学习成果至关重要。

随着深度学习的进一步发展，研究者从关注深度学习的方式过渡到关注深度学习的发生过程。2010年，美国威廉和弗洛拉·休利特基金会（William and Flora Hewlett Foundation）和美国研究院（American Institutes for Research，简称

AIR）组织实施Study of Deeper Learning：Opportunities and Outcomes（SDL）项目，威廉和弗洛拉·休利特基金会在文献研究和广泛征求专家意见的基础上，对深度学习做了如下界定：深度学习是学生胜任21世纪工作和公民生活必须具备的能力，这些能力可以让学生灵活地掌握和理解学科知识以及应用这些知识去解决课堂和未来工作中的问题，主要包括掌握核心学科知识、批判性思维和复杂问题解决、团队协作、有效沟通、学会学习、学习毅力六个维度的基本能力。可以看出，该定义主要从学习结果的角度诠释了深度学习。2011年，美国卓越教育联盟（Alliance for Excellent Education）对深度学习进行了如下界定：以创新方式向学生传递丰富的核心学习内容，引导他们有效学习并能将其所学付诸应用，强调深度学习将标准化测试与掌握沟通、协作、自主学习等能力相连接。

2. 深度学习的教学策略

美国SDL项目实验学校中采用的深度学习途径大致分为两个：一是重塑课堂教学设计，具体从明确教学目标、课程开发、课堂教学、教学评价四个方面进行重新设计；二是变革学校结构与文化，具体包括课时上的灵活安排、开设咨询课，支持个性化发展的学校文化。SDL研究提出基于项目的学习、校外实习、小组合作、支持个性化学习的学校文化等深度学习的重要策略，具有重要的参考价值。索菲·洛思斯（Sofie Loyens，2013）在PBL环境下，通过实验探究学生的学习方法与学习成果的关系，结果表明，相较于其他组，PBL组的学生能够使用更深入的学习方法，PBL模式可以有效促进学生的深度学习。

3. 深度学习的教学评价

目前国外关于深度学习的评价，一般围绕两个方面：什么评价方法可以促进深度学习的发生；如何判断深度学习是否发生。

关于评价方法，形成性评价、表现性评价、综合性评价等方法普遍得到研究者的青睐。2005年，艾莉森·拉什顿（Alison Rushton）在《形成性评价：深度学习的关键？》（*Formative Assessment：A Key to Deep Learning？*）中阐述了形成性评价对深度学习的影响，探讨了反馈与深度学习的联系，提倡建构主义方法，以学生为中心。2014年，美国斯坦福大学启动学生深度学习评估计划，旨在建构与共同核心素养的教学与评价相一致的深度学习评估系统，运用表现性评价驱动学生掌握核心学术内容，并发展未来大学和职业所需的高阶认知技能。美国深度学习研究项目（SDL）中的实验学校，采取一系列有效综合性评价策略，包括长期评估，如档案袋、展览（exhibitions）或作品集（portfolios），以及形成性评价、学习同伴间提供反馈等方式，这些评价策略允许学生展示他们积累的知识和能力以及他们在学习上的进步；在测量学生对概念的理解方面，学校会采取总结性评价，如考试。

对于如何判断深度学习是否发生，不同阶段研究者对深度学习定义不同，其评价方法也不尽相同。初期，深度学习被定义为一种学习方式，比格斯（Biggs，1987）提出学习过程模式，其学习过程调查问卷具体分为六个子维度：深度、浅层、成就性学习动机；深度、浅层、成就性学习策略。随着研究的深入，学者们开始强调深度学习的结果，评价方式也倾向于对学生高阶能力的测评。2006年，比格斯等人开发了深度学习量表，纳尔逊（Nelson）等人对该量表进行了分析和实证研究，《应用学生参与的国家调查来测量深度学习方法》（*Measuring Deep Approaches to Learning Using the National Survey of Student Engagement*）一文指出，深度学习可以解构为高阶学习阶段、整合性学习阶段、反思性学习阶段这三个相互关联的部分，强调每个阶段学习者应达到的不同水平。除此之外，也有一些研究者讨论了SOLO分类理论和Bloom分类框架对深度学习评价的意义，比如史密斯（Smith）等人在《为深度学习而教》一文中便是运用SOLO分类理论对学生的深度学习结果进行评测。

4. 深度学习的技术支持

在网络和信息技术发展的推动下，国外学者充分利用网络优势，逐渐开始对信息技术环境支持下的深度学习展开研究，主要涉及远程教育、在线学习、教育游戏、虚拟学习环境等。国外许多研究者已经开始关注信息技术支持下的深度学习研究，主要涉及网络课程、虚拟学习环境、教育游戏等。

凡·威盖尔（Van B. Weigel，2002）在《数字化时代背景下的深度学习：潜能的发挥和教育模式的优化》（*Deep Learning in the Digital Age*：*The Development of Potential and the Optimization of Education Model*）一文中，将深度学习的理念引进到远程教育中，阐释了如何运用信息技术促进深度学习，从而达到拓展视野，开阔眼界，激发学生的求知欲、探索欲的效果。杜建霞

（Jianxia Du，2005）等人建立了远程教育中深度学习过程的分析框架，将其中所涉及的交互作用归类为三个过程：信息、方法、认知，并提出这三个交互作用过程所对应的动态在线讨论类型：灵活的同伴、结构化的主题和协作性任务讨论。哈坎·图伊祖恩（Hakan Tuezuen，2008）在《计算机游戏对小学生地理学习成绩和动机的影响》（*The Effects of Computer Games on Primary School Student's Achievement and Motivation in Geography Learning*）一文中指出，与传统课堂相比，将小学地理的三维游戏运用在课堂上，基于游戏的学习环境下可以激发学生学习兴趣，提高学生内在学习动机，更好地促进学生的深度学习。迈克·米米尼利斯（Mike Mimirinis）和马德米塔·巴塔查里亚（Madhumita Bhattacharya）在《面向深度学习的虚拟学习环境设计》（*Design of Virtual Learning Environments for Deep Learning*）中，通过调查学生所选择的学习方法与对所处虚拟学习环境的感知之间的关系，提出可以通过设计虚拟学习环境来促进深度学习。阿玛利·威拉辛格（Amali Weerasinghe）和安东尼娅·米特罗维奇（Antonija Mitrovic）在《在开放的领域中通过自我解释促进深度学习》（*Facilitating Deep Learning Through Self-explanation in an Open-ended Domain*）中认为自我解释是促进深度学习的有效策略，提出利用智能导师系统来支持学生的自我解释和问题解决，并且通过相关实验研究，证明了智能导师系统支持下的劣构问题解决环境中自我解释对深度学习的促进作用。

5. 其他关于深度学习的研究

乔安妮·奎因（Joanne Quinn，2021）著作《深度学习2——重新定义未来教育的学习模式》，通过六个部分来增强教师、领导者、学校和学区组织维持深度学习的能力，该书的每个部分都借助了丰富的案例和实践，其中包括在八个协作伙伴国家进行的关于深度学习的现场测试案例。使用这些资源，你将创造多样的学习体验，通过拥抱世界来改变世界。沃伦·巴克兰（Warren Buckland，2001）认为学习过程中教科书的选取和使用也会对学生的深度学习产生影响，同时指出编排合理的教学内容将有助于学生的深度学习。马修·霍尔（Matthew Hall，2004）和阿兰·拉姆斯（Alan Ramsay，2004）等人利用“学习过程问卷”（Study Process Questionnaire，简称SPQ）调查研究学习环境对会计专业学生深度学习的影响，结果表明改变学习环境将会影响学生深度学习的方式。比格斯（Biggs）、恩特维斯尔（Entwistle）等人认为，学生在学习过程中采用多样化的学习方法，如广泛阅读、动手操作、整合知识间联系、创设真实情境等，可以进一步促进深度学习。惠邦（Huy Phan，2011）对264名本科生为期两年的深度学习方式和批判性思维的发展历程进行了实证研究，通过用比格斯（1987）研究过程问卷的深度学习量表和反思性思维问卷的批判性思维量表等对参与者进行四次测试，最终研究结果表明，批判性思维可以作为学生典型参与深度学习方法的信息来源。

（二）国内研究现状

国内对于深度学习的研究起步较晚。2005年，黎加厚教授在《促进学生深度学习》一文中，最早提出了深度学习的概念。近几年国内学者加大了对深度学习的研究，研究方向大概分为以下几个方面：

1. 深度学习的定义

深度学习的理念最早是从国外引进，因此早期对深度学习的定义一般是翻译借鉴外国的理念。随着深度学习的进一步发展，学者对深度学习的定义也发生了改变。

（1）基于学习过程的深度学习的定义

钟启泉（2021）在《深度学习》一书中，提出“深度学习”指向学生高阶智能的发展，以及健全人格的养成。因此，倘若离开了当代学习科学的指引，漠视“课堂转型”的挑战，却高谈阔论“深度学习”，纯粹是一句空话而已。孙银黎（2007）认为深度学习要求学习者对学习有一种积极主动的态度，强调对知识的深层次加工、描述和理解，并且可以自由地在新旧知识间建立联系，不仅仅满足于被动接受，同时也要学会对所学知识进行反思。顾小清、詹青龙（2007）认为深度学习是学习者通过主动参与学习，批判性地学习知识，充分掌握知识之间的相互联系，达到对知识更深层次的理解，从而更好地完善自身的知识框架。从学习科学的视角，吴刚（2013）认为深度学习是个体在一个情境中掌握所学并在新情境中迁移所学的过程。

（2）基于学习结果的深度学习的定义

崔允漷（2016）认为在信息社会背景下学生需要实现对知识信息的加工整理、意义理解、综合评价和迁移应用，因此实现知识信息的自我转换和内化才是深度学习的关键，在学习后还应时常对自己的学习进行反思。刘哲雨等人（2017）提出深度学习应该是学习者积极主动地、批判性地整合新知识，并以保持为前提，以理解为基础，以迁移为导向，以问题解决和创新为目标的高层次的学习方式。

（3）关注学生情感体验的深度学习的定义

吴永军（2019）在《关于深度学习的再认识》一文中，指出近几年国内学者关于深度学习的理解比较狭隘，只注重学生对信息加工的过程，而忽视学生价值、情感、态度以及精神领域的学习。基于此，他提出深度学习是指在特定的社会文化情境中，学习者在与他人互动以及环境互动中，关注知识之间的有机联系，最终能够迁移并能够解决实际生活问题的意义生成的过程。

2. 关于深度学习的教学策略

国内学者对深度学习的研究，大多集中在教学策略的研究上。学者站在不同的角度，提出各式各样的教学策略，大致可归为以下四类：

（1）关于理论指导和实践策略的研究

刘月霞、郭华（2018）主编的《深度学习：走向核心素养（理论普及读本）》，是在总结项目实施4年来研究与实验成果的基础上，对深度学习理论层面的系统思考，主要回答了为什么要开展深度学习、什么是深度学习、如何开展深度学习、如何保障深度学习的实施等问题。朱连云（2021）主编的《导向深度学习的教师实践手册——来自一线课堂教学改进12年的探索》，实践探索分数学、语文、英语、科学和幼教予以呈现，分别阐述各学科深度学习的内涵与表征、教学策略及其循证实践，各部分配备了丰富的实践案例，旨在为有志于课堂改革和关注同一主题的教师提供实践参考。

何玲和黎加厚（2005）提出三种促进学生深度学习的策略：一是基于问题的学习，教师可根据教学内容设计问题，学生通过相互交流讨论解决问题的形式展开学习；二是任务驱动式学习，指教师通过设计学习任务，多以小组合作的形式让学生自己去研究；三是过程性评价，可以采用成长记录表、档案袋这种过程性评价方式对学生学习进行过程性评价，时时掌握学生动态。安富海（2014）在《促进深度学习的课堂教学策略研究》一文中基于对浅层学习的学习目标、内容、方式、结果四个方面不足的分析，提出了促进深度学习的课堂教学策略：确立高阶思维发展的教学目标，引导学生深度理解；整合意义连接的学习内容，引导学生批判建构；创设促进深度学习的真实情境，引导学生积极体验；选择持续关注的评价方式，引导学生深度反思。曾家延、董泽华（2017）从不同角度梳理了深度学习的内涵，从课程的角度提出四种发展学生深度学习的可能路径：设计促进高阶思维习得的学习目标；转化教师和学生在教学过程中的迷失概念；设计真实性、挑战性、合作性的学习任务；关注指向过程性、理解性、自主性之结果的评价。

（2）针对不同学科或具体范式的教学策略研究

李春密（2020）的专著《深度学习：走向核心素养（学科教学指南·初中物理）》，以发展学生核心素养为目标，从物理观念、科学思维、科学探究、科学态度与责任等方面深入挖掘和提炼物理学科的育人价值，通过教学方式的改变、教学评价理念的更新，实现学科育人。傅竹伟（2013）探讨了高中物理学科中培养学生深度学习的要求，包括多层次掌握物理知识点、将理论知识与物理实验相结合、关注物理思维能力的培养、注重物理知识的内在联系性、培养物理知识综合运用能力等特征，并且阐述了高中物理教学中促进学生深度学习的策略，包括：充足的教学准备、有效的教学实施、科学的教学评价。李金云和李胜利（2019）将深度学习理念应用到学生阅读中，认为指向深度学习的整本书阅读研讨教学重在确认与塑造读者身份，培植质疑、辩论、多元分享的阅读理念，营造学生现在和未来的书香生活，同时提出创设安全适宜的支持性讨论环境、设置深度研讨的框架与问题类型、搭建探索性谈话学习的教学支架等核心策略。刘建平、刘庆兵（2020）主编的《深度学习实验》提出各学科教学不断提炼、发展基于学科特点的结构化教学：如语文“主题教学”、数学“问题教学”、英语“TBLT教学”、科学“现象教学”、体音美“1+X教学”等。章明（2020）主编的《学科课程与深度学习》，阐述各校构建的数学学科课程方案案例，使数学学科课程结构化、统整化，在夯实国家基础课程的前提下，设计开发的数学学科课程满足孩子个性化、多样化成长需求。

（3）针对不同教育阶段的深度教学策略研究

幼儿阶段，仇雅琳（2018）在硕士论文中针对区域活动中幼儿深度学习存在的问题，提出推进深度学习的策略：创设真实的、基于问题的学习情景，构建广泛参与的学习共同体；以幼儿为中心，给予充足的探索时间，观察并合理参与幼儿活动；激发幼儿内在动机，加强新旧知识的联系，促进知识建构；鼓励幼儿动手实践，培养问题解决能力及创新能力，引导反思，发展元认知能力；评价主体多元化，以发展性评价为主，贯穿始终。在中小学阶段，可通过引起学生的认知冲突、情感冲突、价值观冲突来促进深度学习的发生。大学阶段，赵静（2017）在《深度学习理论指导下的大学翻转课堂教学》一文中，将深度学习分为六个阶段：规划学习目标和学习内容；进行预评；营造学习氛围；预备激活已有知识，获取新知识；对获得的知识进行深加工；对学习效果进行评价。

（4）关于深度学习的课堂教学研究

郭亚龙（2018）的著作《构建适合学生深度学习的课堂》，“构建适合学生深度学习的课堂”的理念，系统总结了“适学型”现代课堂范式的理论与实践策略，系统阐释了“适学型”现代课堂的内涵、特点、教学主张、主导思想、操作策略、实现要件，举例说明了适学案设计的原则与方法，详细介绍了适学课堂观课、评课、说课的内容与技巧，收录了多个适学课堂课堂实录、教学设计、说课稿、教育人对适学课堂的论述。谢杰妹（2018）的《问题与任务促进科学深度学习》，强调的是在中学科学课堂中培养学生的问题意识，即发现问题、提出问题的能力。同时，这种问题的提出又成为课堂生成的资源，而且在课堂生成的过程中，还要激发学生对问题的思考、解决和再产生，实现生成性的课堂，使得课堂动态变化，生动活泼，充满情趣，和谐融洽。

3. 深度学习的教学评价

国内关于深度学习的评价，大致分为三大类：

（1）基于比格斯（Biggs）的学习过程调查模式，结合实际情况，通过调查问卷判断学生是否运用了深度的学习方法。冯朝霞（2015）在其硕士论文《中学生学习方式的调查研究》中，为了解中学生的学习方式，采用了比格斯（Biggs）的SPQ学习方式问卷进行现状调查。

（2）如何促进深度学习，学者提出很多评价策略。张治勇、李国庆（2013）在《学习性评价：深度学习的有效路》一文中指出，学习性评价能更好地改善学生的表现和促进学生的学习，提高学生的学习能力、实践能力和创新能力，从而达到深度学习的目的。

（3）围绕深度学习的结果，构建评价体系。张浩、吴秀娟等人（2014）提出构建以布卢姆的认知目标分类法、比格斯的SOLO分类法、辛普森的动作技能目标分类法和克拉斯沃尔的情感目标分类法为基础的深度学习多维评价体系，以非结构化的深层知识、高阶认知技能、高阶思维能力和高水平动作技能等的形成为深度学习评价的现实标准，构建认知、思维结构、动作技能和情感四位一体的深度学习评价体系。刘哲雨和郝晓鑫（2017）以SOLO水平分类方法和迁移理论为基础，将深度学习的评价模式建构为深度学习的基础和深度学习的程度两方面，以及新知理解、内部关联迁移、外部拓展迁移三个维度，即“3+2”评价模式，从而改变传统的保持与迁移的深度学习评价方法。

4. 深度学习的技术支持

随着信息技术的迅猛发展，教育日益信息化，越来越多的教育者把信息技术运用到深度学习中。鲍贤清和张仙（2005）通过具体教学案例，介绍了如何利用电子表格、概念图等信息技术认知工具来支持学习过程，促进学生深度学习。刘兆君（2008）在结合深度学习理论、知识可视化理论以及游戏制作的总体思路的基础上，提出促进深度学习的教育游戏开发模式。其核心思想是在游戏中为学生提供真实的问题情境，让学生在可变的、丰富的、真实的游戏情境中解决特定的问题，借鉴知识可视化的思想促使学生主动建构结合特定问题情境的解决策略知识图，使得游戏者更容易对知识进行迁移与应用。喻衍红（2009）在其硕士论文《利用信息技术促进大学生深度学习的研究》中结合个案调查的结果，提出了利用信息技术促进学生深度学习的策略。吕丽芬（2011）在其硕士论文《网络环境下开展学习叙事促进学生深度学习研究》中通过问卷调查，分析网络环境下开展学习叙事促进深度学习的必要性，进而提出网络环境下开展学习叙事促进深度学习的模型，包括四个维度：师生通过好看簿发起主题学习叙事活动，学生通过好看簿进行主题学习叙事，师生通过好看簿评价交流，网络学习支持服务。景红娜也在其硕士论文《网络教学环境下深层学习研究》中构建了基于教学平台的深度学习模式，并通过准实验研究验证了该模式的教学效果。

5. 深度学习的特征

何玲和黎加厚（2005）在比较深度学习和浅层学习的基础上，提出深度学习的三个特征：理解与批判、联系与构建、迁移与应用。同时他们指出，浅层学习是深度学习的基础，不应该一概而论，完全摒弃，要提倡学生尽可能地把浅层学习发展成为深度学习。孙银黎（2007）认为深度学习的特征在于批判性思考，在于对信息的整合，是学习者积极主动的行为，是自我导向的。安富海（2014）认为深度学习是一种基于高阶思维发展的理解性学习，具有注重学生对知识学习的理解批判，强调学习内容本身与学习过程间的有机整合，促进学习过程的建构反思，重视学习的迁移运用和问题解决的特征。张浩等人（2012）在《深度学习的内涵及认知理论基础探析》一文中，基于认知理论指出深度学习具有注重主动终身学习、强调理解意义、着意有机整合、关注知识建构、提倡迁移运用和实现问题解决等特征。并深入分析了建构主义、情境认知理论对深度学习的解释和影响，以及分布式认知理论和元认知理论对深度学习的引导与调节，为深度学习的进一步开展提供理论支持。

以上学者关于深度学习特征的研究，表现出多层次、多维度的特点，既有认知心理理论基础，又有情意动力考察，同时注重关注学生学习过程本身。

6. 深度学习的理论基础

米纯（2021）在其硕士论文中提出深度学习理论研究的理论基础包括建构主义理论、情境认知理论和元认知理论等。喻衍红（2009）认为深度学习理论是基于布卢姆的认知领域教育目标分类学的，布卢姆等人将认知目标分为六个层次：知道、领会、应用、分析、综合、评价，前两层对应浅层学习的认知水平，后四层对应深度学习的认知水平。张浩和吴秀娟（2012）认为根据深度学习的内涵、特征来看，建构主义理论从知识建构、情境认知理论从情境创设、分布式认知理论从问题解决和元认知理论从评价反思四个角度对深度学习进行了阐述。慕彦瑾、段金菊（2012）认为皮亚杰、奥苏泊尔、格式塔学派、布鲁纳的学习理论等认知心理学都是深度学习的理论依据。于艺（2020）在其硕士论文中基于深度学习的教学设计理论基础不仅有建构主义理论、元认知理论，还有后现代主义理论，强调发展的知识理解观、对知识的多元化理解、批判性的知识观等。

二、深度学习与初中语文教学相关研究

以“深度学习与初中语文”为主题，在中国知网搜索，截止到2021年年底，共搜到200余条信息。该主题文章主要集中发表时间是2019年至2021年的三年时间里，共搜到近200条信息。可见，“深度学习与初中语文”主题研究是近三年研究的热点，2019年以前相关研究零散且数量少。

（一）语文核心素养视域下初中语文深度学习研究

张顺良（2021）的期刊论文《核心素养背景下初中语文深度学习的思考与实践》，提出通过深度学习不仅能够增强学生的思维灵活能力，还能使学生代入自己的情感感受。查永利（2021）的期刊论文《核心素养导向下的初中语文深度阅读教学》，认为随着素质教育理念的推进和落实，培养学生核心素养已经成为新时代教育的主题，也是推动教育发展的重要课题；文章提出以核心素养为导向，以应用深度阅读教学为辅助，以培养阅读素养为目标，针对初中语文阅读教学进行了探究分析，解读了其教学开展的意义，探究了其应用基准点，制定了有效措施。李继珍（2020）的期刊论文《核心素养背景下探析初中语文深度学习策略》，谈到传统的语文课堂中，语文教师往往会因应试教育思想及教学进度采取单一的灌输式教学，学生被动接受语文知识，长此以往逐渐丧失语文学习兴趣。深度学习是一种将被动接受转化为主动探究，将单向灌输转变为多维交流的具有主动性的有意义学习，这是一个长期的动态变化过程，需要教师充分认识到在核心素养内涵的前提下，从不同方面入手探析阅读文本，实现语文教学的有效性。

李俊（2020）的硕士论文《讨论方式深度学习　培养语文核心素养》认为，在讨论学习过程中，学生能够实现知识的构建、迁移，切切实实解决实际问题；初中语文教学实践中，教师要在各个环节中融入讨论学习，以此完成教学目标，实现深度学习。梁岩岩（2019）的硕士论文《基于核心素养的初中生语文深度学习研究》，认为将发展学生的核心素养从理念落实到行动上，教师素养、课程开发、教学方式等都是需要变革的因素，而学习方式的变革则是重要环节，该文章从核心素养的视角审视当下初中生语文深度学习的真实状态，探究初中生语文深度学习过程中存在的问题，并提出初中生语文深度学习的路径。

（二）初中语文深度学习与学生思维发展的研究

郭宜娟（2021）的期刊论文《初中语文深度学习：基于思维发展与提升的需要》，提出深度学习具有高阶思维特征，追求让学生成为“既具独立性、批判性、创造性，又有合作精神、基础扎实的优秀学习者”，而这一目标的达成必须以思维发展与提升作为基础。初中语文教学中，教师应基于学生的思维发展与提升去设计具有深度的学习过程，同时又要在深度学习的组织与实施过程中促进学生的思维提升。许昌良（2021）的期刊论文《在初中语文教学中培养学生元认知能力》，提出语文学习是通过语言学习获得语言的理性、形式和言语的人文性的过程，也是获得一套价值系统和文化系统，实现由言语创造走向生命自我实现，进而创造自己的精神家园的过程。教学要从过多关注学习“内容”、热衷于碎片化的语段分析与死记硬背，走向关注学习“策略”，凸显元认知策略运用，培养学生元认知能力。元认知策略包括规划策略、协作与体验策略、监控策略、评价与调节策略等。

梁涛（2020）的期刊论文《依托深度学习策略，培育学生思维能力》，认为深度学习对于激活学生内在学习动机，培育学生创新能力具有重要的作用，也同语文教学的目标相一致。在小学语文阅读教学中，要用好统编教材，找准思维训练的支点，以深度学习为基础，开展个性化阅读、辨析式阅读和多维度阅读，构建学生的批判思维、审问思维与发散思维。沈东新（2019）的期刊论文《聚焦思维，深度学习——促进初中语文阅读教学质量的提升》，提出聚焦思维是语文阅读教学中的关键因素，聚焦思维能发挥学生的思维能力，作为初中生阅读深度学习中的基础，全身心投入到学习氛围中，在聚焦思维、深度学习之上，获得认知，活跃思维，丰富情感，坚定意志，培养品质，树立正确的价值观。

朱成助（2018）的期刊论文《深度学习　生长学生思维的必备元素》，认为教师要注重引导学生阅读文本内容，加强注重文本的内容理解，发展学生的语文表达，使学生思维得以激活。语文课堂，就是不断丰富学生的语言形式，提升语文表达能力，激活语文思维，生长语文智慧，发展学生语文素养的生命场。谢友明（2020）的期刊论文《基于学生心智发展的语文深度学习的策略》，提出教育就是立人，它是教人求真、求善、求美的事业，其最本质的目标就是解决人的心灵问题。发展核心素养是教育本质的回归，它旗帜鲜明地将“立德树人”放在核心位置。朱峰（2021）的期刊论文《深度语文　不妨从学生学习的视角落实》，试图从语文知识、能力形成和方法渗透的三个维度提出落实学生深度学习的基本策略，为推动学生关键性能力的生长服务。

（三）初中语文深度学习教学设计研究

居玉军（2020）的期刊论文《深度学习：中学语文思维进阶的活动设计》，指出教师可以通过预设学习单打开思维，让学生思考交流；巧设“问题串”发散思维，趋向问题的解决；运用练习单发展思维，让学生深度参与。逐渐抵达深度学习的本质，让学生产生学习的兴趣，形成积极的学习内驱力，提高言语品质。袁国超（2020）的期刊论文《语文深度学习需要深度建构》，认为语文深度学习应从建构主义理论出发，以语言的建构与运用为核心，从语言、思维、情感和能力四个维度，通过创设学习情境，进行语言、思维、情感和能力的深度建构。

林明月（2020）的期刊论文《深度学习视野下初中语文阅读教学情境的优化设计》提出，教师应通过激发矛盾创设问题性情境，通过比较阅读创设批判性情境，通过拓展思路创设多样性情境等多种方式构建促进学生深度学习的阅读教学情境。孙艳艳、胡海琦（2021）的期刊论文《语文教学中深度学习的分层教学设计研究》，提出就课堂教学设计而言，从教学目标设计到教学实践都应该尊重学生的学习规律，尊重学生个性差异，按学习目标的要求进行准确清晰的分层设计表述，其中课堂教学分层提问亦应遵循语文学科内在逻辑性和规律性，从而使学生获得良好的语言积累、语感培养及语境体察的环境，构建适合自己发展的语言表达体系，摸索语言表达的内在规律，最终提高语言表达能力。

魏巍（2021）的硕士论文《基于批判性思维的深度学习教学设计研究》，提出在基于批判性思维的深度学习理论的基础上，构建其教学设计模型，包括前端分析、教学目标设计、教学策略设计、教学过程设计、教学评价设计。其中，前端分析涉及对学习者特征、教师角色、教学内容的分析；教学目标划分为四个领域：认知领域、思维领域、动作技能领域、情感态度领域；在教学过程中，将批判性思维的培养过程与深度学习的四个阶段结合起来，根据实际情况，灵活采用学习动机激发策略、情境教学策略、问题教学策略、建构助学策略、合作学习策略等教学策略；在开展教学活动中，遵循发展性、全面性、可操作性原则，采用诊断性评价、过程性评价、总结性评价等形式，分别从认知、思维、动作技能、情感态度四个方面进行评价。

（四）初中语文深度学习教学路径与策略研究

初中语文深度学习教学路径与策略相关主题研究成果较为丰富，有专著、期刊论文、学位论文等。蒋红森（2018）总主编的《1+X语文深度学习方案》，以各单元教学内容为依托，从阅读、写作、综合性学习、名著导读四个方面做了精心的策划与细致的安排，凸显新教材1+X的教学理念，增加阅读容量，提升学生的语文核心素养能力。

耿红卫、刘鑫鑫（2021）的期刊论文《指向高阶思维发展的初中语文深度学习路径》，提出语文课程深度学习更新教学路径：精选内容，激活图式，实现意义化教学；整合手段，变革课堂，实现多元化教学；创设情境，文本共情，实现具身化教学；开展评价，诊断矫正，实现反思化教学，进而提升学生的语文核心素养。王莲春（2021）的期刊论文《为未知而教 为深度而学——基于深度学习的语文课堂教学改进实践与思考》，文章主要从基于深度学习的语文教学改进实践与思考进行分析探究，为语文教学工作提供一些借鉴。熊圣红（2021）的期刊论文《深度教学理念在语文教学中的有效落实策略分析》，认为深度学习的实施便于师生实现教学改革。尤其，深度学习是培养学生核心素养的主要途径。该文提出将以深度学习的原则为指导，详细说明如何实现初中语文深度教学。

唐丽（2020）的期刊论文《聚焦深度教学的初中语文课堂教学变革》，文章案例分析了泸州市江阳区聚焦深度教学的初中语文课堂教学改革，着力解决教师“怎样教”和学生“怎样学”的策略问题，实现教学方式和学习方式的变革，真正使课堂指向学生语文核心素养的培育。刘威德（2019）的期刊论文《初中语文深度学习策略探讨》，提出在教学实践过程中，初中语文教师要有针对性地展开教学活动，精心设计教学方案，设置有效的课堂练习，增强师生互动，突出学生的学习主体地位，充分激发学生的自主性、合作性与创新性，提升课堂教学效果和学生的语文综合素养。

邝艳香（2021）的硕士论文《国学经典融入初中语文教学应用探究》，提出结合国学在本套“部编版”教材选文和编排上的特点和课程目标，体会编者意图，提出了国学经典融入初中语文教学策略与建议：深入挖掘教材和教材内容，开设国学经典校本教材，重视新旧知识之间的关系和整合；教师与学生建立平等、和谐的师生关系，举行适当的欣赏感受型活动，与时俱进，以提高学生学习国学经典的兴趣；教师转变观念，丰富教学途径，研读国学经典原著，参加继续教育培训，以提升中学语文教师的国学经典文化素养水平；完善评价机制，建立学生国学经典学习档案，多学科整合，改变教学方式和学校与家庭有效合作，以督促学生学习国学经典。

（五）初中语文深度学习评价研究

王云峰（2021）的期刊论文《对语文课程深度学习中评价问题的思考》，提出语文深度学习中的评价由一系列具体的学习活动构成，包括具体的学习活动过程和行为要求（标准）；评价标准应该是师生共同建构的，用于引导和帮助学生在学习中展开具体学习活动，并对照学习任务反思、改进自己的学习过程和学习行为。韦伟（2021）的期刊论文《“深度学习”阅读教学的实施与评价》，认为深度学习从评价设计上讲，可以从“实验班级对照”“课堂观察量表”和自我反思日志三个方面入手。王蓉（2017）的期刊论文《探索多维评价　促进语文深度学习》认为在阅读教学中促进学习主体——学生主动性的途径、方法有很多，多维评价是其中较为有效的一种。通过对评价目标、评价主体、评价内容、评价策略的丰富来实现。

祝金玲（2021）的硕士论文《针对语文作文的深度学习评价工具设计研究》，指出在深度学习领域中，如何测量具体学科的深度思维水平是整个教学过程中的关键问题，评价工具的研究设计是测量学生深度思维水平的核心手段，是科学地进行教学评价和评估的逻辑前提。在此背景下，该文以语文作文为例，运用基于设计的研究方法进行深度学习评价工具的设计与发展，探讨量化学生学习结果的必要性、价值性，尝试归纳出评价工具应用在语文作文中的操作方法，以期为语文教师改善教学提供借鉴。文章首先以比格斯的创意写作要素表为基础，分析国内外写作差异、中英文语言差异以及参考其他语文作文写作评价表，详细地描述评价表中的各个要素，以此确定语文作文的深度学习评价工具的各个维度及具体指标。之后文章向一线的语文教师征集关于将该要素表应用在语文作文评价中的意见，在这些意见的基础上修改和完善评价标准，使其适合于中文作文评价。

田晶（2021）的硕士论文《促进深度学习的课堂评价机制研究》，提出了在理解深度学习理念的基础上，通过课堂评价，让学生进入深度学习，从而实现学生整体发展，是学生学习评价现阶段需要着力解决的问题。文章旨在明确课堂评价与深度学习的逻辑关系基础上，推进深度学习的课堂评价机制，探究针对深度学习的互动生成式教学。该文展开以学生和教师共同参与的互动生成式教学，促进资源与过程生成，推进课堂评价，使目标、记录、分析、反馈与指导得以在课堂上实现，使学生在完成学习任务中，也就是在做事中，学会做事，学会学习。

（六）深度学习与初中语文阅读教学研究

深度学习与初中语文阅读教学研究成果丰富，且已有研究多是一线教师依据具体教学案例及教学经验的分析，把深度学习与阅读教学结合起来，分析二者在理论方面的相关性，在实践方面的可操作性，为初中语文阅读教学提供理论支撑与策略。

邓彤（2022）主编的《语文深度学习》，以深度学习理论为指导，聚焦阅读与写作两大领域，依据教育部统编教材的阅读与写作学习序列，以任务驱动为指导，设计系列学习活动。该书分阅读教学卷与写作教学卷两个分册，为中学语文教师进行阅读和写作教学提供了大量鲜活的设计活动案例，以提高教学效益，帮助学生进行语文深度学习。

王明玉（2021）的期刊论文《深度学习下的语文阅读教学策略探究》，论文结合初中语文阅读教学的要求，分析了当前初中语文阅读的现状，并结合深度学习的理念，分析了初中语文深度阅读开展策略。徐敏（2021）的期刊论文《深度学习背景下初中语文阅读教学策略探析》，提出针对初中语文阅读教学而言，教学策略的采取应该与学生的身心发展规律相契合，符合初中阶段学生的年龄特点。文章基于深度学习的内涵、特征、价值，阐述了在此理念下初中语文阅读教学的现状，并根据深度学习背景下阅读教学的策略展开了分析、探讨。韩雪梨（2021）的期刊论文《深度学习下的初中语文阅读教学策略探究》，认为开展深度教学与学生的自主深度学习有密切关系，通过深度学习理论，与初中语文阅读相结合，不断从“浅水区”走向“深水区”，提升学生的阅读能力及核心素养。

后梅红（2021）的期刊论文《深度学习背景下的初中语文阅读教学策略探析》，提出在初中语文阅读教学中，教师应根据学生的年龄段和身心发展规律，采取有效的教学策略，引导学生深度学习，以培养学生语文阅读素养和创新能力，为学生的健康发展奠定基础。肖熹（2020）的《深度学习对小说阅读教学的有效意义——以〈桥边的老人〉教学为例》，在理解深度学习的课堂特征以及深入解读《桥边的老人》文本的基础上，引导学生由浅入深地挖掘作品深层次的内涵，激发学生的积极思考，培养学生的质疑精神，提高学生阅读小说、鉴赏小说作品的能力与水平。高翀骅（2020）的期刊论文《基于主题深度学习的任务群教学——〈红楼梦〉整本书阅读教学案例》，通过设计“探春朋友圈”“宝黛爱情剧”“都察院检查报告”的学习任务，让学生在解决任务的过程中进一步理解小说的主题。

李含笑（2021）的硕士论文《深度学习视域下初中群文阅读教学研究》，认为近年来，在语文阅读教学领域，群文阅读教学异军突起，成为阅读教学研究的热点，而深度学习作为全球教育体系改革中的发展方向，既是回应时代对人才培养的需求，落实核心素养的重要路径，又是推动学科教学变革深化的必然选择，将深度学习与群文阅读教学相结合，能够在阅读中发展学生的高阶思维能力，满足学生深层次阅读需要，提高语文教师的专业化水平，不断开拓群文阅读教学实践方法。倡导深度学习视域下的群文阅读是对当前群文阅读教学的一种新探索。

（七）深度学习与初中语文诗歌教学研究

刘颖（2020）的硕士论文《深度学习理论与初中语文诗歌教学研究》，认为作为语文教学的重要组成内容，诗歌教学具有十分明显的意义，但是，从传统的教学实践来看，受到应试教育的长期影响，初中语文诗歌的教学模式相对较为单一，导致很多学生对诗歌学习的兴趣不高，出现了教学者无趣、学习者无味的现象。当前初中诗歌教学，基础知识的教师单方传授仍然占领着教学的中心地位，过分注重表层知识的学习而忽略知识深层意义建构导致浅表化教学形式普遍存在，这种缺乏深度的诗歌教学导致学生最终获得的只是一些记忆性言语知识，语文阅读拓展能力、思维逻辑能力、文化品格塑造能力没有得到有效提升，不利于学生未来成长和发展。文章试图借助深度学习理论对当前初中语文诗歌的教学现状进行研究，思考如何通过深度学习提高语文诗歌教学的有效性以及诗歌教学方法的多样化，提升教师与学生对于诗歌学习的兴趣与扩展自学能力。

李敏（2021）的硕士论文《基于深度学习理论的初中古诗词教学探究——以山东省M校八年级为个案》，认为将深度学习融入初中古诗词教学，有利于教师充分尊重学生主体地位，给予学生更多自主感悟机会；有利于教师重视整合古诗词知识体系，关注古诗词的语言价值、思维价值、审美价值、文化价值等多重价值，发展学生的语文核心素养，提升学习品质和生命境界。文章为了更加深入细致地了解当前古诗词教学现状，结合深度学习理论提出优化建议，对山东省济南市M校八年级教师的教学情况和学生的学习情况进行了深入调查。运用了调查法和观察法两种方法。调查法分为两部分，对八年级全部语文教师进行访谈，访谈内容包括教师的教学目标、教学内容、教学方法与教学模式、教学评价等。同时，随机选取了八年级学生，进行问卷调查，问卷内容主要包括学生的学习兴趣与动机、学习方法和学习能力等。针对教学中存在的问题，研究结合深度学习的特征和古诗词特点，从教师自身素养、教学目标、教学内容、教学过程、教学评价五个方面提出了促进学生深度学习古诗词的教学策略。最后，研究以八年级上册第三单元“唐诗五首”中的《使至塞上》和《钱塘湖春行》两首诗为文本，进行了促进学生深度学习古诗词的教学设计，为教师促进学生深度学习古诗词提供参考。

（八）深度学习与初中文言文教学研究

赵克双（2021）的期刊论文《深度学习文言文，培养学生审辩思维》，指出教师要指导学生围绕反常处深入挖掘下去，尝试进行批判性阅读，结合自己的假设进行分析论证，在综合探究中生成新的想法，在反思评估中进行举一反三的思考。这样的教学能促使学生深入挖掘文言文作品，让思维得到提升和发展。王涛（2021）的期刊论文《深度学习视角下文言文教学有效性提升办法》，认为对于初中语文文言文教育教学而言，很多教师习惯性地以灌输的方式来进行，多数情况下都是浅层次的教育教学，未必可以达到理想的教育教学效用。该文倡导以深度学习理论为指导，积极主动地实现初中语文文言文教育教学的改革，确保可以不断提升文言文教育教学的质量，继而步入理想的初中语文核心素养培育格局。温兴标、赵小意（2020）的期刊论文《“深度学习”视域下的初中文言文教学策略探微》，认为相较于浅层学习，深度学习注重记忆的理解性、认知的过程性、思维的批判性、知识的迁移性，这与以核心素养为本位的统编教材文言文教学的追求是一致的。

郑雪（2020）的硕士论文《深度学习理论下的初中文言文教学研究》，认为初中阶段是文言文阅读能力提升的关键期，论文以初中文言文教学存在的问题为出发点，以深度学习理论为指导，试图通过深度学习理论为文言文教学寻求一条既能提高文言文教学成效，又能落实文言文教学价值的道路。文章梳理了深度学习理论及其与语文教学、文言文教学结合的最新研究成果，并总结分析了以往研究成果取得的成绩与不足。通过利用访谈法和案例分析法对初中文言文教学现状进行调查，认为初中文言文教学在取得巨大成绩的同时，还存在学生死记硬背、教学过程程序化、教学偏重字词翻译、教学缺乏关联性等“浅层次”学习问题，并就此提出具有可操作性的初中文言文教学策略：第一，搭建学习支架，建构文言文知识体系；第二，创设问题情境，提升学生思维品质；第三，基于语言运用，进行审美鉴赏；第四，迁移运用，促进学生深度学习。

其他关于深度学习与初中文言文教学研究还有刘波（2021）的《基于深度学习的初中语文教学实践与思考》、范桢（2021）的《基于深度学习理论的初中文言文教学研究》、李春花（2021）的《深度学习视角的初中文言文教学策略研究》、张瑞（2021）的《初中文言文阅读教学高阶思维培养策略研究》、王博雅（2020）的《论深度课堂教学质量评价如何促进初中文言文学习——以七年级下册〈河中石兽〉为例》、揭由芳（2020）的《深度学习视野下的文言文教学路径初探——以〈周亚夫军细柳〉教学为例》，等等。

（九）深度教学与初中散文教学研究

杨小军（2018）的期刊论文《初中古代山水散文的深度教学思考——以统编教材八年级上册第三单元为例》，以案例入手探讨了深度教学视域下的初中散文教学的策略。高榕蔚（2020）的硕士论文《深度教学视域下初中散文教学研究》，认为在我国教育面临转型的今天，阅读教学成为语文学习的重中之重，而现当代散文又是初中阶段语文阅读教学中必不可少的学习篇目，散文因其语言的适俗性、意义的深刻性、内涵的哲理性，也成了初中学段阅读学习的无可替代的重要部分。但是当前的语文教学，在受到传统教育理念的影响下，过于注重教学的工具性，技术取向的趋势越来越明显，这些没有深入内里，缺乏实质性意义的教学，亟须进行转变。因而深度教学作为提升课堂教学质量的主要教学方式，能够改变缺乏深度，浮于表面，对知识的浅层理解、机械记忆、简单运用的教学现状，是对当前课堂纵深改革的正确方向，是对学生素养全面提升的发展之源。因此深度教学理念在初中散文教学的应用具有深远意义。本着将散文教学向深度化发展，全面提升学生各项素养的目的，该文将深度教学理念作为理论基础对初中阶段散文教学进行分析。

范晓燕（2020）的硕士论文《初中现代散文深度学习指导策略研究》，从《义务教育语文课程标准（2011年版）》对现代散文学习的要求出发，结合初中语文统编教材“三位一体”阅读教学体系的编排特点，通过问卷调查的方式发现当前现代散文教学中存在的问题，在前人研究成果的基础上进一步探究现代散文深度学习的指导策略。第一章，对初中散文教学的课标要求和教材选编进行解读。本章主要从课程目标与内容，教学建议，评价建议这三方面展开解读。教材分析部分，则从教材的选篇现状和编排形式两方面分析了统编初中语文教材现代散文的编排特点，为下文指导策略的提出做好铺垫。第二章，进行了初中现代散文深度学习的现状调查和问题分析。

三、对已有研究的评述

从文献出现的时间上看，国外较早地关注深度学习，20世纪50年代美国学者首次提出深度学习理念，逐渐受到其他学者的关注。在20世纪70年代到80年代，形成研究高峰，出现了以马顿、恩特维斯尔、比格斯及帕斯克等为首的四个专业研究团队，持续深入地开展研究。近些年，国外关于深度学习的研究已经进入一个稳定发展的探索阶段。我国关于深度学习的研究起步较晚，但近几年日益受到广大学者的关注，文献数量呈逐年上升趋势，开始进入快速发展的摸索阶段。

（一）深度学习研究存在的问题

1. 理论研究不深入，实践研究缺乏

从文献内容上来看，国外学者对深度学习研究颇深，研究领域包括概念内涵、教学策略、教学评价等多个方面，研究以实践应用为主，纯理论研究较少。国外研究者多采用实证研究范式，运用调查研究法、实验研究法与混合研究法，侧重于通过设计具体的实验，验证实践成效或所提出的假设。总体来说，国外对深度学习的研究更多地采用了科学的实证研究方法，注重理论与实践相结合。国内对于深度学习的研究涉及理论、特点、教学策略、教学评价等方面，多数学者更偏向于理论研究，深入的实证研究较少，有待进一步加强。

国内对深度学习的理论研究并未形成完整的体系。深度学习的研究处于浅层阶段并且理解泛化。因为教育领域中的深度学习内涵复杂、特征丰富，所以不同学者从不同方面出发，对深度学习的内涵和特征进行界定时容易出现泛化和异化的现象。大多数学者对深度学习理论研究的方式是通过实验、访谈、调查等方法获得数据后，分析数据取得结果，因此实践研究较少。学者们提出的深度学习理论覆盖范围大，没有根据国情细化，在教学实践中难以实施和推广。深度学习要求提升教学质量的同时又要提高教学效率，这对教师来说无疑是巨大的挑战。因此，在深度学习的过程中，如何把握课堂节奏、科学合理地分配时间、有条不紊地组织课堂活动、公平有效地反思评价是学者们需要进一步解决的问题。

2. 信息技术与深度学习融合度不高

国内外学者越来越重视信息技术与深度学习的融合研究。通过信息技术提高课堂效率，实现深度学习，已经成为现在的热点课题。目前，信息技术与深度学习的融合还存在以下具体问题：

（1）传统教育观念的束缚

这是信息技术与深度学习融合过程中的最大困难。虽然深度学习的理论研究一直是教育理论界的热点，但是深度学习的实践并未真正推广。究其原因是学校里的开放型活动、实验活动等虽然有利于深度学习的开展，但是在以高考成绩作为唯一评价指标的教育背景下，这样的学习是效率低下、成本过高的。

（2）经费投入有限

这是影响信息技术与深度学习融合的限制条件。两者融合需要一定经费投入作为必要的物质保障。经费主要用于两方面：一方面为教育教学改革和课程建设；另一方面为信息技术环境的构建和设置，比如智慧教室构建、网络普及、信息平台建设等。

3. 深度学习教学策略存在误区

科学合理的教学策略是使深度学习成为现实的基础和保障。深度学习教学策略是在深度学习存在问题的基础上，对调整教师理念和教学行为的建议。然而，实际的课堂深度学习尚存在着以下问题：

（1）重“难”轻“得”

内容难度的片面增加使得学生在有限的课堂时间内无法深度理解知识，违背了知识结构和认知规律，甚至会让学生产生“挫败感”。知识的难度不能代替知识的深度，否则学生学到的知识只是粗浅与零碎的，无法挖掘其内在的思想和价值。

（2）重“高”轻“低”

有的教学策略只注重“拔高”，而忽略对基础概念的学习。深层学习是相对于浅层学习提出的，若将两者完全割裂，结果将导致学生无法完全理解基础理论，也无法形成高阶思维。

（3）重“学”轻“教”

一些教学策略过于强调学生的主动性，弱化了教师的引导作用。课堂教学看似由学生深度参与，实际上由于缺乏教师的科学引导，而导致了迷茫和低效。

4. 深度学习评价体系不完善

作为衡量教学成果的重要手段，深度学习评价已经越来越多地受到学者的重视。其既可以为深度学习的有关研究提供论证依据，也可以在实际教学中为教师和学生提供反馈信息，以优化教学效果。但是，目前对于评价的研究远少于对教学策略和内涵的研究，并且存在一些具体问题。

（1）传统应试教育的主要评价方式是通过纸笔测验，设计一些良构问题测试学生对于知识的掌握程度。但是学习过程中的表现不算在测量中，这样的评价方式无法测量出学生运用、迁移知识的能力。

（2）客观、公正的评价标准是深度学习评价的依据。与国外相比，我国对深度学习评价标准的研究仍处于小范围的探索阶段。虽然有些学者提出了深度学习的评价标准，但是被广泛认可的标准较少。目前，学者们对深度学习评价标准的研究途径主要是研读国外已有成果后，根据我国情况进行修改，并没有通过大规模的对比和跟踪研究验证其有效性和科学性。

5. 深度学习研究范围有限

研究表明，深度学习的研究范围主要集中于正式学习领域和良构问题领域。正式学习领域主要指课堂。然而，大多数的非正式学习领域也会发生学习。非正式学习作为正式学习的拓展和延伸，对理解和补充课堂上学到的知识起着重要作用。比如，阅读科学杂志、观看纪录片、参观博物馆等学习形式，对学生深度理解课本知识起到积极的促进作用。目前，深度学习中涉及的问题大多都是良构问题，比如教材中的化学问题、生物问题、数学问题等，然而学生运用知识解决的问题大多是非良构问题。非良构问题情境能够使学生将知识与真实生活相结合，激发学生学习的积极性，体验探究的乐趣，实现深度学习。因此，拓展深度学习的研究范围是十分必要的。

总之，就初中语文教学中促进学生深度学习的研究来看：一是关于深度学习与语文教学的研究还是一线教育工作者对自己实际教学经历的反思与总结，并没有成体系的、全面的理论研究成果；二是研究的指向性不明确，大多数提出的教学实践策略缺乏一定的可操作性，实施较为困难。

（二）深度学习研究展望

鉴于深度学习的优势越来越明显，基于上述分析，我国可以在深度学习理论研究、与信息技术的结合、教学策略的研究、评价体系的建立、跨领域研究与多学科合作等方面促进深度学习的发展。

1. 完善深度学习理论体系

完善深度学习理论体系是后续研究的前提和基础。对深度学习理论的研究不应该停留于表面，而应深入地研究。深度学习的理论研究并非指向某一个学科，而是多学科的跨越和融合。将不同领域、不同学科的理论都融入深度学习的理论研究中，拓展深度学习理论研究的方向，加深深度学习理论研究的深度。深度学习理论可以科学有效地指导教学实践，教学实践又可以完善深度学习理论。我国每个教育阶段的情况不同，对深度学习要求的执行情况也会有差别，如果深度学习理论体系没有根据各阶段的实际状况变化，最终会与实践脱离。因此，国内学者应根据国情加强对深度学习理论的研究与推广，学校应对基础教育者进行深度学习的理论培训。

2. 深度学习与信息技术相结合

随着信息技术的发展，深度学习已经与信息技术逐渐结合，大大降低了操作成本，提高了效率。信息技术可以应用于课堂教学的具体过程中，比如新课导入、实验探究与反思评价等教学环节。作为良好的学习工具，信息技术具有以下3种功能：

（1）促进学生的知识建构

信息技术为知识建构提供了捷径，给学生带来丰富学习资源的同时，还提供了构建知识的工具，比如效能工具、信息工具等。

（2）促进学生高阶思维的形成

例如，数据库、专家系统等技术手段的兴起为提高认知水平、发展高阶思维提供了便利，有利于深度学习的发生。

（3）促进深度学习评价

例如，电子档案袋等手段，使深度学习评价更加公平合理，从关注学习的结果转向了关注学习的过程，帮助学习者反思自己的不足，提供了成长记录的空间。由此可见，信息技术的功能与深度学习的要求不谋而合。信息技术成为促进深度学习的发展趋势之一。学校为适应这种趋势，在课程建设方面，需要强化信息化教学资源建设，实现优质课程资源共享，建立仿真虚拟实验室；在教学方式方面需要做到优化教学设计，积极采取多种信息技术促进教学方法的更新和改善；在教学环境方面，运用信息技术构造智能型教室、研讨型教室等。

3. 丰富深度学习教学策略

要重视深度学习的教学策略研究。教师应意识到情景对话在教学中的重要作用，将生活中的情景带入到课堂教学中，重视“日常会话”的气息。教师应及时与学生沟通和交流，师生之间敞开心扉，共同解决问题。教学评价的方法可以转化为教学策略，比如知识的深度模型可以为深度学习的行为提供具体的指向。其教学策略具体如下：

（1）确立教学目标

将培养学生的高阶思维能力作为贯穿教学过程始终的目标，改变以“记忆、理解和简单应用”为教学目标的现状，将“分析、评价和创造”作为教学目标。

（2）整合教学内容

教师可以打破课本内容结构，灵活整合学科知识。

（3）创造真实情景

教师在授课中，要有意识地去设置真实的课堂情景，使学生切身感受到知识与情景的联系。

（4）进行评价反思

在教学结束后，应该评价学生的学习水平，判断其是否进行了深度学习，获得反馈信息，及时调整教师的教学策略与学生的学习方法。

4. 建立完整的评价体系

评价是检验深度学习教学设计和教学实施效果的基础和关键。深度学习评价一直是研究中的短板。传统的评价体系无法评价学生对概念理解的深度和对知识的运用程度，因此需要更新评价体系，完善评价机制。

（1）在原来的基础上增加表现性评价，不再将评价视角只放在教学结果上，而是将学生在课堂上的发言、作业的完成程度都作为评价的一部分。

（2）构建更为科学的评价标准。明确深度学习的本质是标准构建的前提，可以避免评价标准的模糊和泛化。

（3）整合网络信息技术，开创评价新时代。信息技术的功能之一为促进深度学习评价。整合网络技术将会降低评价成本，提高评价效率。

（4）摒弃功利取向。评价的目的是发展深度学习，关注评价效果是为了给教师和学生提供有意义的指导与反馈。

5. 注重跨领域研究与多学科合作

深度学习的相关研究不仅存在于教育学领域，还存在于计算机科学、医学、心理学等诸多领域。例如，在计算机科学领域，深度学习作为机器学习的一个新的分支，可以建立起比传统机器学习更深层次的模型，从而具有对文字、图像和声音等数据更强的处理与学习能力。深度学习在教育学领域的发展有必要借助计算机科学等领域研究的思路与方法，并结合脑科学和心理学等领域的研究方式，拓展发展方向。在学习科学视域下，深度学习的研究更加注重多学科之间的合作。许多带有跨学科性质的教育模式应时而生，比如 STEM教育。注重多学科合作的深度学习对学生提出了新的要求，比如要求学生需要灵活运用多学科的知识解决问题，提高综合学习的能力等。深度学习打破了理工学科和人文学科之间的隔阂，使教师的教学方式和学生的学习方式面临巨大的挑战。因此，如何应对跨领域、多学科的深度学习带来的挑战是亟须解决的问题。

总之，展望初中语文教学中促进学生深度学习的研究，不仅学者要深入研究，更要调动广大一线语文教师参与研究，走出语文深度学习的零散性思考和教学经验总结，避免更多的语文老师个人经验主义色彩；既要从深度学习策略研究视角上研究，多聚焦于语文教师“教”的策略，更要关注初中学生语文“学”的策略研究。基于深度学习的初中语文教学策略具有很大研究空间，所以进一步对初中语文深度学习的探讨和研究势在必行。

第三章　概念、特征与研究基础

一、概念

（一）深度学习与浅层学习

1. 深度学习

深度学习也被称为深层学习，最早是由美国学者马顿（Marton，F.）和萨乔（Saljo，R.）提出。1976年，马顿和萨乔做了一项实验，研究大学生在大量阅读文本时，表现出的不同学习过程和策略，以及差异化的学习结果。结果显示，在学习过程中不同学生处理信息的水平不同，呈现浅层和深层的差异。当学生使用浅层学习策略时，只能获得对问题的浅表回答，学习过程表现为机械地死记硬背，知识掌握不牢固；当学生使用深层学习策略时，则能在理解文本的基础上，将新知识与自己的生活经验联系起来，形成自己的观点，加深对文章的印象。基于实验结果，两位学者在联名发表的文章《论学习的本质区别：结果和过程》中首次提出深度学习的概念。文章指出，相对于浅层学习而言，深度学习是一个知识的迁移过程，强调学习者要积极主动地学习，运用所学知识解决实际生活问题，帮助学习者提高解决问题并做出决策的能力。随着研究的不断深入，深度学习的概念得到进一步丰富和延伸。

1997年，比尔·柯林斯（Bill Collins）等人认为，深度学习方式是一种理解知识、批判性看待学习内容、联系新旧知识及经验、强调逻辑关系，以及关注证据性结论的学习方式。

2000年，美国学者布朗斯福特（Bransford）等人在著作《人是如何学习的：大脑、心理、经验与学校》中提出深度学习是在教师帮助学习者在完全理解所学知识的基础上逐步把知识变为学习者的长时记忆，帮助学习者熟练地应对学习生活中遇到的新问题。

2005年，黎加厚教授在《促进学生深度学习》一文中，最早提出了深度学习的概念，“深度学习是指在理解学习的基础上，学习者能够批判性地学习新的知识和思想，将所学知识融入自身原有的认知结构中，能够在思想间进行联系、迁移，并且可以对新的情境中的问题进行决策和解决的一种学习”。

2012年，美国国家研究委员会（National Research Council Panel，简称NRC）认为，深度学习是个体可以将从一种情境学习的知识应用到另一种新的情境中的过程，即迁移。NRC 将深度学习能力分成认知、人际和个人三个领域。这三个领域正好可以与 SDL项目定义的深度学习的六个能力相对应，形成领域和能力的兼容性框架。

2014年，安富海在《促进深度学习的课堂教学策略研究》一文中，提出深度学习是基于理解的学习行为，是需要学习者以高阶思维结构的发展以及实际问题的解决为目标，积极、主动、批判地将新知融入原有认知结构中，并把整合的知识内容迁移到新情境中。

2016年，郭华在《深度学习及其意义》一文中，指出深度学习是让学生全身心积极参与一个具有挑战意义的学习主题，在探究解决主题的过程中，学习知识，提高能力，收获成功，增强自我效能感。

纵观国内外学者对深度学习的定义，不同学者从不同角度包括深度学习的方式、发生过程或是学习结果等对其进行阐述，可以看出，无论从哪个角度的阐述都强调了要激发学习者的内在动机，变被动学习为主动学习，强调在理解的基础上，批判性地接受新的知识，注重新旧知识间的联系，学会知识间的意义建构，同时在日常的生活学习中注重知识的迁移应用，学会总结和反思，不断提高学习者自身的能力。笔者在研究众多专家对深度学习定义基础上，进行了深入理解与思考，认为深度学习就是应用知识解决问题，提高学生高阶思维能力的学习过程。对于初中语文深度学习而言，本书认为，初中语文课的深度学习是指激发学生的内在学习动机，借力于初中语文课堂教师的帮助与引导，使得学生在学习《语文》文本知识的过程中能够身心一致、情感高涨地主动投入。探索《语文》文本知识与在现实生活中实践运用的联系，在理解新旧知识意义与主动架构新旧知识体系的基础上，实现在新的问题情境中迁移应用，并在思考与实践中提高核心素养，体验在语文课中学习的成就感，丰富学生个体情感世界，批判性地学习新知识的过程。

2. 浅层学习

相较于深度学习，浅层学习是一种被动的、机械的学习，以教师的教为主，学生缺乏独立学习的意识和能力，全盘接受新的知识，新旧知识间不能建立良好的联系，以至于新知识在头脑中处于孤立状态，无法灵活运用到新的情境中解决问题。

美国学者埃里克·约翰逊（Eric Jensen，2010）等在《深度学习的7种有力策略》一书中，提出浅层学习是只学习知识的表面含义，缺少复杂的思维活动，适合于没有学习经验的学生或是孩子，不适合需要长期学习的学习者们。

美国学者德克里（Cheung，2015）在文章《课堂教学策略对学生化学自我效能感的综合作用》中提出，浅层学习是孤立零散的学习，学生无法将所学内容加以整合和总结，从而导致学生只片面理解知识，无法真正转化为自己的知识，对知识的存储只是短时记忆，对知识的理解、记忆、保存都是短暂的。

国内学者孙银黎（2007）在《对深度学习的认识》一文中提出，浅层学习是一种简单机械的学习方式，学习者通常只需要被动地接受书本上的知识，对教师讲授的内容进行简单的记忆或复制，但是对其深刻的内涵却不求甚解。

学者张浩、吴秀娟等人（2014）在《深度学习的目标与评价体系构建》中指出，浅层学习容易忽视知识的深层理解和加工，把知识当作孤立的、没有联系的、互不相关的事实，对书本知识或教师讲授内容只是进行机械接收、简单重复，这样的方式难以实现新旧知识的联系和建构，更无法达到迁移运用和解决实际问题的效果。

由此可以看出，浅层学习相对简单，只要求学生被动地接受知识，机械地背诵记忆，这不是一种理想的学习方式，无法真正帮助学生掌握知识的内涵和意义，它只能作为深度学习的基础。

3. 深度学习与浅层学习的关系

作为两种学习方式，深度学习与浅层学习间存在一定的区别，这里将从深度学习和浅层学习的理论基础、学习态度、学习动机、学习目标、学习方式、学习过程、关注焦点、知识体系、思维层次、学习效力、迁移能力、评价方式、反思状态等多个方面进行对比分析，找出两者的区别，如表3–1所示。

表3–1 深度学习与浅层学习的比较

	深度学习	浅层学习
理论基础	元认知理论、分布式认知学习理论、建构主义学习理论、情境认知理论	行为主义学习理论、客观主义学习理论
学习态度	持积极主动的学习态度，对学习充满热情	处于机械被动的状态，缺乏学习的热情
学习动机	强调学习者内在的、自身兴趣驱动的行为	强调由外部压力、功利性目的驱动下的行为
学习目标	比较关注学习者高阶思维能力的发展	注重学习者基本知识、基本技能的发展，偏向于低阶思维能力的获得
学习方式	在理解的基础上，批判性地接受新知识，加强新旧知识间的联系，学会迁移应用，注重反思总结	被动机械地接受学习，重复简单记忆，忽视知识间的联系
学习过程	逐步加深理解，学习过程中注重培养批判性思维和自我反思能力	学习过程中，方法单一，缺少反思、质疑和学习
关注焦点	关注解决问题所需的基本原理和学习者元认知的发展	关注解决问题所需的基本知识和技能
知识体系	注重新旧知识之间的联系，主要掌握复杂的、深层次的非结构化知识体系	所学知识间零碎、孤立，多数为浅显的概念、原理等结构化知识
思维层次	高阶思维，如批判性思维能力、决策力、创造力	低阶思维，如背诵、记忆
学习效力	高水平，高质量，但有时学习效率不高	高效率，但有时学习效果不佳
迁移能力	能在新的情境中将所学知识灵活应用，以解决实际问题	只限于机械的解决问题，不能灵活运用所学知识
评价方式	多采用质性评价、过程性评价等方式	多采用量化评价、总结性评价等方式
反思状态	逐步加深理解，利用批判性思维思考内容，自我反思学习过程和结果	不能及时反思学习过程和结果

人类的学习活动是一个非常繁杂的系统，经历着由低级到高级，由浅层到深度的渐进的发展过程。深度学习也是在简单的、记忆的基础上，发展成批判性、创新性的学习。因此，深度学习与浅层学习间也存在着一定的联系，两者在时间维度上存在一定的延续性，即浅层学习是深度学习的基础，深度学习是

浅层学习的深化。在学习过程中不能简单地摒弃浅层学习，盲目地开展深度学习，要根据具体教学内容选择最恰当的学习方式。对于一些既定规律、前人研究成果等内容可以选择浅层学习的方式，对于一些需要理解原理或是实践创新的内容，则要考虑深度学习。

（二）高阶思维与批判性思维

1. 高阶思维

高阶思维是发生在较高认知水平层次上的心智活动或较高层次的认知能力，在教育目标分类中表现为分析、综合、评价、创造等较高认知水平层次的能力。浅层学习一般只涉及对知识的简单记忆和背诵，停留在低层次的认知水平，涉及简单描述、浅显理解等低阶思维活动。然而，深度学习涉及对知识的背诵记忆，更强调对知识的理解和应用，处于“分析”“应用”“创造”等高层次的认知水平，在这个过程中可以培养学生批判性思维、创造性思维、实践能力等高阶思维品质。

2. 批判性思维

批判性思维起源最早可追溯到2500年前的古希腊思想家苏格拉底。苏格拉底认为一切知识，均从疑难中产生，愈求进步疑难愈多，疑难愈多进步愈大。通过苏格拉底提问（或反驳、辩证法），人们被要求澄清他们思考或研究的目的和他们的意思，区分相干和不相干的信息，然后检验其可靠性和来源，质疑他们自己和他人所言包含的假设，按照合作的精神，从不同的视角进行推理，探查他们自己和他人所思考东西的后果或意涵，整理他们知道或以为知道的东西的理由和证据，也对他们面前的证据和理由保持敏感。通过提问，揭示习以为常、理所当然的信念背后的假设所包含的不一致性，以探求新的可能答案。

批判性思维指的是技能和思想态度，没有学科边界，任何涉及智力或想象的论题都可从批判性思维的视角来审查。批判性思维既是一种思维技能，也是一种人格或气质；既能体现思维水平，也凸显现代人文精神。

二、深度学习的特征

（一）核心素养培育是深度学习的目标追求

核心素养是学生适应社会发展所需要具备的综合性素质，其本质决定了核心素养的培养要进入深层学习层面，因此，深度学习是培养学生核心素养的有效途径。随着新课程改革在语文学科的不断推进，语文课程目标从20世纪的“双基教学”到“三维目标”，再到2018年教育部提出的“语文学科核心素养”。语文课程目标的转换和重建体现的是新时代对学生素养要求的不断提升。语文核心素养要求培养全面发展的人，需要学生具备学会学习能力，具备适合终身发展的必备品格与关键语文能力。而深度学习通过教师引导学生积极参与学习过程、结合学生的个人经验来整合与建构学习内容，发展学生的迁移应用能力，学会举一反三，从而使得学生都能够有效处理复杂情境中的不同问题以应对不同情境下对学生能力的需要，使得学生成为一个全面发展的人，因此，二者在最终目标指向上保持一致，深度学习是培养学生核心素养的重要路径。

夸美纽斯（1999）在《大教学论》中说道：“《大教学论》，它阐明把一切事物教给一切人们的全部艺术……使男女青年，毫无例外地，全都迅速地，愉快地、彻底地懂得科学、纯于德行……《大教学论》的主要目的在于：寻求并找出一种教学的方法，使教员因此可以少教，但是学生可以多学；使学校可以少些喧嚣、厌恶和无益的劳苦，多具闲暇、快乐和坚实的进步。”夸美纽斯强调教师少教，学生多学，就是深度学习。在高度信息化的知识经济时代，社会发展对人才素质标准提出了更高的要求，培育学生的核心素养成为教育界的普遍追求。核心素养的培育需要深度学习的支持，因为素养是“个体在与真实情境持续的社会性互动中，不断地解决问题与创生意义的过程中形成的”，而深度学习就是在这样的过程中展开的。“深度学习”理念与课程改革所倡导的核心素养理念具有内在逻辑的一致性，它们注重知识信息的整合性、情境性，学习过程的探究性、体验性、建构性，学习结果的理解性、迁移性等。落实到语文学科，根据北京师范大学王宁教授（2016）的阐释，“语文核心素养”的本质是“语言知识与能力、思维方法与品质”，而这种能力、品质的生成来源于个体的能动、语言情境的运用、情感态度与价值观的高度融合以及知识的建构。语文深度学习指向语文核心素养的培养，强调学生主体能动的深度参与，启发学生思维的深度发展，引导语言审美的深度体验，深度联系语文课堂与现实生活经验。语文核心素养与深度学习的教学相辅相成，深度学习的教学过程就是学生语言建构与运用、思维发展与提升、审美鉴赏与创造、文化传承与理解的过程，也就是说，通过深度学习教学的实施能够有效地培育和发展学生核心素养。

（二）高阶思维是深度学习的核心特征

“高阶思维是指发生在较高认知水平层次上的心智活动或认知能力”，例如分析、综合、应用、创造等，深度学习发生时其思维处于活跃状态并会得到提升，深度学习要求学生必须保持清醒的大脑，对所学知识带有批判性的精神，能够进行甄别和筛选，在质疑和辨析中达到对知识和复杂概念的深度理解，还需要调动已有知识经验对所学知识和概念进行精细加工，进而掌握复杂概念与深层知识，并且还要将所学知识迁移运用到实践中，在整个深度学习过程，反省思维贯穿始终发挥着觉察、监控与调节作用。

深度学习首先是基于理解的批判学习，它要求学习者能够抓住事物的本质特征和学习材料的中心思想，在此基础上对学习内容持有一种批判的理性或怀疑态度，能够主动发现问题并提出假设，并为假设提出合理的推理与辩论，在质疑辨析中加深对复杂知识的理解。其次，深度学习要求在信息整合的基础上促进知识的建构，要求学习者能够在原有的知识体系中找到新旧知识的连接点，并通过同化或顺应达到对新知识的深度理解并建构个人的认知体系。再次，深度学习强调反思，深度学习的理论基础之一是元认知理论，元认知理论认为学习者能够通过元认知策略自觉调控自己的思维与学习过程，及时发现思维活动和学习过程中的不足，并及时修正，最终达到深度学习。最后，深度学习强调迁移应用，迁移应用是检验学习结果的有效途径之一，它要求学习者对学习情境进行深入理解，进而把握知识的本质与核心要素，经历知识的生成过程，只有深入理解知识的内核，才能够学以致用，去解决复杂问题。这些都体现了高阶思维和高水平认知，由此可见，高阶思维是深度学习的核心特质。

（三）全身心投入是深度学习的前提条件

动机水平是区分浅层学习与深度学习的指标之一，深度学习是在内部动机驱动下的主动学习，它不是被动地接受外在知识的灌输，而是要有目的、有意识地经历知识的生成过程，使知识更加立体化、形象化、丰富化，并长久地保存在记忆中，学生的活动与体验是达到深度学习的必要途径。情境认知理论认为，“知识产生于特定的情境中，知识的获得需要将学习者置身于知识产生的特定情境，并通过与情境进行积极互动，只有这样才能完成知识的建构”。基于这一理论，深度学习也就是某种程度的基于情境的行动，它需要学习者个体合法的边缘化参与，也需要学习共同体的构建与支持。深度学习的开展需要触及学生的心灵深处，需要兴趣、情感、意志的参与，从而使得到的知识具有生命力，达到活学活用。

相较于浅层学习，深度学习改变传统的以教师为中心，学生只是被动、机械的接受教师传授的知识。深度学习强调以学生为中心，学生要积极主动地参与到学习活动中，对学习充满热情，提高学习效率。学习的发生通常跟随着一定的情感投入，并且会与认知过程融合在一起。根据克拉斯沃尔对情感范畴的教育目标的分类，当深度学习发生时，其情感水平应该处于“价值体系性化”这一较高层次之中。美国著名学者琳达·达林–哈蒙德（2010）认为有效教学是“一种以学生的思维为核心的理解性学习，使学生全身心地投入，用启发式的教学方法将他们的身体、心理、认知、逻辑和情感统一起来”。由此可见，深度学习是一种整体性的投入，需要学生全身心的参与。

（四）学以致用是深度学习检验的重要途径

当前教学中存在的“知识与运用割裂”的现象，学以致用是解决这一问题的最好方法，深度学习要求学习者在学习过程中可以主动地改变自己的认知结构、思维方式和行动方式，把学到的新知识、获得的新技能运用到新情境中去解决实际问题，不仅“学会”，还要“学活”，最终解决真实情境中的问题。为了达到这一目标，深度学习要求学习者在学习过程中抓住事物的本质属性，关注知识的内在原理与核心论点，深入知识的内核，经历知识的生成过程，并具有广阔的视野，将知识融会贯通，内化到个人的认知结构中，同时又能将知识外显化、操作化，将知识转化为力量去解决真实的社会生活问题。

浅层学习对待知识一般停留在机械的记忆和浅显的理解上，无法灵活运用所学知识解决问题。如果学生不能运用所学知识技能去解决实际生活中的问题，那么就不能突出学习的意义和价值。而深度学习强调学生在理解的基础上，实现知识的迁移应用，在新情境中创造性地运用所学知识解决各种复杂问题。在这个过程中，学生通过解决不同情境中的问题，进而积累经验，使学生从“学会”转变成“学活”，从而真正做到“举一反三”“触类旁通”。

浅层学习一般只关注基本概念和技能的运用，而深度学习则要求学生在信息整合的基础上，实现新旧知识的同化和顺应，建构新的认知结构。在这一过程中需要学生主动对信息作出理解和判断，运用原有的知识经验对新知识进行审视、判断、评价，从而完成知识建构。同时还需要对自我建构的结果不断进行反思、调控。在转化方面，教师要注重指导帮助学生将所学的陈述性知识转化为程序性知识，获得解决问题的能力。

“学以致用”意味着学生能够对所学知识进行迁移和运用，迁移与运用不仅是一种学习结果的表征，也是一种重要的学习方式，是学生在学习活动中对未来参与社会实践的初步尝试，这种初步尝试需要学生具有创新的意识和综合的能力。徐鹏先生（2019）在《深度学习视域下的语文教学变革》一文中指出，迁移主要分为“近迁移”和“远迁移”两种类型。在“近迁移”过程中，学生能够关注学科内部的知识迁移，重组积累的知识内容，整合已有的知识体系，解决与学科相关的实际问题。在“远迁移”过程中，学生能够运用学科内部和相关学科之间的知识内容，独立解决生活中遇到的实际问题，并懂得“何时”“何事”“如何”“为何”运用，实现从“书本”走向“生活”，这也正是深度学习最大的实践价值。因此务必要关注反思性学习、机械练习对迁移质量、层次的影响。减少、杜绝低端大量重复练习形成的无意识的、自动的迁移，借助深度反思性学习实现有意识的、深思熟虑的迁移。“解决问题”是学生深度学习的能力及表现之一，在西方，深度学习的产生从一开始就与社会生活紧密相连，“学会问题解决”指向的是学习者的实践能力与创新意识的培养，以适应高速发展的社会。从这一角度来看，深度学习也是学会适应社会生活的学习。

三、研究的理论基础

（一）建构主义学习理论

建构主义之于深度学习的意义在于它不同于行为主义和认知主义的学习观、知识观以及学习者的地位。在学习观上，建构主义认为“学习依赖于个体的意义建构，同时意义的建构过程是镶嵌在一个特定的社会场景之中”，也就是说学习是一个个体层面的意义制定过程以及共同体层面的社会文化参与的过程。在知识观上，建构主义认为知识是一种非“惰性知识”，它与现实世界相关联，并能够有效地解决现实中的问题。在学习者的地位上，建构主义注重知识的建构性，这就意味着学习者需要积极探索周围世界和解决问题，去理解和获得新知识，换句话说，学习者在学习上扮演着积极主动的建构者的身份。

深度学习的产生是建立在自己对世界、对现实生活已有理解和经验的基础上，在实践中积极创设与建构新的知识，并将之整合到原有的认知框架中，形成新的认知结构，而深度学习下的认知结构是围绕“大概念”建构起来的认知结构，在“大概念”的统领下形成一个复杂的认知网络，学习者在该认知网络下能够跟随情境提取相应的信息，解决一定的问题。学习者在这一问题解决的过程中，逐渐积累经验，获取某一领域的技能，即适应性专长。

建构主义为深度学习的发展提供了认识论基础，在该理论的指导下，深度学习较为关注学习者的先前知识，注重学习者“大观点”统筹下的复杂知识结构的形成，强调学习者的适应性专长。

（二）深度学习理论

深度学习理论始于计算机、人工智能领域，其是以模拟人脑深层次学习的抽象认知过程，使得计算机实现对复杂数据的分析处理为核心的一种算法思维。1976 年美国学者马顿和萨乔在《论学习的本质区别：结果和过程》一文中明确提出浅层学习与深层学习的概念，被视为是教育学领域对深度学习概念的首次提出。马顿和萨乔在一项关于学生阅读学习的层次问题研究中，通过被试学生共同阅读同一文章进行阅读能力测试，研究结果表明被试学生在阅读过程中分别采取两种迥然不同的学习策略。一种是试图对阅读文章内容进行简单记忆和复述的浅层学习策略，另一种则是试图对阅读文章的中心立意和学术内涵进行理解的深度学习策略。浅层学习者与深度学习者在学习动机、记忆方式、思维逻辑和迁移能力上具有差异性。因而，深度学习被概括为是一种学习者在探寻知识间的逻辑联系、追求对知识的本质理解，对新旧学习内容进行批判互动，并且学习结果迁移性强的动态学习过程。由此，深度学习理论在教育学领域的形成，深化并拓展了深度学习理论在各个学科、各类教育的应用研究，更易理解和把握教学过程中存在于“知识”与“学习”间的问题。

（三）布卢姆教育目标分类法

1986年美国著名心理学家和教育学家布卢姆在其著作《教育目标分类学》

中，将认知领域里的教育目标由浅至深划分为六个层次，分别为知识、理解、应用、分析、综合、评价，这其中便蕴含丰富的深度学习思想。

学习者的认知水平处于知识、理解的层次属于浅层学习阶段，主要是进行简单的知识提取、机械式的记忆及低阶的思维活动等；而学习者的认知水平处于应用、分析、综合、评价的层次属于深层学习阶段，主要涉及对知识的批判思辨、理解性的记忆、创造性思维、知识迁移及高阶的思维活动等。通过对布卢姆教育目标分类学的归结，可以清晰地了解到学生的认知水平、思维能力呈现逐级提高、逐级提升的趋势。深度学习强调学生的学习不能仅停留于对知识的机械性记忆和简单模仿阶段。而需要把握知识的本质特征，在架构自己的知识体系的基础上，在现代日常生活实际中迁移与运用。深度学习注重发展学生的认知水平，以此达到较高认知水平层次，这与布卢姆的《教育目标分类学》有着异曲同工之处。因此，布卢姆《教育目标分类学》可谓为深度学习研究的理论基础。

（四）情境认知理论

情境认知在知识观上认为，知识是置身于一定的情境中的，学习者对知识的运用受它被应用的情境、活动和文化的影响，同时学习者在习得某一知识时所处的环境及习得知识的方式也是其学习的内容之一。简而言之，学习者在学习新的知识内容时，学习者的实践决定了学习者学习的内容、学习的方式。同时，对同一知识在不同情境中的学习，有利于知识的迁移。情境认知之于学习者的意义便是获得有意义的学习，并能促使知识的迁移与灵活运用。深度学习重视知识获取的境脉，多元的情境对知识的获取并有效地迁移到新的情境中有积极的作用，深度学习要求学习者习得的知识是有意义的知识，即能够灵活运用的知识、能够解决实践中出现的问题的知识。这就需要在学习者获取知识的过程中，为之提供多元的情境、真实的情境，使学习者熟悉不同境脉中知识的使用状况，为其进一步的迁移创设条件。情境认知为深度学习者提供了应用知识的情境，让学习者了解了知识应用的条件，同时在多元的情境中，深度学习者能看到知识的意义，并快速找到解决问题的方法。

（五）元认知理论

元认知思想源远流长，20世纪70年代美国心理学家弗莱维尔（Flavell）在元记忆的基础上首次提出元认知的概念，至此元认知理论正式纳入了认知心理学的研究范畴。弗莱维尔认为，元认知是认知主体对自身心理状态、能力、任务目标、认知策略等方面的知识，同时也是认知主体对自身各种认知活动的计划、监控和调节。布朗等人则指出元认知是个人对认知领域的知识和控制。而斯腾伯格则将元认知定义为关于认知的认知。认知包含对世界的知识以及运用这种知识去解决问题的策略，而元认知涉及对自身的知识和策略的检测、控制和评价。不同学者虽然从不同角度对元认知进行定义，但是他们都认同元认知是以认知过程本身为对象的。

元认知主要包括元认知知识和元认知监控。元认知知识是个体的认知活动以及影响这种认知活动的各种因素的知识，例如有关认知主体方面的知识，有关认知材料、认知任务方面的知识，有关认知策略方面的知识等。元认知监控就是主体在进行认知活动的全部过程中，将自己正在进行的认知作为意识对象，不断地对其进行积极的、自觉的监控、控制和调节，涉及制订计划、实时监控、检查结果、采取补救措施等。

从本质上来讲，元认知就是对认知的认知，是个体对自身学习活动、思维状况等的自我觉察、自我监控和自我调节，是个体自我意识高度发展的表现。在基于批判性思维的深度学习中，元认知和深度学习间存在着相互促进的关系。一方面，元认知能促进深度学习的开展。作为一种高阶学习活动，深度学习要求学习者运用高于背诵记忆的高级心智去参与学习活动。而元认知是对认知的认知，本身就是一种高阶能力。在学习的过程中，学习者通过利用元认知知识及策略对自身学习和思维活动进行实时监控和调节，能够及时发现并解决学习中的问题和不足，加深学习者对知识的理解和掌握，完成知识建构并在实际情境中迁移运用，实现深度学习的目的。另一方面，深度学习也能促进学习者的元认知能力的发展。深度学习者在通过反思评价实现对整个学习活动的监控、调节、评价，从而发现学习中存在的问题并及时改正，在这一环节，学习者学习能力、思维品质等特别是元认知能力得到相应的提高。由此可见，元认知是促进深度学习的一种有效策略，在深度学习中起至关重要的作用。在设计教学活动时，教师要注意引导学习者及时对整个学习过程进行回顾，实时监控，对于不足之处分析原因，找出解决办法。

下 篇

深度学习视域下的初中语文教学实践

研究语文深度学习的理论和实践策略，真正促进学生语文的深度学习，应是语文教学改革走向深化的必然选择。从“深度学习”这一视角出发，初中语文遵循初中学生的心理规律和教材编排特点，精选教学内容，改变教学方法，创设真实情境，强化信息整合，注重过程性评价，多管齐下引导学生主动探究、深入反思、构建体系框架、最终实现知识学习的迁移运用，达到深度学习的目标。本书致力于理论与实践的结合，以期为初中语文教学提供一定的参考。当然，对于在义务教育初中阶段语文学科推进深度学习教学改进项目问题，首先要弄清为什么要研究？这就必须要开展调查研究，通过调查分析了解目前初中语文教学的现状，尤其是总结存在的问题，则可增强研究的针对性。其次，要解决怎样改革语文教学，尤其是通过教学实践，探索出基于深度学习的初中语文教学基本模式与实施策略，让教师与学生“循法而入”，最终才能“破法而出”。

第四章　深度学习视域下的初中语文教学现状调查

课堂是促进语文教学活动向高质量发展的主要途径，也是促进学生语文核心素养提升的主要场所。教师的教学态度与方法直接影响学生语文学习效果，关乎初中语文课堂教学质量。因此，深入调查了解初中语文教学的现状，总结发现存在的问题并且探析其产生的原因，对进一步研究深度学习是非常必要的。也可为深度学习视域下语文教学的研究提供实践支持和帮助，促进语文课堂的深度发展。

一、调查设计与实施

根据深度学习的内涵和要求，本研究主要采用问卷调查的方法，设计出教师和学生两份不同的问卷，开展调查，进行数据统计分析，得出调查结果。

（一）调查目的

本次调查的目的是了解深度学习视域下当前初中语文教学的实际情况，在教学过程中学生是否采取深度学习的方式进行学习，以及深度学习这一学习方式在教学过程中被应用到何种程度的现状，以此来分析当前初中语文教学过程中存在的问题。从教学和学习两个方面入手，开展了调查，整理和分析得出初中语文教学的现状，并分析这种现状的成因，整理归纳语文教学浅层次的表现，选取优秀真实的教学案例辅助，并提出深度教学的实施建议和策略。

（二）调查问卷设计

1. 教师调查问卷设计

为了了解基于深度学习的初中语文教学的现状，研究编制了初中语文课堂教学浅层次学习现状调查问卷，调查问卷样式如下：

初中语文课堂教学浅层次学习现状调查问卷

尊敬的老师：

您好，非常感谢您能抽出时间填写这份问卷。此问卷旨在了解目前初中语文课堂教学的情况，结果仅用于教学研究。请您根据实际情况填写，再次感谢您能抽出宝贵的时间完成此问卷。

您的性别（　　）　A. 男　B. 女

任教学科（　　）　A. 语文　B. 数学

任教年级（　　）　A. 七年级　B. 八年级　C. 九年级

1. 你目前坚持的教学理念是（　　）

A. 以教师为中心　B. 以学生为中心

C. 以教材为中心　D. 没有教学理念

2. 你最喜欢利用哪种教学方式？（　　）

A. 教师讲授方式授课　B. 学生自主学习方式授课

C. 讲练结合方式授课　D. 其他方式

3. 你认为课堂教学的最终目标是（　　）

A. 让学生学习掌握知识

B. 让学生理解知识

C. 让学生掌握学习方法

D. 让学生的思维能力与思想素养得到提高。

4. 你认为在课堂教学中浅层次学习是指（　　）

A. 是学生学习知识、识记知识、理解知识的学习

B. 是教师教学生朗读课文、背诵知识点的学习

C. 是针对学生的分析、综合、运用、评价能力培养的学习

D. 不知道什么是浅层次学习

5. 你认为目前在课堂教学中浅层次学习状态情况是（　　）

A. 普遍存在　　B. 大部分课堂存在

C. 不存在　　D. 不太清楚

6. 你平常在教学工作中听说过“深度学习”的概念吗？（　　）

A. 听过　　B. 没听过　　C. 不知道

7. 深度学习课堂教学以培养学生的什么能力为主？（　　）

A. 浅层能力　　B. 高阶思维能力　　C. 不太清楚

8. 深度学习课堂教学的价值追求是什么？（　　）

A. 促进学生理解并运用知识

B. 培养学生运用知识解决问题的能力

C. 培育语文课程核心素养，实现立德树人

9. 你目前经常使用哪种教学方法？（　　）

A. 讲授法

B. 以学生自主学习为主，教师指导、点拨法

C. 任务驱动法，组织学生开展深度学习，提高学生思维能力

D. 其他（启发式、互动式等）

10. 你认为在初中语文教学中有必要开展“深度学习教学”，培养学生高阶思维能力吗？（　　）

A. 非常有必要　　B. 较有必要

C. 没有必要　　D. 无所谓

该问卷从教学理念、教学方法、教学认识等几个维度进行设计，其中教学理念考察教师在语文教学过程中坚持的教学理念及倾向；教学认识主要调查教师对深度学习和浅层次学习以及对学生高阶思维的培养、关注焦点和迁移能力、情感态度的培养等方面的认识；教学方法主要考察教师目前在语文教学中为培养学生的迁移运用能力和高阶思维、关注焦点而采用的教学方法。每份问

卷设计10道单项选择题。主要调查广东省珠海市不同区域、不同学校、不同级别的初中语文教师在教学中秉持的教学理念、对深度学习的认识及对教学过程的把握程度等。

2. 学生调查问卷设计

为了解广东省珠海市初一至初三学生基于深度学习的语文学习现状，在参考相关深度学习问卷的基础上，根据深度学习的内涵和语文学科特点和目标要求，并请教了相关教育学研究方法的资深教师，设计了学生深度学习能力调查问卷如下：

学生深度学习能力调查问卷

亲爱的同学：

你好！非常感谢你能抽出时间填写这份问卷。这次调查旨在了解初中生的一些基本学习情况，调查结果仅用于研究，不必填写真实的姓名，也没有分数高低之分，请根据自己实际的学习情况作答。再次感谢你的配合，祝你学习进步！

性别：　　　　　　　　班级：

一、深度学习的倾向“非常符合”“符合”“一般”“不符合”“完全不符合”

1. 学习有时能给我带来非常愉快、满足的感受（　　）

A. 非常符合　　B. 符合　　C. 一般

D. 不符合　　E. 完全不符合

2. 我觉得一旦全身心地投入到一门学科时，就会发现该学科很有趣（　　）

A. 非常符合　　B. 符合　　C. 一般

D. 不符合　　E. 完全不符合

3. 我发现老师提供的学习资源比较有趣时，我就会很认真地去学习（　　）

A. 非常符合 B. 符合 C. 一般
D. 不符合 E. 完全不符合

4. 我发现有时探究老师提出的问题，就像看一部非常棒的小说一样令人兴奋（ ）

A. 非常符合 B. 符合 C. 一般
D. 不符合 E. 完全不符合

5. 我觉得学习是一件非常有价值、有意义的事情（ ）

A. 非常符合 B. 符合 C. 一般
D. 不符合 E. 完全不符合

二、深度学习的行为

1. 上课之前我会充分预习老师课上要讲的知识内容（ ）

A. 非常符合 B. 符合 C. 一般
D. 不符合 E. 完全不符合

2. 我经常对课堂上学习的内容提出自己的疑问并通过查阅资料解答疑惑（ ）

A. 非常符合 B. 符合 C. 一般
D. 不符合 E. 完全不符合

3. 我经常积极地参与课堂讨论并与他人交流想法（ ）

A. 非常符合 B. 符合 C. 一般
D. 不符合 E. 完全不符合

4. 我总是花一些时间反思回顾自己的学习情况（ ）

A. 非常符合 B. 符合 C. 一般
D. 不符合 E. 完全不符合

5. 遇到不懂的问题，我总是向老师或者同学请教（ ）

A. 非常符合 B. 符合 C. 一般
D. 不符合 E. 完全不符合

三、深度学习的策略

1. 我通常是带着问题或者明确的目标进行自主学习和课堂学习（　　）

A. 非常符合　　B. 符合　　C. 一般

D. 不符合　　E. 完全不符合

2. 我通常会对某一问题或主题进行充分的分析思考直到形成令我满意的结论（　　）

A. 非常符合　　B. 符合　　C. 一般

D. 不符合　　E. 完全不符合

3. 课下我会花大量时间找出更多和课堂学习或讨论有关的知识进行扩展学习（　　）

A. 非常符合　　B. 符合　　C. 一般

D. 不符合　　E. 完全不符合

4. 我能利用多种渠道和手段获取想要的信息（　　）

A. 非常符合　　B. 符合　　C. 一般

D. 不符合　　E. 完全不符合

5. 我把对重要知识的完全理解作为检验和评价自己的方式（　　）

A. 非常符合　　B. 符合　　C. 一般

D. 不符合　　E. 完全不符合

该问卷由15道单项选择题组成，共分为三部分：第一部分是学生的深度学习倾向调查（1—5题），主要了解学生的语文学习兴趣和倾向。第二部分是学生的深度学习行为调查（6—10题），主要了解学生在语文学习过程中的一些习惯和行为；了解学生在面对问题时的处理方式以及与深度学习的创新思维契合。第三部分是学生的深度学习策略调查（11—15题），主要了解学生在语文学习过程中的方式和方法。

（三）调查对象选取

1. 教师调查对象

为了尽可能使被调查对象更具代表性，调查结果更具说服力，研究选择来自广东省珠海市各个区，各个层次学校的初中语文教师作为调查对象，进而了解当下基于深度学习教学理念的初中语文教学的现状，以此作为问题分析的基础。

本次调查过程中，共有144名教师参与调查，剔除两个数学老师和一个小学语文老师的无效答卷，最终有效问卷的数量为141份，基于深度学习的初中语文教学现状调查对象基本情况如图4–1所示：

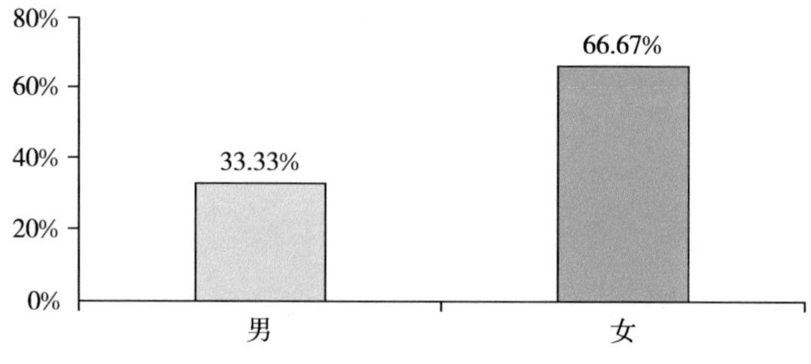

图4–1　教师调查对象性别分布图

由图4–1可以看出，参与调查的女教师人数为94，占比66.67%，男教师为47人，占比33.33%，其中女教师相对较多，这也跟现行的初中语文女教师总体上比男教师多相关。

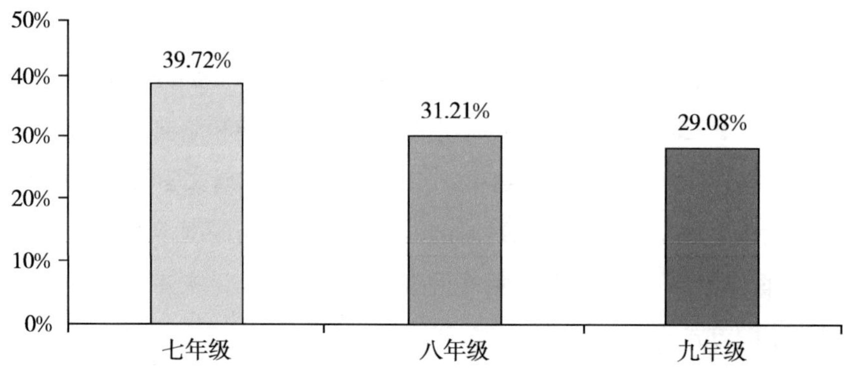

图4–2　教师调查对象任教年级分布图

参与调查的教师中，任教七年级的教师人数为56，占39.72%，任教八年级的教师人数为44，占31.21%，任教九年级的教师人数为41，占29.08%，三个年级的教师人数基本持平。

2. 学生调查对象

本次研究选取的问卷调查对象为广东省珠海市初中阶段的学生，随机抽取多个学校的初中学生作为本研究的调查对象，共发放问卷给1770名初中学生，学生深度学习能力调查对象基本情况如图4–3所示。

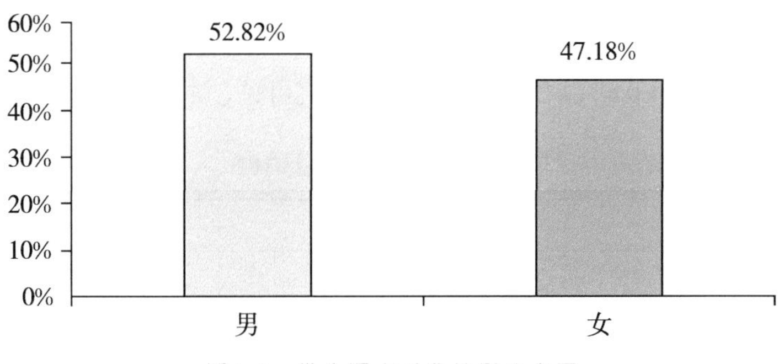

图4–3　学生调查对象性别分布图

参与调查的学生中，男生人数为935，占比52.82%，女生为835人，占比47.18%，男女比例基本持平。

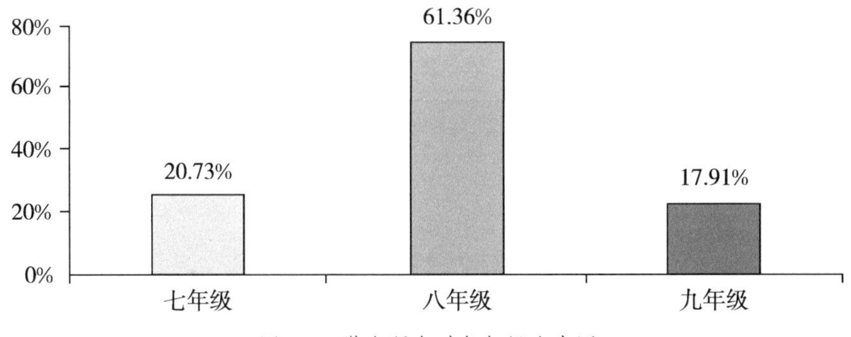

图4–4　学生调查对象年级分布图

从图4–4可以看出，参与调查的学生中，七年级学生人数为367，占20.73%，八年级学生人数为1086，占61.36%，九年级学生人数为317，占

17.91%，八年级学生人数相对较多。

（四）调查工具

本次调查主要依靠现代网络技术，向被调查地区的学校师生发放电子问卷。为了保证本研究的科学性和严谨性，对使用的两个调查问卷信度进行检验。

1. 教师调查问卷信度分析

教师调查问卷是通过克隆巴赫系数进行信度分析的，一般来说，α 值的范围是0—1，越接近1，说明变量的信度越高。在基础研究中，信度至少应达到0.80 才可接受，在探索性研究中，信度只要达到 0.70 就可接受，介于 0.70—0.98 均属高信度，而低于 0.35 则为低信度，必须予以拒绝。通过分析，问卷整体内部一致性系数为 0.824，如表4–1所示，由此可见，本问卷具有良好的信度。

表4–1　教师调查问卷信度

样本量	项目数	Cronbach. α 系数
141	10	0.824

2. 学生调查问卷信度分析

学生深度学习能力调查问卷采取五点记分法，分为“非常符合”“符合”“一般”“不符合”“完全不符合”五个等级；完全不符合是1分，非常符合是5分。学生问卷同样通过克隆巴赫系数进行信度分析，如表4–2所示。

表4–2　学生调查问卷信度

样本量	项目数	Cronbach. α 系数
1770	15	0.851

问卷整体内部一致性系数为 0.851，介于 0.70—0.98，属高信度，由此可见，本问卷也具有良好的信度。

二、深度学习下初中语文教学现状调查结果

问卷收回以后，使用 SPSS20.0 和 EXCEL2019 进行数据的分析处理和统计，通过数据分析探索两个方面的现状，首先是教师在语文教学中凸显出的问题，其次是学生的深度学习能力现状。

（一）教师问卷调查情况

教师问卷共10道单项选择题，分成教师教学理念、教师教学认知和教师教学方法三大类来进行讨论分析。

1. 教师教学理念调查结果

教师教学理念对应问卷的题目是第1题和第3题，主要调查教师在语文教学过程遵循的教学理念和指导思想。

针对“你目前坚持的教学理念是（　　）” 这一问题，其调查结果如图4-5所示。

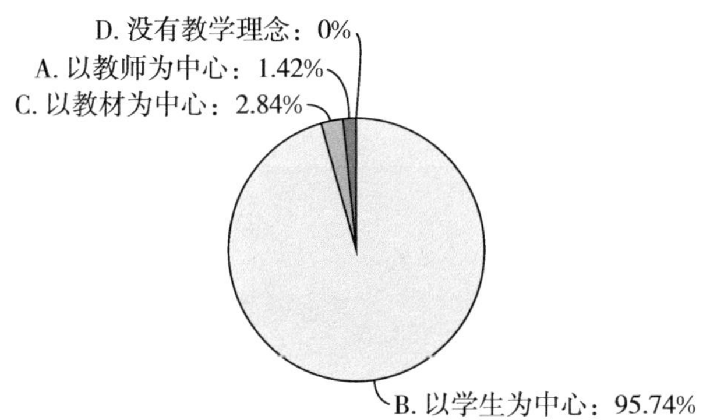

图4-5 “你目前坚持的教学理念”问题调查结果图

从图4-5可以看出，所有老师都有自己坚持的教学理念，共有135人坚持“以学生为中心”的教学理念，占到95.74%，这也与语文课程标准相吻合。

针对“你认为课堂教学的最终目标是（　　）”这一问题，其调查结果如图4-6所示。

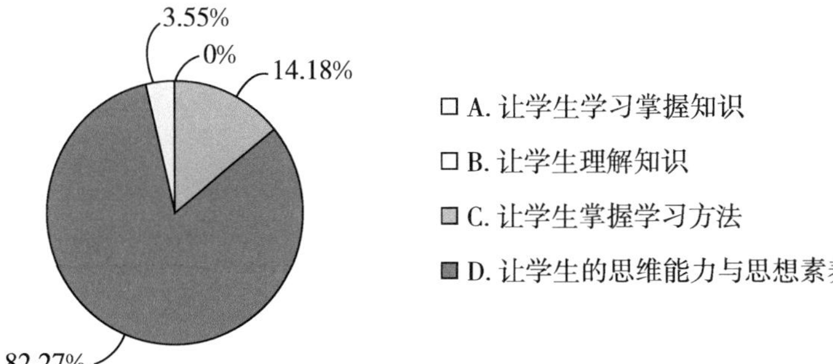

图4-6 “你认为课堂教学的最终目标”问题调查结果图

从图4–6可以看出，大部分教师认为课堂教学的最终目标是让学生的思维能力和素养得到提升，14.18%的教师认为要让学生掌握学习方法，有3.55%的教师认为最终目标是让学生学习掌握知识，但没有人选择让学生理解知识。可能的原因在于对选项中的掌握知识和理解知识两个层次区分不够细致。

2. 教师教学认知调查结果

教师教学认知对应问卷的题目是第4、5、6、7、8、10题，主要调查教师在语文教学过程中对深层次学习和浅层次学习的认知和理解。

针对“你认为在课堂教学中浅层次学习是指（　　）”这一问题，其调查结果如图4–7所示。

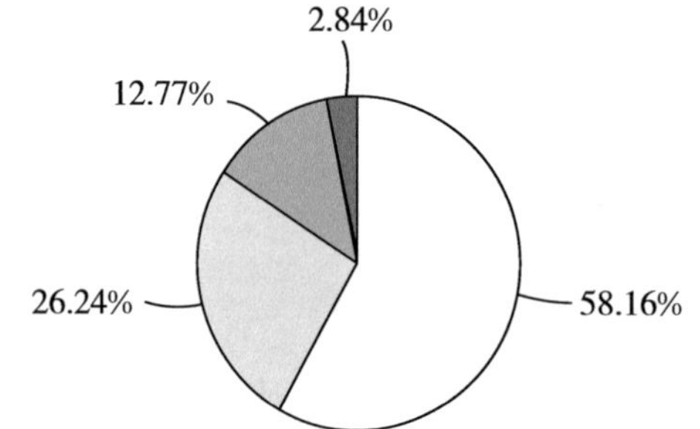

图4–7 “你认为在课堂教学中浅层次学习是指”问题调查结果图

从图4–7中可以看出，大部分教师认为课堂教学中浅层次学习就是学生学习知识、识记知识和理解知识的学习，占到58.16%，还有26.24%的教师认为课堂教学中浅层次学习是教师教学生朗读课文、背诵知识点的学习。可见，大部分教师认为只关注教学目标的记忆、理解层面的学习是相对浅层的。但也有12.77%的教师认为针对学生的分析、综合、运用和评价能力培养的学习是浅层次的，还有4个教师并不知道什么是浅层次学习。

针对“你认为目前在课堂教学中浅层次学习状态情况是（　　）”这一问题，其调查结果如图4–8所示。

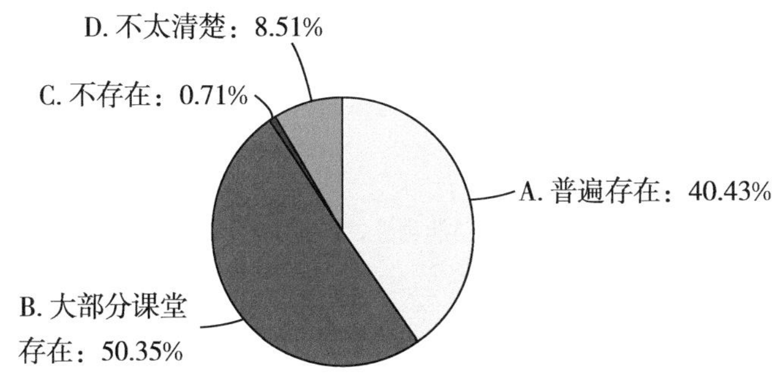

图4-8 “你认为目前在课堂教学中浅层次学习状态情况”问题调查结果图

从上述数据可以看，认为目前在课堂教学中浅层次学习状态普遍存在和大部分存在的教师共占到约91%，可见，大部分教师认为浅层教学依然充斥着当前的初中语文教学。教师一旦不注意，便很容易导致教学的表浅和粗糙。还有8.51%的教师表示不太清楚，也与上一个问题的调查结果相对应，部分教师对什么是浅层次学习并不了解。这也反映了一些教师在教学过程中只埋头苦干，而没有进行总结和定期的反思。

针对“你平常在教学工作中听说过‘深度学习’的概念吗？”这一问题，其调查结果如图4-9所示。

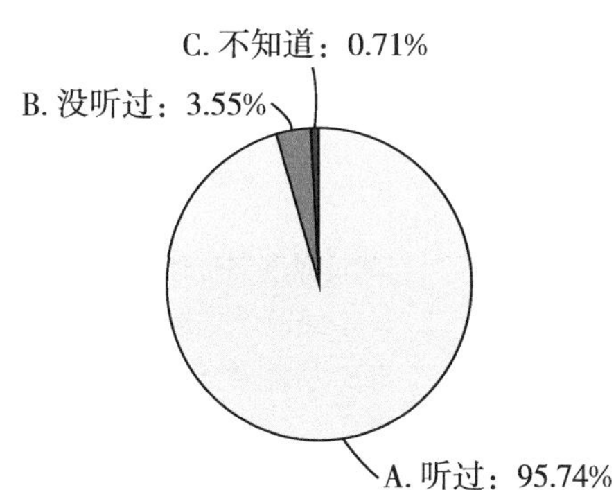

图4-9 “你平常在教学工作中听说过‘深度学习’的概念吗？”问题调查结果图

从上述调查结果中可以看出，绝大多数老师（95.74%）都有听说过深度学习的概念，有6个老师表示没听过或不知道。总体上来说，深度学习在初中语文教师群体里受关注的程度较高，但有几个老师对于什么是浅层学习、深度学习都没有关注过。对数据源进行分析发现，4个没听说过浅层学习的老师同样也没有听说过深度学习。

针对“深度学习课堂教学以培养学生的什么能力为主？”这一问题，其调查结果如图4-10所示。

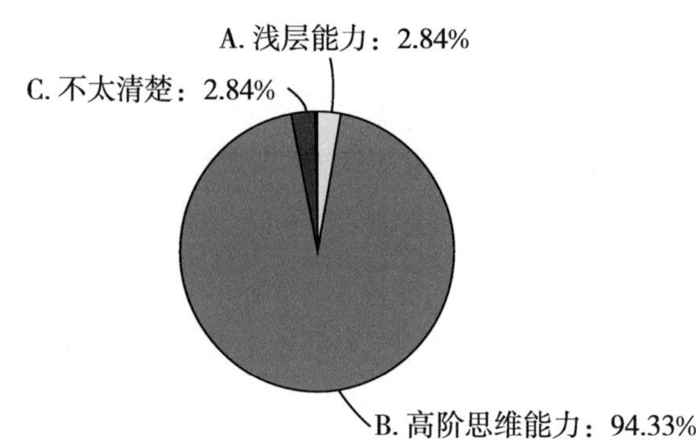

图4-10 “深度学习课堂教学以培养学生的什么能力为主？”问题调查结果图

此题是进一步调查教师对深度学习的认识和理解，从数据可以看出，94.33%的老师认为深度学习课堂教学以培养学生的高阶思维能力为主，这与深度学习的概念和要求也是匹配的，证明大部分教师对于深度学习的整体概念有一定的了解。

针对“深度学习课堂教学的价值追求是（　　）”这一问题，其调查结果如图4-11所示。

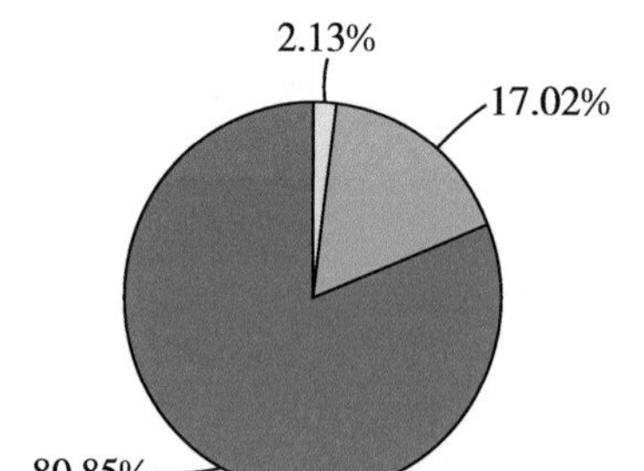

图4-11 “深度学习课堂教学的价值追求”问题调查结果图

此题是调查教师对深度学习目的的了解程度，从数据可以看出，80.85%的教师认为深度学习课堂教学追求的是培育语文课程核心素养，实现立德树人。17.02%的教师认为深度学习追求的是培养学生运用知识解决问题的能力。还有

3个教师认为其追求的是促进学生理解并运用知识。

针对“你认为在初中语文教学中有必要开展‘深度学习教学’，培养学生高阶思维能力吗？”这一问题，其调查结果如图4-12所示。

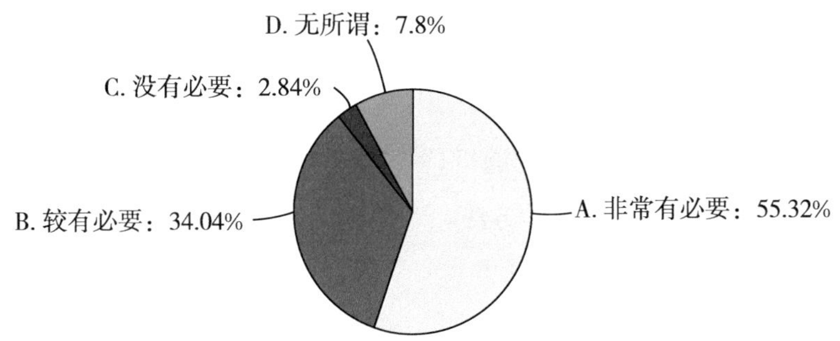

图4-12 “在初中语文教学中有必要开展‘深度学习教学’，培养学生高阶思维能力吗？”问题调查结果图

从图4-12可以看出，55.32%的教师认为非常有必要在初中语文教学中开展深度学习教学，34.04%的教师认为较有必要，还有近14个教师认为没有必要或者无所谓。整体数据与前几个问题的调查结果是匹配的。从这些数据中可发现有超过一半的教师对深度教学的认可态度是积极的，只有少数人持否定态度。总体上来说，教师都有开展教学改革的意愿，但在教学实施中却碰到了很多现实问题，导致语文教学过程中浅层学习现象普遍存在。

对这一问题进行交叉分析，针对不同年级教师认为在初中语文中开展深度学习教学的必要性进行分析，如下图所示。

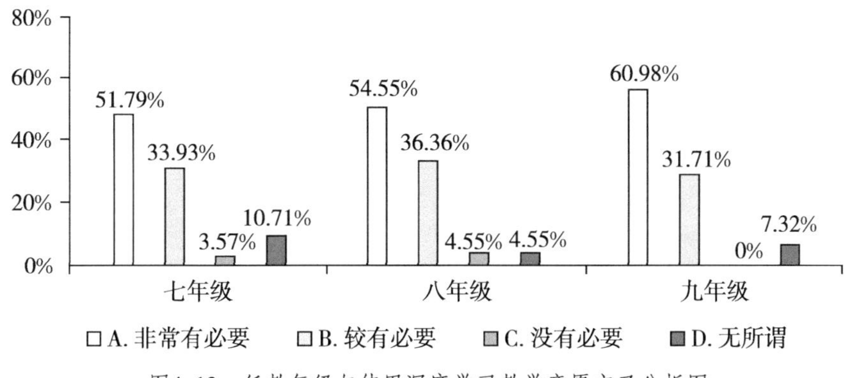

图4-13 任教年级与使用深度学习教学意愿交叉分析图

从图4-13可以看出，九年级教师中认为在初中语文教学中有必要开展深度学习教学的人数最多，认为非常有必要和较有必要的总人数比例约达到92.7%，其愿望最强烈。这可能与学生的深度学习能力有关，九年级学生也具有更强的学习能力和良好的学习习惯，理论上来说也非常适合进行深度学习的改革。

3. 教师教学方法调查结果

教师教学方法调查对应问卷的题目是第2题和第9题，主要调查教师在语文教学过程中喜欢和目前使用的教学方法。

针对“你最喜欢利用哪种教学方式？”这一问题，其调查结果如图4-14所示。

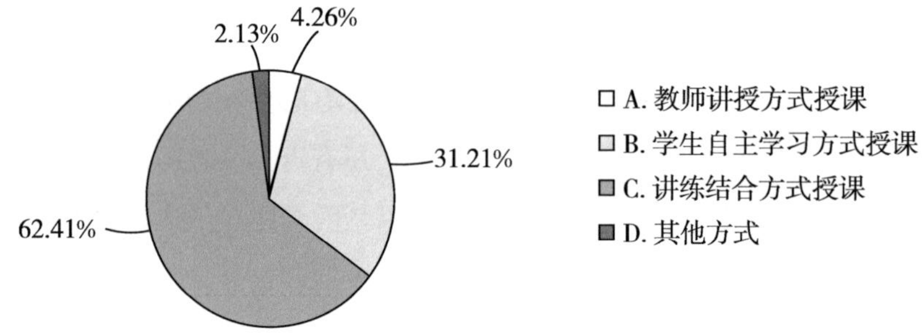

图4-14 “你最喜欢利用哪种教学方式？”问题调查结果图

该题针对教师个人对教学方式的喜好进行调查，可以看出，62.41%的教师喜欢用讲练结合的方式进行授课，31.21%的教师喜欢用学生自主学习的方式授课，可以更好地提升学生的核心素养。喜欢讲授方式授课的老师占4.26%，可以看出其比例非常少，还有2.13%的老师采取其他的一些教学方式。

对这一问题进一步进行交叉分析，首先针对不同性别教师最喜欢利用的教学方式进行分析，如图4-15所示。

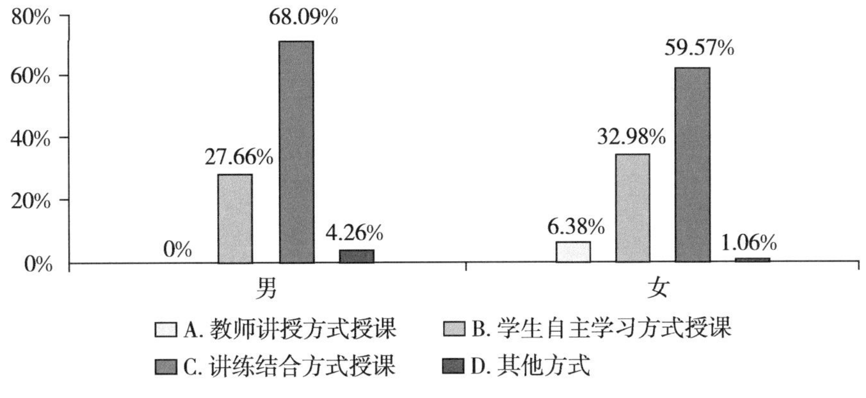

图4-15　性别与最喜欢利用的教学方式交叉分析图

从图4-15看到，没有一个男老师选择喜欢讲授方式，68.09%的男老师喜欢用讲练结合的方式进行授课。而6.38%的女老师喜欢用讲授方式。男教师更倾向于把主动权还给学生，采取学生自主学习和讲练结合方式进行教学。

然后改变变量，针对不同任教年级最喜欢利用的教学方式进行交叉分析，如图4-16所示。

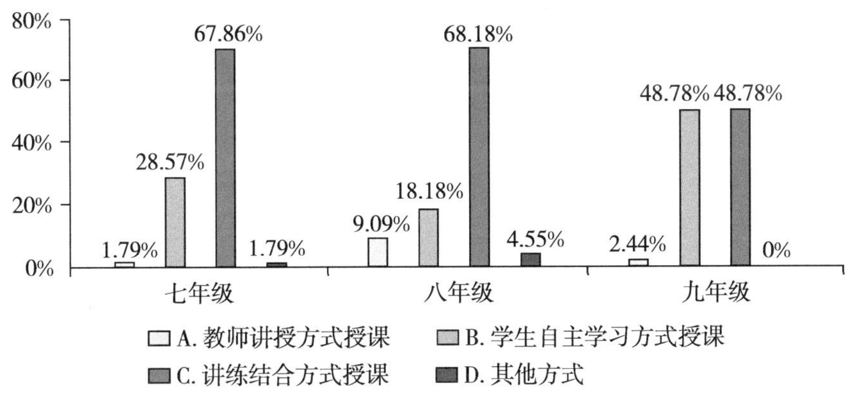

图4-16　任教年级与最喜欢利用的教学方式交叉分析图

从图4-16看到，实际教学中八年级教师讲授法用得最多，而七年级教师讲练结合的方法用得最多，占到67.86%。

针对“你目前经常使用哪种教学方法？”这一问题，其调查结果如图4-17所示。

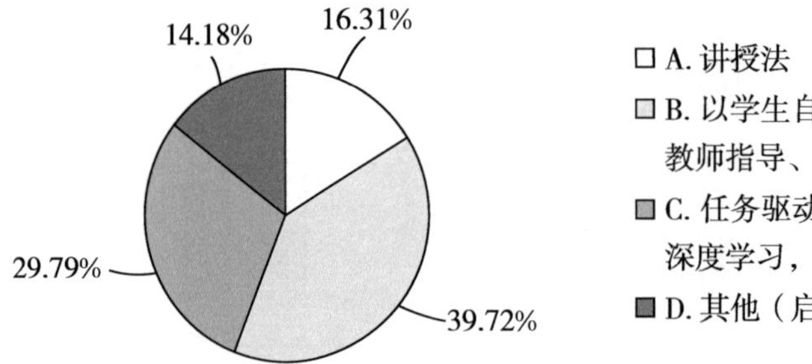

图4–17 “你目前经常使用哪种教学方法？”问题调查结果图

该题针对教师个人使用教学方式的现状进行调查，可以看出，39.72%的教师在课堂上以学生自主学习为主，用讲练结合的方式进行授课，29.79%的教师使用任务驱动法，组织学生开展深度学习，而使用讲授法的教师占16.31%，使用其他方式的占14.18%。

与上一题的数据相比，也是教师喜欢使用的方式和正在用的方式的一个对比，可以看出，只有4.26%的教师喜欢讲授法，但实际教学中，经常使用讲授法的却占16.31%。

对这一问题进一步进行交叉分析，首先针对不同性别教师目前经常使用的教学方法进行分析，如图4–18所示。

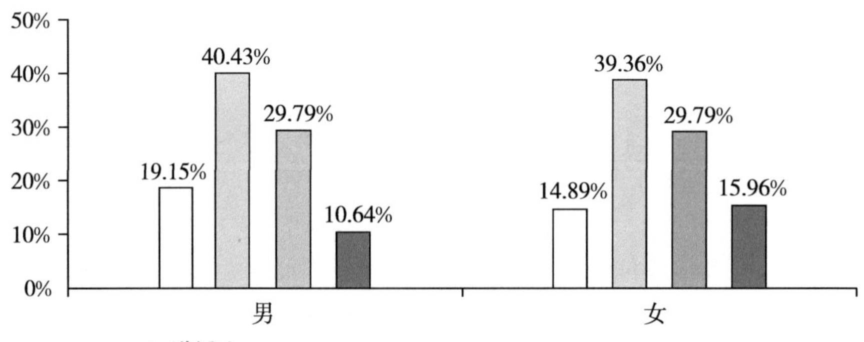

图4–18 性别与目前经常使用的教学方法交叉分析图

从数据可以看出，男教师用讲授法的比例为19.15%，而女老师更愿意尝试用其他方法来进行教学，占到15.96%。与上一题的数据相比，没有一个男老师愿意用讲授法，而在实际教学中，男老师比女老师更喜欢用讲授法，而女老师更愿意去尝试不同的方法。可见，教学理想和教学实施的现实有很大的差距。

改变变量，针对不同任教年级教师目前经常使用的教学方法进行分析，如图4–19所示。

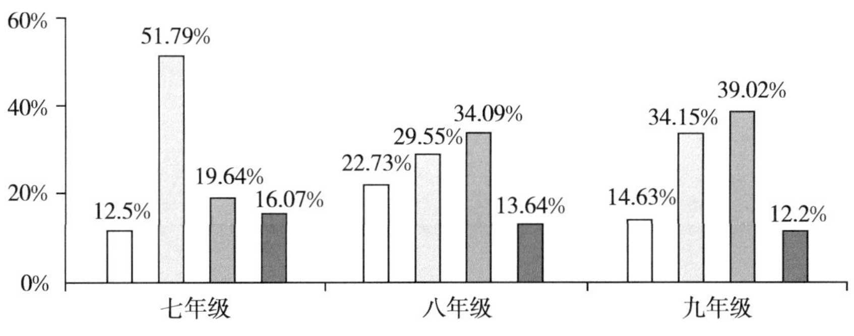

图4–19 任教年级与目前经常使用的教学方法交叉分析图

从图4–19可以看到，八年级的教师中应用讲授法的最多，七年级教师应用以学生自主学习为主的方式更多，而九年级的教师更喜欢在课堂中使用任务驱动法。

（二）学生问卷调查情况

学生问卷共15道单项选择题，采取五点记分法，分为“非常符合”“符合”“一般”“不符合”“完全不符合”五个等级。分成学生的深度学习倾向调查、学生的深度学习行为调查和学生的深度学习策略调查三大类来进行讨论分析。

1. 深度学习倾向调查结果

深度学习倾向包括五个题目选项，主要调查学生语文的学习兴趣和学习感受。对学生深度学习倾向所有题目进行总体分析如图4–20所示。

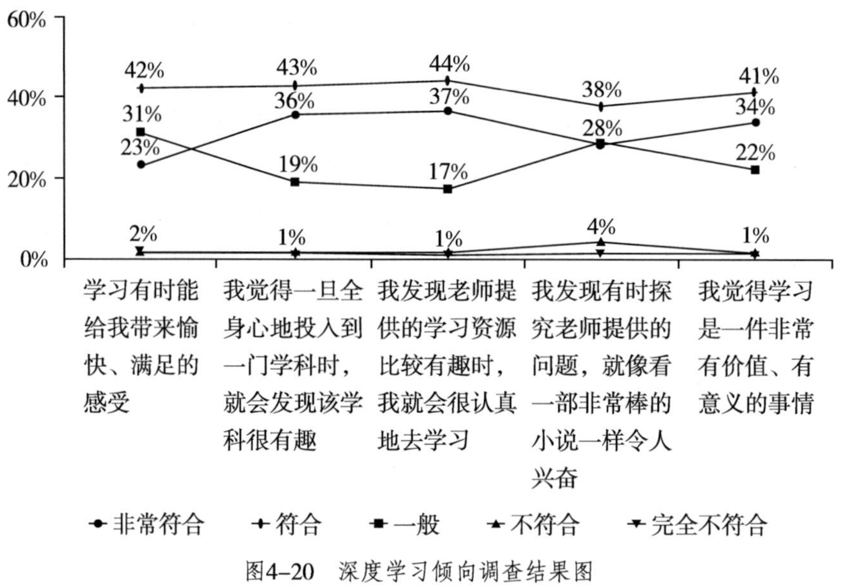

图4–20 深度学习倾向调查结果图

从图4–20可以看出，深度学习倾向五个选项所表达的内容都是正向的感受和倾向，从总体折线来看，选择“非常符合”“符合”和“一般”选项的比较多，而“不符合”和“完全不符合”的两条折线相对比例较低。具体来说，第一，学生认同度最高的一点是“我发现老师提供的学习资源比较有趣时，我就会很认真地去学习”，这也说明学生对教学资源充满期待，教师精心和充分的准备能更激发学生的学习兴趣和热情。第二，66%的学生认为“我发现有时探究老师提出的问题，就像看一部非常棒的小说一样令人兴奋”，说明在教学过程中，教师的提问也能让学生保持好奇和动力。第三，只有3%的学生不认同“我觉得学习是一件有价值、有意义的事情”，“学习有时能给我带来愉快、满足的感受”。因此，总体上来说，学生的学习倾向是积极主动的，是能感受到趣味和意义的。

进一步进行变量的交叉分析，将性别和年级设为两个自变量，将深度学习行为中的五个选项设为因变量，分别两两进行交叉分析，发现学生的深度学习倾向在不同年级和不同性别的学生群体里区别并不明显。

2. 深度学习行为调查结果

第二部分是学生的深度学习行为调查，主要了解学生在语文学习过程中的一些习惯和行为，了解学生在面对问题时的处理方式以及与深度学习的创新思维契合。

（1）总体分析

对学生深度学习行为所有题目进行总体分析如图4-21所示。

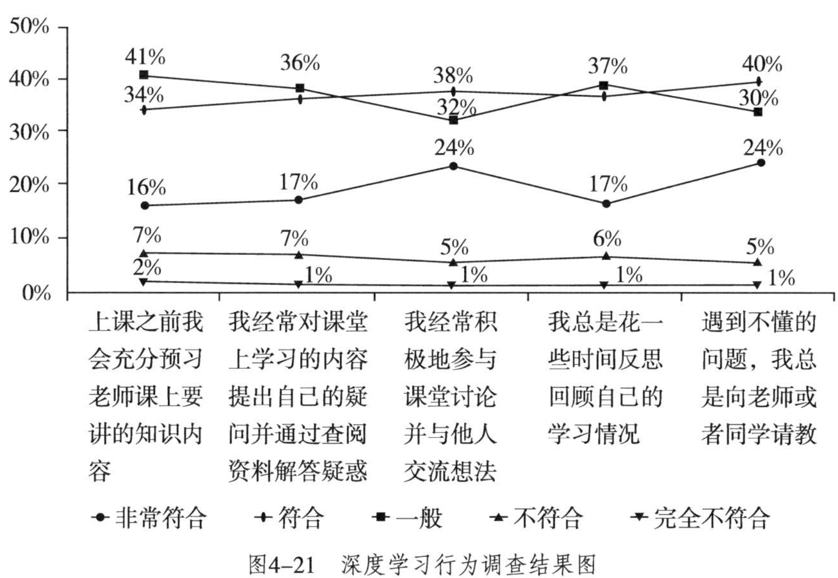

图4-21　深度学习行为调查结果图

五个选项分别调查的是学生在深度学习中的预习、提问、讨论、反思和请教的行为习惯，这是语文学习过程中非常重要的几项活动。从图4-21可以看出，五个行为中与学生实际情况最符合的是“积极地参与课堂讨论”和“遇到不懂的问题向老师或同学请教”，而与学生实际情况最不符合的是“上课前会充分地预习”，只有16%的学生认为非常符合，还有9%左右的学生上课前完全不预习。而针对回顾反思，只有17%的学生认为非常符合，学生的回答总体得分偏中，表明学生对反思的表现和重视程度都一般。针对提问行为习惯，不符合的占8%，完全符合的也是17%，说明学生提问的意识和能力都有待提升。

（2）交叉分析

为了进一步分析学生的学习行为特点，进行变量的交叉分析，将性别和年级设为两个自变量，将深度学习行为中的五个选项设为因变量，分别两两进行交叉分析，对其中差异性比较明显的数据进行分析如下。

以性别为自变量，上课之前的预习行为题目为因变量进行交叉分析，结果如图4-22所示。

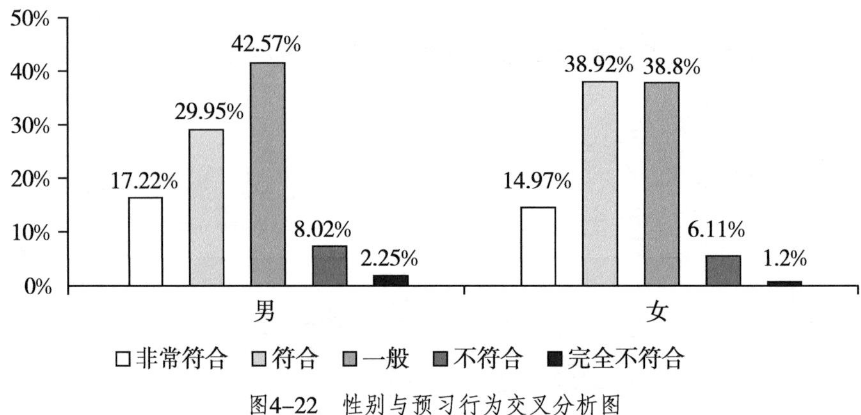

图4-22　性别与预习行为交叉分析图

课前预习能够使学生对本节课要学的内容有大致的思维框架，上课更容易理解，在初步学习课程内容时，圈出听课的重点、难点、疑问，带着问题进课堂更能提升学习效率。从图4-22中可以看出，总体上学生的预习习惯不够好，而女生比男生更喜欢课前预习，有约10%的男生表示课前完全不预习。

以年级为自变量，上课之前的预习行为题目为因变量进行交叉分析，结果如图4-23所示。

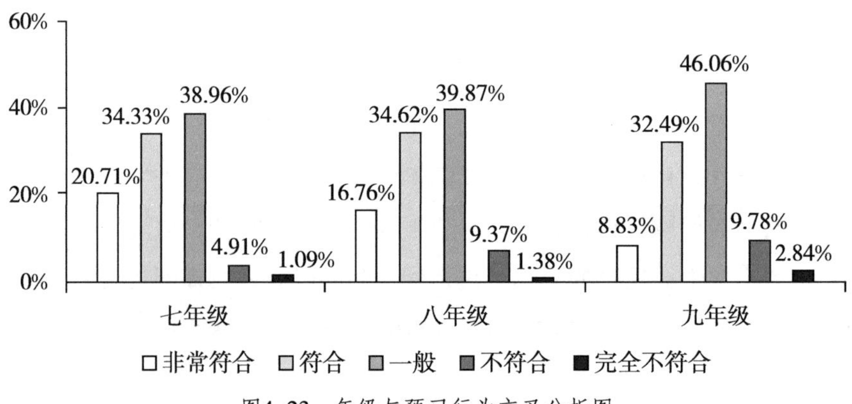

图4-23　年级与预习行为交叉分析图

从图4-23中可以看出，七年级学生的预习习惯最好，其次是八年级学生，而九年级学生中完全不预习的占到约12.6%，这也是课堂上存在不少问题的原因之一。

以年级为自变量，反思回顾的行为题目为因变量进行交叉分析，结果如图4–24所示。

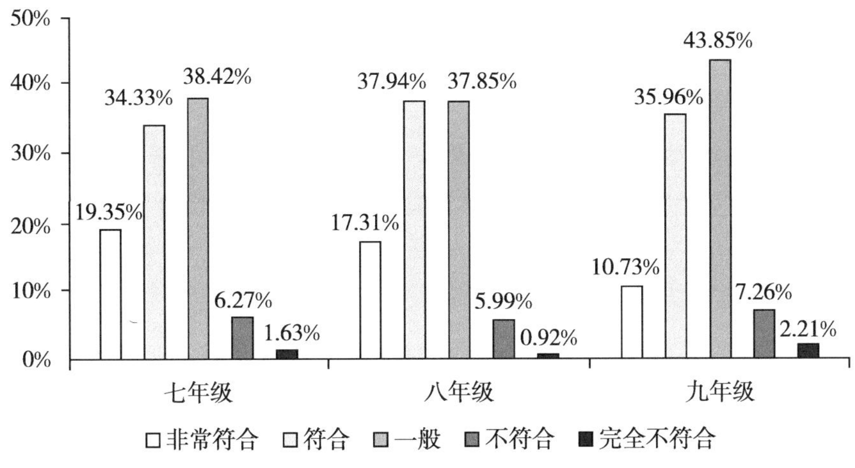

图4–24　年级和回顾反思的行为交叉分析图

从图4–24中可以看出，七年级学生更注重回顾反思，19.35%的学生会经常花一些时间反思回顾自己的学习情况，其次是八年级学生，而九年级学生中完全不反思的占到约10%，从理论上说，九年级学生在反思监控能力上越来越强，但在习惯的保持上却没有低年级的好。

以年级为自变量，以“遇到不懂的问题请教”题目为因变量进行交叉分析，结果如图4–25所示。

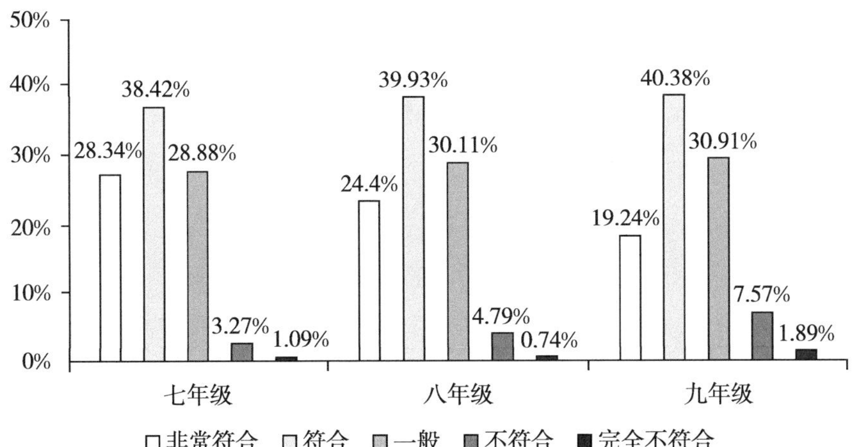

图4–25　不同年级和遇到不懂的问题请教的行为交叉分析图

从图4–25中可以看出，约95%的七年级学生在遇到不懂的问题时会向同学或老师请教，刚入初中的学生，在讨论和交流方面欲望会更强一点，随着年级的上升，其比例越来越低，九年级学生中不符合和完全不符合的占到约10%，也表明九年级学生中更多学生不愿意通过请教的方式来解决问题。

3. 深度学习策略调查结果

第三部分是学生的深度学习策略调查，共5道题，主要了解学生在语文学习过程中的深度学习方式和方法，对学生深度学习策略所有题目进行总体分析如图4–26所示。

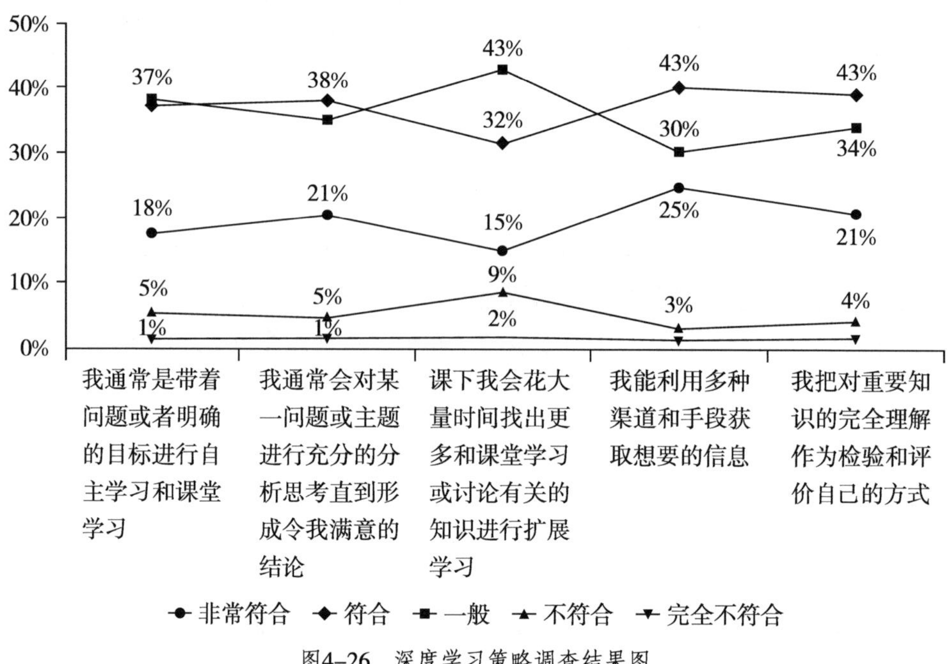

图4–26 深度学习策略调查结果图

五个选项分别调查的是学生在深度学习中的目标导向、充分思考、知识扩展、资源获取和知识评价的不同策略，这几项策略也是深度学习中的核心要求。第一是关于明确目标进行自主学习的情况调查，可以看出，只有18%的学生认为非常符合，大部分学生认为符合或者一般符合，这也反映了学生在学习过程中存在主动性欠缺的问题，缺少目标性。第二是关于对某一问题的充分思考和分析情况调查，和第一个问题的结果相当，近四成的同学对于问题的思考一般深入，非常深入的占21%。第三是关于学生课后进行知识扩展的调查，发现只有15%的学生非常符合，而有11%的学生不会花时间去进行主动扩展学习，学生把学习时间和内容比较多地局限在课堂上，而不太注重课后的扩展和深化，这是深层学习能力欠缺的表现之一。第四是关于资源获取的调查，大约98%的学生都喜欢利用多种渠道和手段获取想要的信息，这也是新时代学生的特点之一，体现了其良好的信息素养。第五是关于学生的评价方式，约98%的学生都会把对知识的理解作为评价的标准，可以看出，绝大多数学生都比较看重知识的掌握情况。

三、深度学习下初中语文教学现状分析

通过对问卷的各项数据进行分析，发现不同地区、不同学校和不同级别的初中语文教师教学过程中都存在着浅层教学的问题，说明深度教学的理念还没有完全深入人心。本研究将从教师和学生两个方面对现存的问题进行分析。

（一）教师深度学习教学中存在的问题分析

从上述调查结果中可以看出，当前大部分教师已经认识到在阅读教学中进行深度学习的必要性，然而调查结果也暴露出在实际的语文教学中依然存在不少问题，这些问题是阻碍在语文教学中引导学生开展深度学习的主要原因。

1. 深度教学认知不深入

教师对深度教学理念的认识主要集中表现为对它的了解程度和认可程度。

第一，对深度教学理念的了解程度。深度学习注重学生的中心地位，要求教师要有联结学生新旧经验的能力，鼓励学生参与课堂对话，允许学生犯错等。教师在课堂中相当于学生的指导者，在教师的引导下学生发挥自主性主动探究，这种课堂形式有利于形成民主平等的新型师生关系。整体上而言，绝大多数教师处于听说过或不了解的状态，对深度学习这一概念不太熟悉，教师对深度学习的理念认知不够深入，大都是从自己的教学实践经验中表达对深度学习的理解。可见，深度学习理念的普及还不够，还停留在对字面意思的理解，教师只知道一些深度学习理念在整体上表现的关键词，没有深入了解深度学习的内涵及其本质，只有极少数语文教师对深度学习理念十分了解并在教学中努力实施。另一方面，虽然教师对于深度学习的具体理念不了解，但绝大多数教师都意识到学生的学习程度还不够，意识到课堂中浅层学习现象大量存在，学

生学习浅尝辄止的问题层出不穷。

第二，对深度教学理念的认可程度。从调查数据中可发现绝大部分教师对深度教学是认可和积极的，愿意在教学中去尝试使用深度学习，只有少数人持否定和无所谓的态度。

由以上两点可知，深度教学理念已经得到较多教师的认可，发现教师具备一定的深度学习理念，总体来看教师对深度学习理念了解得并不全面，在语文教学过程中深度学习的应用并不深入和成熟，有待进行系统的学习提升自己的教学理念。

2. 教学方法欠灵活

“怎么教”是初中语文教师要重点关注的问题，运用恰当的教学方法可以帮助学习者顺利找到核心点，并进行下一步的探究。语文的教学形式灵活多样，活动与体验是深度学习的核心特征，在教师目前使用的教学方法中，讨论法、情境法和对话法的使用可以增加教师与学生的互动，激发学生主动地参与课堂活动，获得有意义的体验，引导学生进入深度学习。

但从调查结果中发现，尽管绝大多数老师喜欢的教学方法多样，如任务驱动、互动启发、自主学习等。但在实际的教学中大多数的初中语文教师仍采用“讲授法”作为课堂的主要授课方式，其他的教学形式较少使用。教师一人掌控课堂，虽然达到了应试教育的要求，但无法培养学生主动探究的习惯。对学生来说，“老师一直讲，学生一直听”单调的学习方式，容易使学生丧失学习的热情。这样的方式实际上就是为了考试而学习，学生虽然反复记诵重要的知识点，但没有将这些知识和已有的经验相联系，也没有制定相应的学习策略，并没有真正从语文课堂上得到情感的交流、意志品质的锻炼以及批判思维能力的提升，这种学习我们可以定位为浅层学习。语文教学如果变成枯燥的知识讲解、机械的知识传递，学生的深度学习也无从谈起。

同时，也要注意到被调查教师在使用讲授法的同时，也开始注重对自主学习、情境法、对话法、讨论法等其他方法的使用，但又产生了一些活动形式化的问题。一些活动的进行往往浮于表面，情景剧表演的主角、辩论赛的选手，小组讨论的组长等个别同学才真正参与进课堂，其他同学沦为“看客”，在“热闹”的课堂氛围里说笑，或者做与课堂无关的事情。看似“热闹”的语文课堂，实际上成为浪费时间的形式，学生的参与程度都不高，表现为学生不愿意参与到课堂活动中去，缺乏师生之间、生生之间的深度交互，学生在“虚假”的课堂中不会有很强的学习内驱力。师生之间和生生之间观点的碰撞和交流对于培养学生的思维能力，促进学生的深度学习是非常重要也是必要的，学生非常喜欢这种行为方式，但在教学中学生的参与度较小，忽视了学生的活动与体验。

总之，目前的初中语文教学方法的选择上面更加多元化，但是教师教学方法的选择和使用缺乏整体的设计，随意性较大。更侧重知识点的传授，并不能达到教学方法使用的最大价值，需要进一步的改善。

3. 教学过程欠深层

教学是师生相互交往的生成性的活动，教学过程中教师的每一个教学行为都会影响学生的学习效果。基于深度教学理念的初中语文教学必须是一个不断生成、逐步深入的过程，导入、提问、评价、反馈每一个环节都不能蜻蜓点水，而是应该都要深入到学生中去，关注全体学生，充分调动学生学习的积极性，激发学生的学习兴趣，促进学生的全面发展。

近些年来教学变革从观念到行为都取得了明显的进展，但通过调查发现，现实的教学过程还是会出现不够深层的问题，91%的教师都认为课堂教学中浅层次学习状态普遍存在，主要体现在教学过程的实施环节过于表面，主要问题之一是教学深度不够。特别是自提倡“有效教学”以来，课堂教学效率虽然已经有所提高，但是在“有效教学”理念的驱使下，技术取向和工具主义取向的趋势越来越明显，进而出现另一个弊端，即教师以最快的效率、最简便的方法将知识传授给学生。但是知识从何而来、知识的逻辑形式是什么以及它将对个体的生命发展产生怎样的影响，初中生们不得而知。因为在现实的初中语文教学中，教师往往在课堂上没完没了地理性分析文本，难以引导学生通过感性学习体验文本：教师常常走过场，没有好好地引导学生将每一个知识点学细学深，就蜻蜓点水般地一带而过。表层教学、表面教学和表演教学现象突出，教师既没有深入到语文学科的本质，也没有关注初中生的心理特征和认知发展水平，更没有注意到学生的语文学习是否真正发生。

综上所述，可得出两点结论：一、很多教师追求课堂表面的热闹以及教师对课堂的控制，而忽略学生的参与和互动；二、较多教师对语文学科性质的理解还不够深，不同内容的教学过程把握不够准确。

4. 教学反思流于表面

反思是由主体对已经过去的事情进行思考以及经验教训的总结。教学反思是教师教学的重要行为，进行反思可以使我们认识到自己的优缺点，从而扬长避短。教师作为反思的主体，教学反思不仅要全面，而且要深刻。

调查结果可以发现教师教学反思这个活动在实际中应用得并不是很好。一是反思意识不够强。一些教师的教学反思意识不够强，教学反思是他们的随意行为，即有时间就进行教学反思，没有时间就完全忽略它，对其不够重视。二是反思内容不够全。有些教师的教学反思比较简单，不够全面，往往只关注到教学过程而不会由此往前反思教学准备还有哪些缺陷。因为教学效果的优劣是由教学准备和教学过程共同影响的，所以无论忽略哪个方面都会导致教学反思不够深入。有些教师可能会花较多精力关注教学过程的具体环节，比如教学目标是否落实到位，教学进度是否迎头赶上等，而没有再去反思教学目标设置得是否合理。三是反思层次不够深。缺乏教学反思最终会导致教师的教和学生的学之间缺乏直接的联系，教师对自身的教学效果依然缺乏清晰的了解，许多不解之处也得不到及时的解决。对于学生的学习情况仍然缺少清醒的认识。如此，没有进行教学反思，旧问题依然存在，新问题不断累积，教学的深度自然也就缺失。

总之，深度教学的理念还有待进一步得到广大教师群体的认识和运用。尤其在初中语文教学中，深度教学理念发展与应用的空间还很大。

（二）学生深度学习中存在的问题分析

从调查结果中可以看出，部分学生的语文学习向着良好的态势发展，但依然存在一些问题，多数同学没有完全达到深度学习的状态。

1. 学习兴趣不浓厚

学生的兴趣是促成学生主动建构知识的动力，也对促成知识迁移很重要。对语文的兴趣影响着学生的课堂表现，学生对语文课堂失去兴趣或者培养不起学生的学习动机，学生就无法融入课堂，学生的地位逐渐边缘化。

从调查数据分析，大部分学生的学习倾向总体上是积极主动的，能感受到语文学习的趣味和价值，但81%的学生认为当教师提供的资源比较有趣时，会认真地学习。可以看出，学生对一成不变的教学缺少新鲜感，只有积极主动地探索所学课程知识，才能对所学习的知识点建立起浓厚的兴趣和主动学习的能力。通过调查发现，只有少数学生会在课后主动进行预习、复习，完成相关练习，做到查缺补漏。大多数学生仍然需要老师的推动才能继续前进。不能否认，初中生在身心快速发展的时期，其自我控制能力、学习能力、认知能力都不足以抵挡外界的种种诱惑，导致其形成被动、散漫的学习态度，这些已成为制约初中学生语文深度学习能力发展的重要因素。

对初中学生来说，进行深度学习的前提条件是学生要对语文产生学习兴趣，能够主动进行学习。随着学生年龄不断增长，其思维特征中的形式运算思维已经逐渐占据优势，主动学习的能力得到了更深层次的发展，且学习兴趣与主动学习的能力又是相辅相成的，解决学生内在学习兴趣不足的问题也是主动学习应有之义，兴趣是产生主动学习的重要表现，也是学生学习知识最好的老师。

2. 学习策略不丰富

深度学习强调有效的知识建构、转化和迁移，强调信息深层次的加工、整合，在学习过程中对语文知识、学习方法进行整合建构不仅可以形成完整的知识体系，而且可以锻炼学生的思维能力，发展学生高阶思维。

然而在调查中不难发现，大部分学生在学习过程中对深度学习策略的应用不够深入。首先，学生在学习过程中缺乏建构整合，多数学生对于零散的语文知识只是偶尔进行归纳和总结，在学习新知识时，不会积极寻找联系，将前后知识有机结合，而是以死记硬背为主。这样的学习行为就会导致语文知识零散、短暂地存储于学生记忆中，影响对知识的提取与迁移运用。其次，学生更偏向于接受知识，把学习时间和内容比较多地局限在课堂上，而不太注重课后的拓展和深化。学习的最终目的是运用知识，而非记忆知识。语文本应该从实践当中来，最终运用到实践当中去，但现在只存在于一张张试卷中。对于初中语文来说，语言的运用能力需要来源于生活，并应用于生活，如果只停留于书本上和试卷里，没有了实际应用，深度学习也就成了无源之水、无本之木。

3. 学习反思不到位

学会经常反思评价自己的学习就已经初步进入了深度学习的状态，监控调节自己的学习行为是保证学习效果的前提条件。在语文教学中，经常回顾自己的学习历程，评价自己是否达到了学习目标，反思自己的学习方法、学习状态有哪些不足，有利于锻炼思维能力，取得有意义的学习结果。

在调查中发现，多数学生不会对某一问题或主题进行充分的分析与思考，不会经常考虑自己的学习方法是否合适并进行调整，一节课过后也不会思考这节课学了什么，不会评价自己的学习情况，不去思考学习语文提高了自己的哪些能力……这些都反映了在语文教学中学生学习还是处于一种被动学习、被动接收知识的状态，偶尔会进行反思的学生人数相对少一点，但可以看出有部分学生已经意识到在课后进行反思归纳的重要性。大部分学生缺乏对自己语文学习反思和监控调节的意识和行为。究其原因，这主要是由于学生反思意识淡薄，没有养成良好的语文反思习惯。初中生的自我调控力还存在不成熟的现象，他们在学习中依然需要教师和家长的督促。有些学生知道自己语文成绩不好，但不会去寻找原因，安于现状，因为他们缺乏反思的意识或者是不知道如何反思。经调查发现，往往成绩越好的学生越有反思自己学习的习惯，这说明良好的语文反思习惯是促进学生学会调控自己学习行为的有力保证。

总之，通过对调查问卷的分析，可以清楚地发现学生对于语文学习目前还是处于浅层学习、低阶思维的阶段，缺乏对于语文内容深度学习的意识和策略。

第五章　深度学习视域下的初中语文教学现状反思

深度学习是深化语文教学改革不可或缺的重要“脚手架”。上一章通过调查结果比较客观地阐述了初中语文教师在语文教学中出现浅层教学的具体表现，比较充分地说明了初中语文教师在教学中或多或少地缺乏深度教学的理念，学生在学习过程中深度学习能力不够。本章将从教师教学理念、教师教学行为和学生学习情况三个部分对浅层学习现象及产生原因等进一步深入反思。

一、教师教学理念反思

理论是实践的基础，教师教学理念是开展教学的指导和方向，而调查发现当前教师对语文新课程理念的理解不够透彻，对深度学习理念认识不够深入。

（一）对语文新课程理念的理解不够透彻

在新课改实施的十多年里，越来越强调以学生为中心、关注学生思想品德的形成、重视学生的全面发展，并且号召教师提升自身素质，通过加强教师的综合素质来促使教学质量得到提高。目前教学质量有了明显的提高。但通过对实际教学的观察可以发现，一些根深蒂固的问题依旧存在着，没有得到实质性的解决，究其原因，就是上自学校层面下至一线教师，对于课程理念的理解不够透彻与深入，对于课程理念的理解基本上都停留在表面。当前教学中存在的许多问题，甚至源于对课程标准的曲解。如课程标准中提到“积极倡导自主、合作、探究的学习方式，努力建设开放而有活力的语文课程”，有些教师为了落实这一基本理念，课堂必须设计小组讨论环节，有些问题是比较简单的，学生自读思考更能深入到文本中，激发思维，读出自己的见解，但是有些教师追求表面“热闹”的课堂，小组合作探究环节备受青睐，小组合作有其不可比拟的优势，当问题的答案具有开放性，学生学习积极性不高时，这种学习方式可以得到较好的效果，但是不能为了追求活跃的课堂氛围而盲目使用小组合作的方式。新课程理念作为开展当前教学活动的指导方针，随着时代的进步而进行扩展与丰富，所以教学的改革应该在新课程的理念下同步进行。

随着核心素养理念的提出，在基础教育层面上也倡导着以培养学习者的核心素养为目标而进行教学活动，这就要求学校不断地更新其办学理念，并且重视使课堂教学由表层走向深入。在实际的教学中，学校要求教师让学生充分地参与进课堂活动，所以当前课堂看似既热闹又生动，但是却很少有学生是在真正地谈论上课讲授的内容，这种形式化“热闹”的课堂同样无法训练学生的思维与能力。当前时代越来越注重对素养的培育，学校应该不断地更新办学理念，及时地关注前沿的教学理念，重视国家颁布的关于教学改革的决策，认真学习并实践相关的基础教育改革发展规划，以此来确保学生的深度学习以及核心素养的形成。

（二）缺少对深度学习相关的学习和培训

深度学习理念是指导教师进行深度教学的前提，也是衡量学生学习是否达到深度学习的指标。教师要想在语文教学中促进学生深度学习必须先认识深度学习的基本理念。基于深度学习的语文教学应当以学生为中心，教师为主导。教师的教学要引导学生经历深度学习过程，教师的教学应当是具有“深度”，比一般的教学中更加注重学生的活动与体验，注重教学内容的结构化，教学方法的选择和使用都应为激发学生的深度参与和高度投入。

根据深度教学理论，教师作为教学实施的主体，教师教学的“深”与“浅”直接影响着学生的学习效果；教师只有充分地认识深度学习的概念、特征、过程，才能设计出有深度的教学，从而引导学生从浅层学习走向深度学习。初中语文教师应具备深度教学知识，不仅要具备丰富的语文学科专业知识，也要了解深度学习理论、深度教学理论和阅读教学理论等方面的知识，还要了解先进的本土文化和外国文化。但在调查中发现，初中语文教师对深度学习的理解大多停留在认识的层面，且认识的程度不深，对深度学习下的语文教学也缺乏系统的认识和理解。如果一线教育工作者对教育理论不了解、不清楚、不明白，这势必会影响学生深度学习的效果。究其原因发现，主要有几个方面的因素影响了教师对深度学习的认知。

首先是教师接触机会少。自新课程标准的制定以及实施以来，随着研究的不断深入，越来越多的新理念涌现出来，比如说“深度学习”“深度教学”“核心素养”等，这些名词对于教育学的研究者来说并不陌生。但是通过调查了解到教师们对于这些热词并不了解甚至并没有听说过，更别说谈一谈对深度教学理念的理解了。并且大部分教师们表示自己当前的知识水平仅停留在所工作的学段和讲授的学科上，对于其他方面的知识了解甚少。随着新课程改革的深入，一线教师仿佛游离在改革之外，仅专注于教学活动，对于一些新的理念他们并没有太大的机会去接触。需要教师加强对深度学习知识的学习，教师应掌握深度学习的内涵、特征、价值等知识，以便更好地开展深度教学。

其次是语文教师对深度学习等前沿教育理念了解研究主动性不强。其实，大部分一线教师都愿意去接受先进的教育研究成果，但是由于学校工作的繁杂和教学压力越来越大，教师们并没有精力去对一些新理念进行主动的学习，他们知晓新理念的途径也是由个别老师去高校进行短时间的学习，在其学习结束之后再以作报告的形式将各种理念传达给其他同事。这种方法固然效率高，但是结果却差强人意，对于新理念大部分教师依旧一知半解，对深度学习的概念、特征以及策略等还未构建成一个完整的系统框架，更别说运用新理念来进行实际的教学了，这就导致当前的教学较之前并没有实质性的进步。所以，语文教师需要及时学习前沿的语文教育理念，充分认识深度学习的重要性。倡导学校为教师们提供一定的条件让其定期接受相关理论的培训，并鼓励教师们进行教学模式的创新，将所学到的新理论应用到实际的教学中，以此来引导学生进行深层次的学习，进而感受到学习的意义。

二、教师教学行为反思

语文教师作为课堂教学的主导者，教师的教学设计、教学反思和教学实施能力都将影响初中语文深度学习的实现。

（一）学情把握不精准

学情分析是教师教学准备的重要一环，它是对学生起点的知识技能水平、认知学习方式以及情感、态度、价值观念等个性特征的全面了解分析，是教学的出发点。影响教学的重要因素就是教师是否提前了解学生已有的知识经验，并依据学生已经积累的知识经验进行教学。一切教学活动都应该围绕学生展开，所以教师应该在基于对学生学习情况的了解上，制订相应的教学目标，选择契合其身心特点的教学方法，开展促进学生发展的教学活动。深度教学的前提是要求教师充分了解学生，要实现深度学习与语文教学的深度融合，就应该对现阶段教学所面临学生的已有知识水平、关键能力和学习规律进行分析，重视学生的学习逻辑，深刻地理解学生，并且尊重不同学生在学习方式上的差异性，从学的角度思考怎样进行教学。

但现实中很多教师并未做到有效充分地了解学生，学情把握不精准，主要体现在几个方面：一是学情分析泛化。一些教师对于初中生年龄特征是什么并不是十分清楚，只是模糊的知道初中生处于青春叛逆期，需要老师和家长多注意沟通方式；对于初中生的原有知识经验，教师并没有进行实际的举措，仅是简单回顾上节课的内容。这主要是由于教师对学生学习经验、生活经历的陌生和漠视导致教师对学生实际情况的了解停留在表层，从而学情分析出现泛化的问题。实际上从调查结果中可以看出，不同性别、不同年级的学生在深度学习行为和策略中都有较明显的差异。二是学情分析窄化。窄化就是学情分析涉及的面太窄，关注的点太小，只看到局部而忽视了整体。一些语文教师做学情分析的时候往往习惯关注学生对当前内容或相似内容的认知程度，却较少关注学生的整体学习状况，包括学生的课外阅读情况等。窄化的另一种表现便是教师关注的是整体学生的大致情况，却忽视了个体差异。因为教学面对的是整体学生，求得全班学生的共同进步，因此学情分析的对象是全体学生。但是每个学生的知识基础、接受水平和生活经验不同，他们不可能完全在一个水平线上。有时候性别和性格也会在一定程度上影响学生的认知水平。所以教师在学情分析时都要尽可能考虑这些因素。

究其原因，主要有以下几个方面：

第一，教师事务繁忙，没有花太多时间进行学情分析。在实际教学中，大部分教师因为学校事务多、教学任务量大以及家庭事务多，而无法做好“备课”，导致因为未能了解学生原有的知识经验，以及个性化的需求和特点。

第二，信息时代学生具有新的特点。随着信息社会的发展，信息时代的初中生与传统的或观念中的学生有很大的差别，学生获取信息和交流信息的方面也与以往大有不同。因此教师要用发展的动态的眼光去认识和理解学生。从学生的角度思考这么去教，这是对于教师对所教内容的倒转性理解。站在教师的角度，教学内容是重于传授的，而站在学生的角度，就会思考学生现在的知识水平，运用什么方式去学习、学习过程中会遇到什么样的困难。具体来讲，教师在进行教学设计前要考虑到所授班级的基本情况，如在平时学习中，学生所展现出来的不同性格特质，对知识学习的掌握程度，思维能力发展水平等。在班级之中，学生的差异是必然存在的一个客观事实，教师要主动地去了解和尊重学生之间的差异。在教学环节失去了对教学主体——学生的深度认识和剖析，教学就较难走向深度。

如果能够基于学情对学生深度学习的发生进行引导，在尊重学生个性发展的基础上，把差异当作可以挖掘的教学资源，有针对性地因材施教，那么教学将会成为真正有意义、有价值的深度教学。

（二）教学设计能力不足

根据教学设计理论，教师的教学设计是教学实施依据。教师的教学设计会直接影响到教学实施的结果，科学可行的教学设计，能够减少教学的盲目性和失控性，避免教学的低效。总体上来说，教师具有非常丰富的教学设计能力和经验，但基于深度学习的教学设计能力却略显不足，因此，本部分将从教师的教学目标设计、教学内容设计能力、教学方法设计三个维度对教师的教学设计进行反思。

1. 教学目标设置不够到位

目标是课堂学习活动的出发点与归宿，目标的定位直接决定学生学什么以及达到何种程度。教师只有在教学准备阶段设置了明确而具体的教学目标，才能在课堂教学活动中应付自如。深度教学理念下的语文教学必须要以学生的语文深度学习为基本目标，在此基础上更加注重发展学生的思辨能力，提升思维品质，培养审美情趣和积累丰厚的文化底蕴。但调查发现，教师在进行教学目标设计时，对主体的把握不够到位，缺少一定的操作性。具体体现在以下几个方面：

第一，教师在设计教学目标时，主要会参考课标和教学参考书，有老师甚至直接采用教学参考书中的目标，过度依赖教学参考书带来的便利。在设计教学目标时，很少去考虑到具体教学内容，导致基于深度学习的教学目标设计形式化，不利于教师进行教学实践，影响教师在实际课堂中对学生关注焦点、迁移能力、思维层次的培养。

第二，教学目标的行为主体应该是学生，是学生通过一系列的教学活动达到预期的目标。但是，教师往往自己充当了行为主体，缺少学生意识。

第三，教学目标表述不明确。有些教师设计的教学目标抽象、虚化，导致课堂教学难以落实，例如有些教师喜欢用“了解、把握、体会、感受”等词来表述教学目标，但把握到什么程度、感受什么具体的情感等避而不谈，使得教学过程空洞，激发不了学生的兴趣，很难在一堂课中实现或者很难操作，也很难评估和观测。语文教学目标的泛化违背了深度学习教学目标清晰集中的理念，是学生深度阅读路上的一大绊脚石。

总体上来说，教学设计的有效性最终取决于学生对预期学习目标的完成程度。教学目标越清晰越集中，越能体现其合理性，也更能发挥其指导教学的作用。

2. 教学内容缺少动态和整合性

“教什么”是初中语文教师在上课前要认真思考并细心筛选的重要问题。新课程改革以来，更加强调教学内容的动态生成性、建构性和整合性。深度学习也注重知识间的整合，关注学生对知识的深入理解和内化，最终达到将间接经验、所学知识转化为学生自身的知识体系的效果。教学内容选取的多元性是激发学生学习热情的重要影响因素，教学内容的恰当选择也会使教师的教学变得更轻松顺利。

教学内容与学习行为之间存在着密切的联系，从调查中也看出，很多学生面对一个教师提出的问题时，就像看一部小说一样兴奋，也表达了其对教学内容的期待。然而在实际的教学活动中，发现教师很少会对教学内容进行选择，有教师使用教科书提供的教学内容，很少会从整个单元的角度来整体地设计教学内容，教师每节课所呈现的教学内容之间缺乏整体的联系和整合，这样的内容设计也就没有结构性和系统性，所以整体呈现出零散的现状。在进行内容的设计时也没有将教学内容与学生的生活经验和旧知联系在一起，导致教学内容不能够更好地激发学生原有的认知，不利于学生知识体系的建构。教师以分析教材内容和习题讲解为主，分析课文内容时，主要以作者、写作背景、课文层次以及所表达的思想情感为主，与学生实际生活联系较少。整体的教学内容设计缺少多元性、动态性和整合性。

究其原因，主要有以下几个方面：

第一，教师对语文学科性质的把握不够深刻。教学内容的准确与否与教师对学科性质的把握是否深刻密切相关。对学科性质的把握是确定教学内容的前提和方向，在教学准备阶段尤为重要。语文的核心素养主要包括：语言的建构与运用、思维的发展与提升、审美的鉴赏和创造、文化的理解和传承。教师可从学生的深度学习发展和语文核心素养的养成上对内容进行设计。

第二，教师没有紧密联系生活来选取内容。学生学习的目的是提升语文素养，使其成为全面发展的人。语文学习的知识内容都是来自实际生活，语文学习的目的最终也是要把这些知识应用到真实情境中。因此，教师选择的教学内容应该让课堂“活”起来，让知识“动”起来。真实的、丰富的、有趣的、多元的学习内容是促进初中语文深度学习发展的基本条件。针对不同的教学内容，教师需要针对具体情境的具体问题，对知识进行改组、重组甚至创造，才能更好地帮助学生理解和建构知识体系。

3. 教学方法缺少引导性

教学方法作为完成教学任务的手段，其选择和使用会影响到学生学习的状态，关系到学生掌握和理解知识的层次，对学生的深度学习有着巨大的影响。基于深度学习的教学要求教师要探索多元化、探究性的教学方法，主张通过问题情境来引发学生的认知冲突，并能围绕核心知识开展深度探究。因此，选择适宜的教学方法是促进初中语文走向深度学习的重要方式。

从前面的调查可知，目前的语文教学中，教师还是更加侧重对讲授法的使用，仍然有部分教师存在“一讲到底”的现象，其间很少与学生进行互动，按照教学的预设进行讲课，很少生成新的内容，这样不利于学生对知识的深度理解，进而影响学生的学习效果。不少老师会在教学过程中结合具体的教学内容和学生的主体情况调整教学方式，尽可能调动学生学习的兴趣和主动性；有的时候教师还会将话语权交给学生，让学生进行讲课，教师进行点评，培养学生的表达能力，沟通能力，让学生通过实践的方式，更加深层次地理解课文内容，从不同的角度了解文本，加深学生对学习内容的理解，增强学生的体验。也有教师会适当地结合具体的教学内容选择使用情境法、讨论法、对话法等方法，然而在实际的教学过程中，教学方法使用并不能够激发学生主动参与课堂活动，不能够经历知识生成的整个过程，不能够构建问题情境和探究性活动，这样不利于学生深度参与和高度投入，进而影响学生的活动与体验，这样不仅不利于学生思维的发展，而且导致学生的学习只能停留在知识简单的记忆，导致学生浅层学习。

教师的教学方法应当灵活多变，教师应当根据学生的学情和不同的教学内容采用不同的教学方法，在教学过程中起到一个更好的引导作用。

（三）教学反思缺乏深度和效度

教学反思是教学中不可缺失的环节。深度的教学反思不仅可以指导教师完善自身不足的地方，还能为教师的下一次教学做充分的准备。但实际调查中发现：由于时间紧张、教学任务繁重，教师对教学反思仅仅停留在表面，无法抵达深度，甚至有些教师身兼多职，很难再次对之前的教学活动进行反思。没有充足的反思，教师就难以发现自身存在的问题，也就很难进步。主要表现在：

1. 教学反思缺乏深度

一方面，可以发现大部分教师都会通过各种形式对教学和实践进行反思，教师具备一定的反思意识，但教师的反思深度不足，反思不系统。比如看教学目标的达成度，看学生的课堂参与度，但是老师很少会落实到笔上，落实到实际的行动中去，往往一想就过了，这样会导致教师不能及时地落实自己在教学中存在的问题，影响教师的教学设计，进而影响教学效果。另一方面，通过访谈发现，教师的自我反思能力不强。教师教学反思的形式单一，多为教师自身的反思，自己对自己的教学活动的反思；很少从其他角度去发现自己的不足之处；这样会影响教师看待问题的全面性，影响教学活动的实施和改进。教学反思包括教学的各个方面，缺少对任何一个角度的反思都有可能造成教学上的疏漏，反思能力不强，反思方法不够细致。

2. 教学反思缺乏效度

教学后反思是对教学目标是否达成，学生学习效果如何，教学方法是否恰当等的监控，对教师优化教学过程有促进作用。根据调查结果我们可以发现，很多教师只是完成教学任务，对课后反思自己教学行为只是例行公事走走过场，不会及时有效地进行反思。一个人获得知识，解决问题的经验是有时效的，如果不及时进行反思总结，经验就会消退，失去了从经验走向规律的机会，不利于教师的专业成长。因此，教师在教学实施之后要进行及时的反思，将发现的不足之处落实到下一次的教学设计中去。

之所以产生上述的这些问题，主要是因为缺乏相应的指导，学校较少开展关于反思性教学的活动；教师忙于备课、教研以及学校里的各种事务，没有足够的时间进行反思。学校要经常组织教研活动，组织教师听课学习，提供给教师反思的途径；通过相互交流的方式，发现自身的不足，及时进行改进，提升自己的专业教学能力。

（四）教学实施过程未指向学生高阶思维发展

深度学习视域下的教学实施要贯彻以学生为主体的教学理念，教学实施是教学理念落地为实践行动的重要环节。设计完成教学目标，确定阅读教学内容之后，便到了语文教学的中心环节——课堂教学过程，这一过程直接与学生产生对话，教师的积极引导可激发学生积极的学习行为。学生要在这一环节产生深度学习行为离不开教师的深度教学。深度教学是课前、课中和课下三阶段一以贯之的教学，任何一个阶段没有做好都会容易导致浅层教学的发生，因此需要教师设计一系列环环相扣的有效问题引导学生思考探究，带领学生获得真切体验。

调查显示，现行的语文教学中教学过程呈现一系列表面的热闹，教学实施未指向学生高阶思维发展。主要体现在：

1. 教师设计的问题缺少挑战

教学中，教师设计一系列表面化的问题，或者是设计的问题没有相关性，学生的思维不能一步步提升。一些问题没有启发性，抓不到关键点，这属于无效问题，即使在课堂上学生积极回答，十分活跃，实际上对学生的思维提升没有帮助。例如，有些教师经常会用“是不是”“能不能”“对不对”“有没有”等直接指向答案的词语设置一些问题，将问题简化到学生可以齐声回答。还有的教师设置问题的预设性太强，教师掌握着自己预设的答案，从问题的一开始便引导学生向着预设好的内容靠近，一旦有学生回答出与预设答案相同或相近时，教师便停止启发学生，这样的方式无疑对学生自身体验的生成有阻碍，而且在这种课堂环境下，有些学生就会变得沉默，只听别人的发言，因为他认为总会有同学说出正确答案。久而久之，这样的课堂就会变成个别学生参与的课堂，多数学生的积极性逐渐减弱，更谈不上深度学习。

把知识内容转化成具有挑战性的任务是难点，好的学习任务可以促进学生的深度思考能力，并有益于学生和教师的深度互动。通过设计有挑战的任务，学生学习动机就会被激发，使他们能够积极主动地提出问题、分析问题、解释问题，或者分析推理、沟通交流，最终达到问题的解决。教师在任务的选择和发布上，尽量选择指向性明显、逻辑清晰的任务。学生在学习过程中需要依靠具体的任务完成，促进自身能力的发展，要亲身经历问题的分析、方案的设计、问题的解决、结论的反思、成果的交流等过程，学生与学习任务深度互动，真思考、真去做，真遇到困难、真解决问题、真锻炼意志品质，以此真正实现学生的深度学习。

2. 教师设计的问题缺少情境

有些教师为引出一个问题，对情境进行捏造，使得学生难以产生共鸣。在学生的成长方面，使学生从解决课堂知识问题的能力转向提高在实际情境中解决问题的能力，促进高阶思维的发展，所以，教师的教学要从生活实际出发进行情境选材，设置生活化的情境问题，从而帮助和引导学生理解问题、解决问题。

教师设计的问题缺少引导。要增强学生思考问题的能力，除了提出有价值的问题，还有不可或缺的具有方向性的教学引导。在实际的语文教学过程中，由于学习内容多、时间紧、考试成绩等一些外在的影响，教师对学生的引导采取“选择式、分情况”解决的方法。教学引导不仅可以引导学生不断深入思考问题还能使学生朝着核心知识的方向前进。教师指导学生完成任务，增加学生与教师的深度互动是实现深度学习的基本保障。在互动过程中，教师既要给学生尽可能大的学习空间，又要主导学习的方向和基本进程。在学生分析问题、设计方案、解决问题、讨论交流、展示成果的过程中，教师要做到以下几点：一是要适时地质疑或者引导其他学生质疑，引导学生多角度思考问题、完善方案或者拓展思路；二是要巧妙地引入问题或者资源，搭设支架，帮助有困难的学生小步向前走；三是通过指导学生厘清思路、提炼方法、构建模型等，增大学生的思维容量，促进其思维进阶发展，进而促进他们的批判性思维和创新能力发展。

三、学生学习情况反思

“教语文，要紧的是要把学生的心抓住，使学生对语文有兴趣，有感情，产生强烈的求知欲。”在教学活动中，学生作为主体，学习态度、学习习惯、学习效果成为制约初中语文深度学习发展的重要因素，而社会环境、教师和家长都会对学生的深度学习产生重大的影响。

（一）应试教育环境下教学急功近利

在应试化教育的大环境下，成绩是评价教师和学生的重要指标，教师与学生将大部分时间用在对应试教育的备考上，希望在短期内获得可见的效益，教与学的功利性都很强，出现了学校一味地追求升学率、家长过度重视自己孩子的学习成绩的现象，容易产生急功近利的心理。

当前社会对学校教育水平的评定主要还是通过观察该学校的升学率。对于升学率高的学校，在社会和家长的心目中重视程度就会较升学率低的学校高出很多。因此，这种对学校教育水平评价的方法造成的结果就是，学校教学工作的主要任务都集中在提高升学率，训练学生成为“考试型选手”，教学内容也都是以考纲的要求为标准进行制定的。一切教学活动的开展都是为了考试，这就导致学校忽视了对学生除知识素养外的其他素养的培养，同时也制约了深度教学在一线教学中的进一步开展。现在的语文教学中，老师只看分数、学校只看升学率的现象也大为存在，再加上学生的思维能力没有专门的考试去衡量，也不是一朝一夕能观察出来的，所以教师不注重培养学生的思维能力，关注的只是学生学习成绩的进步与否。分数衡量学生能力大行其道，成为判断学习好坏的唯一指标，这种现象导致学生思维能力的培养不被重视。

在这样的背景下，忽视了学生的自主发展，忽视了学生完整人格的塑造与良好品德的培养，这些因素都阻碍着核心素养的进一步落实与发展，也对学生的学习产生极大的影响。

（二）学生主体地位认识不清

以深度学习为核心的初中语文教学的主体是学生。学生的参与使语文课堂教学在一定程度上更有意义，教师的教学功能得以实现。但学生的学习效果与学生的主体地位密切相关。现代教学理念强调课堂教学应以学生为主体，教师为主导。调查中发现，教师用的最多的教学方法还是讲授法，学生的学习自然更多的是接受性学习，教师教什么，学生学什么。学生自己本身并没有真正理解何为主体地位，所以，就表现出对学习并未产生太高的积极性，导致课堂效率低。同时，学生已经习惯了在课堂上听老师讲课的方式，对于教师强调的重难点知识也一字不落地记在笔记上。但是这样的记忆也只是机械的记忆，学生对这些内容并没有经过思考进行二次加工而形成属于自己的知识，极大地促使学生形成思维惰性，从而导致学生对于所学知识的理解不够清晰细致、创新及分析能力得不到训练，课堂教学也停留在对表层知识的教学无法走向深入。

在初中阶段，由于学生尚未具备独立进行深度阅读的能力，指向学生全面发展的深度教学理念应通过教师组织的教学活动来引导和发展。深度教学倡导学生在教学活动中不仅掌握基础知识，而且培养学会学习的能力及适当的学习方法，同时发展各种关键性能力并且丰富自己的精神需求。倘若教师没有认识到学生全面发展的重要意义，没有认识到学生的主体地位，那么就无法使教学发挥其真正的价值。所以，无论在教学的哪一个环节中，教师都应该以促进学生的发展为目标来设计教学活动。这种发展不仅强调学生对表层知识的获取，而且更注重学生对知识间的内部结构的了解以及知识对学生所产生的积极意义。这就强调学生要在教师的引导下运用适当的方法对知识进行深层次的挖掘，了解知识间的关联进而形成整体性思维，实现深度学习，最终落实全面发展的目标。

第六章 深度学习教学实施的前提

深度教学的提出源于深度学习理念，最早开始对深度学习展开研究的是计算机科学、人工神经网络和人工智能等领域。而随着深度学习的概念在科学领域的飞速发展，引起了教育界学者们的广泛关注。在学者们研究学生如何才能够进行更深刻的学习时，发现了教师在这一过程中的重要作用，由此提出了有关深度教学的相关策略，并逐渐发展成为较为完善的体系，应用于实践之中。学生学习要走向深度，老师教学先得“深”起来，深度教学理念以其对知识的深层次理解和深度处理为着眼点，引领学生进行深度学习。

对于初中生来说，语文学科学习的目标不能仅仅停留在知识的获取、技能的提高上，而要发展语文学科核心素养。深度学习是学生积极主动参与的有意义的实践性学习，是聚焦语文学科本质和学科思想方法的学习。通过深度学习，学生不仅能掌握语文学科核心知识，还能发展批判性思维、创新能力、合作能力、沟通交流能力等素养，并能够形成正确的价值观、积极的内在学习动机和阳光进取的学习态度。对每一名教师而言，要帮助学生在迁移所学、创造性地解决问题的思路和方法上有所进步，即在人们常说的“学会”和“会学”上有所进步，都会感到充满挑战。因此，教师要搞好教学设计，发展和提升专业能力，突破传统教学束缚，不断更新教学观念，这是教师实现语文深度学习的四个重要前提条件。

一、教师搞好教学设计，提升深度教学实效

深度学习并不能自然发生，它需要促发条件。其中，教学过程必须有预先设计的方案，要在有限的时空下，有计划、有序地实现丰富而复杂的教学目

的。深度教学的过程，不是任意妄为的过程，而是经过教师精心设计的。

初中语文课教学设计是指教师依据学科教学特点、课程标准的要求，为学生所要达到三维教学目标所需，对某一课时的教学活动所进行的预先计划。拟定科学化的教学设计需要教师综合各个方面的教学因素进行分析探究，具体而言，包括对教材内容和课程标准的把握、学生基本学情的了解、教学目标的设置、教学方法的选择和教学内容的组织安排等。其中，为达到实现学生深度学习的目的，教师在拟定科学的教学设计的同时，应把握好最为关键的三个“深度”——深度分析课程标准、深度分析教材内容以及深度分析学生需求。一是深度分析课程标准。深度解读课程标准可使语文课教师从总体上把握语文学科的教学目标，真正地做到以学生为基点，保证学生对于知识的掌握，关注学生学习能力程度与学习方式的选择，健全学生的语言能力。二是深度分析教材内容。教材是课堂上不可或缺的重要资源，教师对教材内容进行合理的筛查，剔除“过时”、增添“时新”。同时，打破传统固化思想，敢于突破应试教育光环对教材内容进行大胆的替换或补充。三是深度分析学生需要。教学设计以引导学生独立思考、推进深层次学习作为问题线索。课前预估和评测学生近期学习状况，针对不同类型学生学习的差异性，合理编排教学内容，促进学生深度学习。

对于主干问题设计策略，有专家总结如下四个方面：第一，深度分析教学重点和难点，设计出隐藏着思维陷点或者知识混点的模糊性问题，目标直指学生思维的严密性品质训练。第二，深度分析教学重点和难点，设计能从一点引发不同思维结果或者不同思维方法的开放式问题，目标直指学生思维的发散性品质训练。第三，深度分析教学重点和难点，设计出具有认知冲突或逻辑矛盾的不合理问题，目标直指学生思维的批判性品质训练。第四，深度分析教学重点和难点，设计出在逻辑线索上环环相扣、层层递进的连环式问题，目标直指学生思维的深刻性品质训练。

应当说，只要学生的学习在发生，就一定有思维的参与，但只有高阶思维才对应着深度学习，因此对初中语文教师而言，在基于思维发展与提升而设计深度学习的时候，就必须高度重视高阶思维的发展。举一个教学中的例子。杨绛先生的《老王》，是统编教材七年级下册的课文。这篇课文的语言十分朴实，体现了杨绛先生作为散文大家的语言文字运用功力，但这种朴实的文字，却很可能让学生无法迅速进入深度学习状态。考虑到这种情形，笔者在设计本课的深度学习时，就让学生在一般思维的基础之上运用高阶思维。高阶思维的激活是由问题来实现的，而问题则建立在对学生认知特点把握的基础之上。笔者注意到，相当一部分学生在阅读《老王》这篇课文的时候会有这样一些认识：一个蹬三轮儿的光棍儿老王，在生活中很常见，他并没有什么出色之处，为什么值得杨绛书写呢？从整篇课文来看，老王并没有做什么惊天动地或感人的事情，有的只是日常琐事；从作者角度来看，对老王的描写也仅限于一些寻常事情。

必须指出的是，学生能够对课文形成这样的认识，说明学生已经开始思考，只不过这些认识更多是学生基于直觉经验思维的结果，或者说就是低阶思维、浅层学习。要想让学生进入高阶思维状态，教师必须跟学生进行这样一番交流：“作者以浓墨重彩写这样一个平常人物，一定有其原因。作为这篇课文的阅读者，我们能否换一个角度来解读课文呢？也就是说不是以一个读者的身份去解读这篇课文，而是进入到课文当中，认真思考两个问题：一是在作者眼中，老王到底是一个什么样的人？二是在老王眼中，作者是一个什么样的人？”

如此让学生进入文本，从课文中两个主要角色的角度去思考对方，学生的思维显然会更加深刻，一个典型的表现就是学生会到课文中寻找重要的语句，然后进行判断。于是有学生从老王眼瞎原因的多种可能性，联想到他的生活可能遭遇过不幸；有学生从作者的“追忆”并“琢磨他是否知道我领受他的谢意”，想象作者后来的“愧怍”。

二、教师发展专业能力，帮助学生走进深度学习

孔子说的“学而不厌”是深度学习，孟子说的“掘井及泉”是深度学习，荀子说的“锲而不舍，金石可镂”也是深度学习。不论是《中庸》里讲的“尊德性而道问学，致广大而尽精微，极高明而道中庸”，还是王国维讲的三重境界“‘昨夜西风凋碧树，独上高楼，望尽天涯路’，此第一境也；‘衣带渐宽终不悔，为伊消得人憔悴’，此第二境也；‘众里寻他千百度，蓦然回首，那人正在灯火阑珊处’，此第三境也”，都表明了深度学习是走向优秀和卓越不

可或缺的路径。

在信息时代，教师再也不能只作为知识的传递者而存在。引起学生的学习愿望，引导学生的学习活动，帮助学生学得迅捷、愉快、彻底，启发学生在学习过程中质疑、批判、深入思考，是教师作为教师存在的最根本的理由和价值，也是教师不能被虚拟技术替代的根本。对于教学中的教师而言，从来没有所谓的“教师中心”，教师的所有愿望及一切工作的出发点，都只是为了学生的学习。深度学习要求教师自觉地赋予自己更丰富的职责，把社会的期望转化为学生个人的愿望，把教学内容转化为教学材料，引导学生去思考和体会教学材料所蕴含的复杂而丰富的思想和情感内容，带领学生从自在的个体成长为有思想、有能力、有高级的社会性情感、有积极的态度和正确的价值观的未来社会的主人，这样的教师，是为学生成长服务的教师，也是成就自己、实现自己存在价值的教师。

在今天这样一个由效率和技术主宰的时代，在短视频和碎片文字随处可见的时代，人很容易变得心浮气躁，不少人绝大多数时候都是被各种信息纠缠，注意力难以集中，像总也拧不紧的螺丝，这是一种非常不好的生命状态，也很难进行高品质的学习。在深度学习这里，教师与学生、学生与课程、人类知识与儿童经验、知识学习与能力培养、知识学习与品格养成、知识学习与情感需要不再是分离对立的，而是有机的一体，而教学活动则是与有意义的学生个体生命息息相关的活动。教师与学生的深度学习是相互成就的。所谓“学然后知不足，教然后知困”，没有好的教师，不可能有学生的深度学习。同样，在不断引发学生深度学习的过程中，教师也得到持续的发展。

（一）教师重视专业理论学习，强化对实践的思考能力

“学而不思则罔，思而不学则殆。”学习与思考是密不可分的，但很多人的思考只是停留在浅层的“想一想”阶段。“想”只是人的头脑对于刺激的一种应答，一种近似于本能的反应，一种理智的冲动。它可能是没有头绪的，没有概念框架作为支撑的。只要不是白痴，谁都可以想一想，想得如何那就很难说了。深度学习可以训练人有条理的思考，即根据问题的性质、思考的对象，系统地思考，做到有条不紊，层层深入，逻辑自恰。在教育学中，学习、知识、研究、教学、课程、班级、学校等概念，看上去都似乎耳熟能详，但很多

人对它们的理解很可能是肤浅的、片面的、空洞贫乏的，这就需要不断切磋琢磨，慢慢浸润其中，涵化于心。

课堂教学不够“深刻”，与教师教育理论底蕴不厚有关。提升教师的反思能力，需要教师对教育教学前沿理论有更多的学习，实践中可以通过以下路径：一是教育刊物，即通过学术刊物的阅读，不断丰富自己的教育理论；二是学校可以定期开展系统的学习培训，举办讲座，使教师了解最新的学术动态和教育理念；三是教师团体可以定期开展教育教学探讨沙龙活动，在共同体中不断成长；四是通过观摩特级教师或高级教师的公开课以及听专家学者作报告，以此丰富自己的教学经验，学习新的教学理念；五是教师个人可以通过公众号、论坛等多种渠道丰富自己的教学理念。当教师有足够的知识储备和过硬的专业技能、充分理解教育理念时，才真正成为学生深度学习的促进者。

（二）教师构建知识体系，提高学生梳理整合能力

初中语文教学系统是庞杂的。如何把这些细小的点梳理联结起来，相互贯通、环环相扣，织成一张张“脉络网”，在需要时调动起来，这是考验语文教师专业素养的重要衡量点。初中阶段的学生思维分析能力开始初步发展，他们开始探索事物之间的内在联系，教师在此基础上进行适当的引导，使学生逐步建立属于自己的知识体系。教师在学生进行引导之前，自身应深入研究文本教材，将字音字词、单句单篇、修辞手法、阅读方法与写作技巧建立联系，以此来培养学生整合信息的能力。

例如，在部编版语文教材七年级上册第三、四、五单元训练学生的默读能力，但侧重点不同，从阅读感知的完整性到标注关键语句再到勾画并摘录，从阅读速度到划分层次、理清思路再到概括中心思想。学习要求层层递进，教师除了教材中的课文，还要根据训练重点，考虑学生的实际情况进行默读训练。教师可以选择七年级必读书目《骆驼祥子》《海底两万里》，每个单元学完后进行阅读分享讨论会，使课外阅读与课内教学建立联系，内化成为学习者自己的知识网。

（三）教师深入挖掘文本，引导学生感悟文化内涵

语言是文本的肌肤，思维是文本的骨骼，审美是文本的外衣，文化是文本的心灵，如何让学生从外到内地认识它，教师要引导学生学会聚焦文本重点，研究文本难点，探究文本核心点。对于文本教学重要性，在初中语文教学中是达成共识的。有的教师认为："对学生来说深入地去理解文本是十分重要的。包括在实际的教学中我也会在最后帮助学生找到主旨，包括到最后的一些拓展方面，我都会带着学生从文本中给它加深。"有的教师认为："文本的分析能力对目前的学生来说是比较欠缺的，他不能感受到文字背后的含义，作为教师，我们需要带着学生，让他去发现课文想要告诉你的道理。"教师为了让学生达到聚焦文本的目的，除了课堂教学之外，在课后拓展延伸部分带着学生再一次加强对文本的理解，引导学生去发现课文中想要告诉的道理。这样会加深学生的印象，逐渐形成思维习惯。因此，构建初中语文的深度学习知识体系，以文本为切入点，发展思维能力，提升审美能力，感受中华文化的魅力。

三、教师突破传统教学束缚，带领学生走进深度学习

古罗马哲学家西塞罗说："教育的目的是让学生摆脱现实的奴役，而非适应现实。"教育必须面向世界，面向未来。面向未来的教育要培养创新人才，培养创新人才的教育要遵循规律，为国育才，顺天致性，因材施教，形成不拘一格育人才、万紫千红总是春的生动局面；要尊重个性，激发潜能，一切为了学生的健康、幸福与发展；要培养青少年学生的创新精神和实践能力，突破传统教学束缚，面向未来，培养创新品质，激发创新潜能，鼓励创新思维，使教育成为创新人才成长的摇篮。初中语文教学依托于教材，在教学创新中带领学生走进深度学习。

（一）教师善用多元切入，创造深入探讨空间

以文本为基础，多角度切入，深入探究，实现教学内容的更大范围拓展和更深层面延伸。教学内容是教学目标的具体体现，构建合理的教学内容是课程决策、课程设计、课程实施的前提和基础，离开了教学内容，教学目标就成了一纸空文。初中语文教学的多元化探索，必将使深度学习真正落地。例如，部编版七年级上册探讨《西游记》时，教师大都把这一名著阅读拆成几个课时融入每周的阅读课中，那在最后的总结上，我们可以从不同的方面进行问题的设置，例如：孙悟空每个阶段都有不同的名号，这是为什么呢？从"石猴"到"斗战胜佛"他经历了什么呢？猪八戒挑着的担子里都有什么？西游记里有那

么多的法术，有没有之前的想象现在已经实现的呢？比如孙悟空的七十二变和现在的克隆技术有没有相似的地方？《西游记》的文本探讨时，教师引导学生从主人公孙悟空的角度、猪八戒的角度，这样从文本角度之外切入；在此基础上的“克隆技术”的联想切入与学生的想象能力紧密结合，有助于引起学生极大的学习兴趣，初中生在此阶段的逻辑能力快速发展，使初中生能够简单地建立起事物之间的逻辑关系，并进行一定的推理分析。在语文教学中，以文本为基础，为学生创造能够充分联想并深入探讨的空间，在不断的思维碰撞的过程中，培养初中生对知识学习的主动探究能力，使学生能够拨开层层迷雾，直击事物的本质，从而发展思辨能力。同时，审美意识的觉醒也推动着学生的思维逻辑能力向更高领域迈进。因此，多元切入文本是促进初中语文教学走向深度学习的基石。

（二）教师创设真实情景，注重学生情感体验

基于深度学习视域下的初中语文教学需要联系生活实际，小到一花一草，大到世界宇宙，这些都将为初中生的语文学习带来新的体验，真实存在的情景，让学生在具体可感的环境中发现美、感受美、欣赏美，唤醒初中生的真实情感，最终实现创造美。情境教学就是创设情境为教学服务。一是教材本身具有情境性；二是知识必须镶嵌在情境中；三是儿童适合在具象性的情境中建构知识。初中语文教材上的知识不是凭空而来的，不是孤立散乱的，建立教材与生活的联系，才能应用于实际。教学可以走出教室，例如某一单元的主题为描绘多彩四季，领略景物之美，即使条件有限，我们无法走出校门，可以带着学生们感受校园之美，操场的草地，校园的竹林，金黄的杏树……从生活中汲取灵感，运用课堂上学习到的知识。

例如，在一次早读默写中，很多学生将“鼎”字写错，把上边的“目”写成“日”。教师问为什么是“目”呢？学生们面面相觑，没有一个人回答，这时，学习委员站起来说：“我知道有一个成语‘一言九鼎’，意思是一个人说话很有分量，可以起到很大的作用，那我觉得‘鼎’可能是很重的意思。”大家哈哈笑了起来。老师这时说道：“你很善于联想，可以从成语倒推字词，是一个很好的学习方法。大家觉得‘鼎’之前是干什么用的？这个字可是一个象形字，想一想之前学过的象形字有什么特点？”“我觉得很像盛东西的，因为下边是四条腿，中间是放的东西。”“那放的是什么东西呢？”大家七嘴八舌讨论起来。“同学们答对了一半呢，‘鼎’是古代烹煮用的一种器物，主要是盛放烹煮肉类，上边的‘目’字实际上是由‘月’字变形而来的，‘月’有‘肉’的意思，所以上边是‘目’。”

叶圣陶先生曾写道：“作者胸有境，入境始与亲。”只有从生活的情境中发现问题，解决问题，并能够与另一种情境相联系，进行迁移，才能助力深度学习。

四、教师更新教学观念，引导学生走进深度学习

郭元祥认为，未来的教育必然走向深度教育。想让学生深度地学，必须有老师深度地教。深度教学注重发挥学生学习的主动性，强调完整深刻地处理知识，增强学生知识学习的意义感、自我感和获得感。教师必须更新观念，改进教法，优化课堂教学，使学生的课堂学习由浅层走向深度。

（一）重新认识学生学习的意义

学生学习的最终目的并不是掌握已有的知识（虽然掌握知识是必要的途径），而是为了进入社会历史实践、参与社会历史实践。因此，在学习中，学生就要以明辨是非、独立思考的方式，把人类已有的实践（认识）成果转化为自身将来参与社会历史实践的能量，成为有能力、有担当、有责任感的社会一员。

在深度学习这里，不是把知识（人类认识成果）平移、传输、灌输给学生，而是由教师带领学生进入知识发现发展的情境与过程中，引导、帮助学生成为知识发现的“参与者”而不是旁观者。换言之，学生并不静待接受知识，而是主动“进入”知识发现发展的过程，“亲身”经历知识的“（再）形成”和“（再）发展”过程。因此，学习的过程，不仅仅是学习知识，更不止于学习知识，甚至学习知识本身都是手段，目的在于使学生能够作为主体“参与”（虽然只是简约的、模拟的参与）到人类的伟大历史实践，了解并认同知识背后所蕴含的情感态度价值观，提升学生的文化水平与精神境界，成为具有高级社会性情感、积极的态度以及正确的价值观，有社会责任感、勇于担当的未来社会的主人。

学生个体和群体是广泛而复杂的，其复杂程度远超过生命本身，要清晰地、完整地认识学生并快速作出明智的反应，需要教师具备少有的、高超的智慧。在深度学习中，学生是学习的主体，教师是引导者而非学生学习的替代者，教学内容不是只需学生记忆的、外在于学生的静态的客观知识，而是需要学生全身心投入去理解、领会、评判、体验、感受才能“活”起来、“动”起来的知识。在教师的引导下，学生不仅能够掌握知识的（文字）符号表达以及（文字）符号表述的逻辑，还能够理解文字符号所传达的意义内容，即能对教学内容进行深度加工。以诗词学习为例，“小诗小词虽短，却不容易读。它虽以理解客观的词义与句义为前提，但却有作者丰富的主观感受和体验蕴含其中，它的意境常常潜藏在容易忽略的一字一句之内，甚至暗含在并未书出的无字无句之中，需要发掘，需要领会”。深度学习就是要引导学生透过符号去感受理解符号背后的内容与意义，甚至要体会“未书出”的无字无句内容与意义，去理解知识最初发现时人们面临问题、解决问题的思路，采用的思维方式、思考过程，理解知识发现者可能有的情感，判断评价知识的价值。只有经历这样的过程，知识才可能通过学生的主动操作活化为学生的精神力量，转化为学生认识世界的方式，学习的过程才能成为学生成长发展的过程。

（二）激发学生学习兴趣，培养学生主动探究能力

要让学生学会自己“喂饱”自己，学会主动学习。愿意深入研究、刻苦钻研的学生一定有着很高的学习兴趣；反之，没有学习兴趣的学生，感觉学习枯燥乏味，逐渐产生厌烦情绪。兴趣随着时间的推移，在不同的阶段，对不同的内容有着不同的兴趣，在初中阶段，青春期学生兴趣的变化尤为明显。初中语文教学关注学生的内部兴趣，在具体可感的真实情景中，激发学生强烈的求知欲望，主动地探究，在探究中发现。由表及里，在兴趣的指引下，不断地发现问题，在问题探究中获得知识，在获取知识后期待下一次的探索，为促进初中语文深度学习带来驱动力。如在古文教学中，让学生通过短剧的形式将文言文演绎出来，八年级上册《愚公移山》一课中，智叟与愚公的对话，不同的角色，说话的语气，细致入微地揣摩，最后呈现出来。学生不仅喜欢看，而且愿意深入地探究文本，详细研究人物的性格特点，构建深度学习的新样态。

（三）建立平等师生关系，促进教学相长

师生关系区别于一般社会关系或一般人际关系的特殊性，是师生关系因教育而生，又为教育而存。师生关系对学生的深度学习有重要影响。和谐平等的师生关系，会带给学生正面的影响。师生关系是以平等互信为基础的，学生不仅信任老师，学生也愿意跟着老师的脚步一起前进。同样，教师对学生的尊重与信任，成为学生可信赖的朋友，学生愿意在遇到问题时寻求教师的帮助。例如，开展主题班会活动，跟老师做朋友，相互吐露心声，拉近老师与学生的距离。处于青春期的初中生，内心一边渴望独立，一边又需要依赖。双向信任的师生关系成为促进初中语文深度学习发展的保障。

（四）鼓励学生大胆质疑，培养学生批判反思能力

创新型人才的必备能力是要具有批判思维。当前，语文教师面对众多的教学内容、繁重的教学压力，在课堂上留给学生提问的时间不多，久而久之，学生们习惯了接受，质疑之声越来越少。教师即使把课堂留给学生，学生提出自己的困惑与疑惑，但真正有价值的问题，能够深入探究的问题却寥寥无几，大部分的学生抱着凑热闹的心态，也象征性地提出问题，不经思考，为了提问而提问，为了质疑而质疑，看似热热闹闹的一节课，到头来只是竹篮打水一场空。敢于质疑是经过深思熟虑后发表自己不同的看法意见，以求得到答疑解惑，又或者具有深层探究的价值。在笔者实际的课堂观察中，《狼》这一课一位学生提出的疑问，引起了同学们的激烈讨论，课堂实录如下：

生1：“为什么要说两只狼十分的狡猾呢？难道它们两只狼不是十分懂得配合吗？一个在前面迷惑屠夫，一个在后面偷袭，它们一起努力，为了同一个目标。为什么不能说这两只狼十分团结呢？”

师：“你提出的问题非常好，一定是认真思考过的，那大家是怎么想的呢？觉得他说得有没有道理呢？”

生2：“我觉得他说得有道理，这两只狼是十分默契、相互配合，从最开始‘一狼得骨止，一狼仍从’，还有‘并驱如故’，都说明这两只狼配合得挺好的。所以我觉得他说得有道理。”

生3：“你们两个从文章中找到根据，但是我们不能只看部分不看全文。在这篇文章里，作者并没有夸奖这两只狼，而且在文章最后点明‘狼亦黠矣，而顷刻两毙，禽兽之变诈几何哉？止增笑耳’，所以说作者想要表达的是狼的狡猾，而不是团结。我们不能管中窥豹，要结合全文来看。”

师：“看来同学们对这个很感兴趣啊！我之前还没有想到呢，谢谢大家帮我打开了一个新思路，所以我们遇到问题的时候要多问几个为什么，老师说的也不一定全都是对的呢，有很多老师也可能没考虑到啊！那回到课文中，这篇文章的狼是狡猾的，那有没有其他的故事中，狼是团结的呢？我听到大家说有，那咱们今天回去的作业就是找一找有关‘狼’的小故事，明天我们再一起来分享一下！”

通过以上实例发现，学生习惯了接受，老师说狼是狡猾的，那就是狡猾的。学生缺乏主动思考的学习习惯，没有深入的思考，疑问自然无法产生。质疑精神的培养，锻炼学生们深入思考问题的能力，为高阶思维的发展提供了条件；重塑了学生思维能力，为构建初中语文深度学习提供了保证。

第七章 基于深度学习的初中语文课堂教学实践

初中阶段是学生身心发展非常关键的时期，处于这个阶段的学生随着身体生理机能的迅速发展，在认知心理、情绪表现、人际交往、性格发展等都会发生微妙的或是急剧的变化。“教育者应当深刻了解正在成长的人的心灵……只有在自己整个教育生涯中不断地研究学生的心理，加深自己的心理学知识，才能够成为教育工作的真正的能手”（苏霍姆林斯基）。因此，要想有效地开展基于深度学习的初中语文课堂教学，教师就要深入研究初中学生的身心发展特点，善于遵循语文学科本质与教学规律，学会运用深度学习理论引导学生进行深度学习，不断改进初中语文课堂教学，全面提高学生的语文核心素养。

一、初中语文深度学习的内涵

前面在“概念界定”中阐述过，“深度学习”的概念是源自美国学者马顿（Marton，F.）和萨尔约（Saljo，R.）在1976年发表的《论学习的本质区别：结果和过程》这篇文章。在这篇文章中，马顿等人针对浅层学习（surface learning）的特征，首次提出“深层学习”（deep learning）的概念。这被普遍认为是教育学领域首次明确提出深度学习的概念。目前，教育界对于何谓“深度学习”的内涵解释还没有达成共识，国外的研究者有的从学习迁移的角度来阐释深度学习的定义，认为“深度学习就是为迁移而学习的过程，能够让学生将从一个情境中习得的知识应用到其他情境中”。有的研究者从学生发生深度学习之后应具备的能力素养角度，认为“深度学习是学生为敏锐理解学科内容并将知识运用于解决课堂和工作中的问题而必须掌握的一系列素养，主要包括掌握核心的学科内容、批判性思考与解决复杂问题的技能，有效沟通的技能，协作的技能，学会学习以及形成学科思维模式”。国内关于深度学习的研究相对比较晚，2005年，何玲、黎加厚教授在《促进学生深度学习》一文中，最早提出了深度学习的概念。也有的研究者从发展学生核心素养的角度，认为“深度学习是指在教师引领下，学生围绕具有挑战性的学习主题，全身心积极参与，体验成功、获得发展的有意义学习的过程”。或者有的研究者从问题解决的角度，认为“深度学习”就是“指在真实复杂的情境中，学生运用所学的本学科知识和跨学科知识，运用常规思维和非常规思维，将所学的知识和技能用于解决实际问题，以发展学生的批判性思维、创新能力、合作精神和交往技能的认知策略”。这些关于“深度学习”内涵的解释，对我们理解初中语文深度学习的内涵提供了理论参考。

笔者认为，初中语文深度学习是深度学习理论在初中语文学科学习上的具体表征。从逻辑的角度上讲，初中语文深度学习是“深度学习”的下位概念，它必然具有“深度学习”的理论共性，但更多地表现出自身的独特内涵。这些独特内涵与初中生认知心理、语文学科本质及课堂教学要求密切相关。基于这种理解，我们将初中语文深度学习界定为“是基于初中生认知心理与语文学科特点，在教师引导下，围绕具有挑战性的语文学习主题或问题，开展丰富的、结构化的语文学习活动，引导学生深度参与，在实现对语言文字正确理解运用与文本深度理解的过程中，提升学生思维能力，获得审美体验，形成迁移能力，促进个性和谐发展的一系列有意义的学习过程”。上述这种解释，既对初中语文深度学习的性质作出了界定和判断，同时也对这种深度学习的目的与作用作出了规定。

二、初中语文深度学习的价值取向

价值取向（value orientation）是价值哲学的重要范畴，它指的是一定主体基于自己的价值观在面对或处理各种矛盾、冲突、关系时所持的基本价值立场、价值态度以及所表现出来的基本价值取向。“深度学习”与新课改发展学生核心素养有着密切的联系，深度契合以核心素养为目标的课程理念，是实现核心素养目标的重要途径。作为一种教学改进的理念和实践模型，深度学习旨在引导学生针对学科的关键问题展开深度探究，通过有挑战性的学习任务激发学生的学习动机，促进学生有效参与，使学生在独立思考、互动质疑、协作交流中掌握学科核心知识，发展高阶思维，提升解决问题的能力，形成积极的情感、态度和价值观，最终实现人的全面发展。因此，深度学习具有鲜明的价值取向。

反映在语文学科上，初中语文深度学习的价值取向主要表现为：

（一）将立德树人作为深度学习的根本目的

在传统“知识本位”的教学观念影响下，无论是学生学习语文知识，还是教师讲授语文知识，都以追求学科知识的数量为目的，忽视知识的质量以及知识对学生自身发展是否真正有意义，教学过程变成只见“知识”不见“人”的灌输过程，最终只完成了获取知识，却忽略了整合知识、内化知识、化知为能等关键环节。当前以核心素养为导向的课程改革明确要求各门学科落实立德树人的教育根本任务，要从“学科教学”转向“学科育人”。深度学习着眼于发展学生的核心素养，反对机械的孤立的知识学习，倡导学习的整体性，其学习过程既需要学生认知和情感层面的参与，也需要同伴的协作与互动。学生在探索挑战性学习任务的过程中，把握所学内容的整体结构，避免知识碎片化和对所学内容的孤立记忆。这种具有批判性的课堂交流与互动以及对学习内容的深度思考，有助于学生了解并认同知识背后所蕴含的情感态度与价值观，使其成为具有高级社会性情感、积极的态度以及正确的价值观，有社会责任感、勇于担当的未来社会的主人。

语文学科工具性和人文性统一的本质特点，也要求语文深度学习必须落实立德树人的根本任务。在语文深度学习中，学生不仅能够掌握知识的（文字）符号表达以及（文字）符号表述的逻辑，还能够理解文字符号所传达的意义内容，即能对教学内容进行深度加工。以诗词学习为例，像马致远的《天净沙·秋思》小诗小词虽短，却不容易读懂。深度学习就是要引导学生要透过符号去感受理解符号背后的内容与意义，甚至要体会“未书出的无字无句之中”的内容与意义。

（二）注重以学为中心处理教与学的关系

新课改倡导自主、合作、探究的学习方式，目的就是要改变传统课堂教学过于强调接受学习、死记硬背、机械训练的做法，真正赋予学生学习的权利与地位，让学生成为学习的主人，让知识学习过程也变成学生学会自主学习、自我教育和自我发展的过程。从某种意义上讲，落实好以学为中心，是实现深度学习的前提和基础。

在语文深度学习中，学生是学习的主体，教师是引导者而非学生学习的替代者，语文教学内容不是只需学生记忆的、外在于学生的静态的客观知识，而是需要学生全身心投入去理解、领会、评判、体验、感受才能“活”起来、“动”起来的知识。以语文阅读教学为例，由于学生在知识、经验、阅历和能力等方面有差异性，对作品中同一人物往往会产生“一千个读者就有一千个哈姆雷特”的阅读感受，绝非教师心目中的标准化答案。《义务教育语文课程标准（2022年版）》强调“促进学生自主、合作、探究学习；引导学生注重积累，勤于思考，乐于实践，勇于探索，养成良好的学习习惯；关注个体差异和不同的学习需求，鼓励自主阅读、自由表达；倡导少做题、多读书、好读书、读好书、读整本书，注重阅读引导，培养读书兴趣，提高读书品位；充分发挥现代信息技术的支持作用，拓展语文学习空间，提高语文学习能力”。这段话对阅读教学中教师的“教”与学生的“学”的权利与界限作出了规范，有助于培养学生语文深度学习的意识与能力，促进学生语文素养发展。

（三）强调学习内容的整合与意义转化

建构主义学习理论认为，学习就是学生知识的自主建构过程。心理学家奥苏贝尔也认为，学习的实质就是学生认知结构的组织和重新组织，组织和重新组织的过程就是新旧知识相互联系、相互作用的过程。在课堂教学中，学生所学的知识不是零星的、碎片化的、杂乱无章的信息，而是有逻辑、有结构、有体系的知识；学生也并不孤立地学习知识，而是在教师的引导下，根据当前的学习活动去联想、调动、激活以往的经验、知识，以融会贯通的方式对学习内容进行组织，从而建构出自己的知识结构。深度学习注重以联想的、结构的方式去学习，结合学生的知识经验、社会生活等将学科知识进行科学化、结构化处理，形成关于学科知识基本结构的心理图式，实现对学科思维、学科方法和学科文化的理解。

同时，知识的学习并非客观的、无涉及价值意义的活动。德国哲学家、教育学家爱德华·斯普朗格指出："与人的生活和个体精神没有关联的知识是无生命的知识，知识必须转向人的内在精神才有意义。"人对于来自外界的刺激往往会引发心理情感、态度等的主观反应，所谓的"登山则情满于山，观海则意溢于海""感时花溅泪，恨别鸟惊心"等都表明了这种现象。知识的学习也一样。深度学习的一个重要标志，就是能将外在的教学内容转化为学生内在的精神力量，但教学内容并不能直接转化为学生的精神力量，必先转化为学生能够进行思维操作和加工的教学材料，成为学生学习的对象。当教学内容转化为学习材料后，教学内容便从"硬"的知识转变为动态、丰富、鲜活的人类认识过程，成为可以进行思维操作和加工的对象，从而能够在学习活动中转化为学生的精神力量，引导学生的成长与发展。正是在这个意义上，当静态的知识转化为学生的现实力量时，人类认识成果（知识）才实现了它自身的价值，才能继续作为认识成果存在于人类历史之中，成为与未来社会实践相关的人类历史成果（而不是静态的存在物）。这正是教学之于人类历史文化的意义，也是人类历史文化自身的价值所在。

（四）关注高阶思维与情境体验

深度学习是学生感知觉、思维、情感、意志、价值观全面参与、全身心投入的活动，非常关注学生高级思维的培养。心理学家布卢姆将认知领域的目标分为识记、理解、应用、分析、综合和评价六个方面。其中识记、理解、应用被称为低阶思维，分析、综合、评价被称为高阶思维。高阶思维是发生在较高认知水平层次上的心智活动或较高层次的认知能力，主要由问题求解、决策、批判性思维、创造性思维这些能力构成。最适合发展高阶思维的教学，是以思维为基础的"牵一发而动全身"问答及其问题链的设计。教师教学问题的设计，包括口头和书面问题，是教学能够培养学生高阶思维的最有效手段。开放性的、挑战性的、没有标准答案的、需要学生收集查询资料才能有结论的、需要学生运用他们的思维深度思考才能够回答的问题，才是激发学生的高级思维技能的好问题。

深度学习也非常关注学生的情境体验。从深度学习的先决条件来看，要充分有效促进深度学习的产生，首先就必须要保证课堂教学情境具有与之相符合的思考性、批判性与真实性，让学生如亲临其境，认知、理解和体验知识的产生或问题的解决过程。对此，教师在课堂教学过程中要求提出能创设有效激发学生兴趣的问题情境，引导学生针对该问题进行互动探讨，以促使学生深入到教学情境中来有效解决相关的教学问题。通过教师对教学内容及学生的学习过程与方式进行精心设计，学生便能够简约地、模拟地“经历”人类发现（发明）知识的关键环节，通过自己的活动将符号化的知识“打开”，将静态的知识“激活”，全身心地体验知识本身蕴含的丰富复杂的内涵与意义。这样的过程，便是学生主动“探索”“发现”“经历”知识形成的过程，是学生的深度学习的必由之路。

三、初中语文深度学习课堂的特征

课堂教学是教师的教与学生的学相辅相成、辩证统一的活动过程。新课改重视以人为本、“以学定教”，上述初中语文深度学习的内涵与价值取向，在某种意义上也揭示了初中语文深度学习课堂的特征。

（一）贯彻以学生为中心的教学理念

“以学生为中心”的观念源于美国教育家杜威“以儿童为中心”的教育观念，它是在对传统上赫尔巴特为代表的“以教师为中心”教育思想批判的基础上发展而来。此次以核心素养为导向的新课改从课程理念到教学实践都非常重视学生学习的主体性和主动性，强调赋予学生学习的权利与地位，让学生真正成为课堂教学过程学习的主人。深度学习契合新课程的教育理念，也是作为发展学生核心素养的重要途径之一。在教与学的关系上，深度学习非常强调学生的主体地位及其学习的自主性、合作性和探究性，毕竟没有学生的深度参与，学生没有亲自经历知识学习的感知、理解、分析、应用、评价、情感体验等过程，深度学习就无从谈起！同时，深度学习是教学中的学生学习而不是一般的学习者的自学，需要有教师的点拨、引导和帮助才能够真正实现。因此，初中语文深度学习课堂教学的特征之一就表现为贯彻以学生为中心的教学理念，重视以学定教，课堂教学过程发挥学生的主体作用，同时又不忽视教师的主导作用。

（二）注重问题的设计、学习活动的组织与体验

古人云：“学贵能疑，大疑则大进，小疑则小进。”现代思维科学认为：问题是思维的起点，也是创造的前提，一切的发明创造都是由问题开始的。课堂教学也一样。问题是教学的逻辑起点，根据教育家布卢姆对于认知领域的研究，我们可以将课堂教学的问题分为记忆性问题、推理性问题、创造性问题和批判性问题。其中记忆性问题属于浅层次问题，推理性问题、创造性问题和批判性问题则属于深层次的问题，必须借助于深度学习才能够解决。因此，教师在课堂教学中能否正确地创设问题情境，科学地设计关键问题及其有层次的问题链，引导学生围绕问题由表及里、由浅入深、层层递进地进行教学内容的学习，这是深度学习是否得以产生乃至实现的关键。

同时，深度学习的有效开展离不开学习活动的组织与体验。从语文学科知识学习的实际看，为了有效地引导学生进行深度学习，教师应该联系学生的社会生活和知识经验等因素，想方设法将语文学科知识教育化、心理化处理，把学科知识生活化、经验化、情境化、活动化。比如初中语文综合性学习“龙的文化”，教师组织学生开展了书画绘龙、成语说龙、音乐唱龙等语文学习展示活动，学生通过丰富多彩的语文学科活动，深刻地认识到中华民族源远流长的龙文化的精神意蕴，获得了审美体验，增强了中华民族自豪感。

（三）注重知识运用与能力迁移

深度学习必须依托具体的知识才能进行，但不能够止于知识的简单记诵或机械训练等浅层学习上。深度教学要超越表层的符号教学，由符号教学走向逻辑教学和意义教学的统一。教师要引导学生超越表层的符号知识学习，进入知识的逻辑形式和意义领域，将符号学习提升为深层意义的获得，使学生学会思考、学会做人。深度教学在知识符号教学的基础上，注重彰显教学的情感熏陶、思想交流、价值引导等功能，使学生的知识学习真正达到意义标准。因此，课堂不应该成为教师单极表演和学生被动静听的场所，而应该成为师生间进行交往、对话、沟通，探究知识学问的互动的舞台。教师不应该本末倒置地要求学生死记硬背所学的具体知识和内容，而要鼓励他们透过具体的知识和内容去把握、洞察、挖掘其蕴含的思维方式、认知方法和价值观、文化意义，这正是深度学习的本质真谛！

具体反映在语文学习上，语文课程是一门学习语言文字运用的综合性、实践性课程。“学习语言文字运用”表明了语文教学或语文学习不能够满足于静态语文知识的传授与记诵，相反，要让语文知识“活”起来，引导学生在语言文字运用中学习语言文字的运用。“实践性”则要求教学过程教师必须组织学生进行语文听、说、读、写等活动，通过语文活动化知为能，促进知识向能力的转化。对此，《义务教育语文课程标准（2022年版）》强调“教师应利用无时不有、无处不在的语文学习资源与实践机会，引导学生关注家庭生活、校园生活、社会生活等相关经验，增强在各种场合学语文、用语文的意识，建设开放的语文学习空间，激发学生探究问题、解决问题的兴趣和热情，引导学生在多样的日常生活场景和社会实践活动中学习语言文字运用”。这段话表明了初中语文深度学习课堂应遵循的教学规范，教师需要更新教学观念，在课堂教学中注重学生语文知识的运用，化知为能，促进语文能力的迁移。同时引导学生在语文实践活动中学习运用。

（四）注重培养学生思维能力与思维品质

语言与思维密不可分，两者相辅相成。从写作角度看，写作是思维的一种外在表现形式，思维贯穿整个写作过程，没有思维的参与就没有写作的活动。语文教材中的名篇佳作，往往渗透着作家对社会生活、自然世界乃至自身生命的一种认知、理解、想象、感悟、反思与批判的思维之光，凝聚着作家对世间万物、人生百态思考的智慧结晶。学习这些名篇佳作，学生不仅要弄清作家如何遣词造句、布局谋篇，更要透过语言文字深刻地理解作者在文章中表现的情感、态度与价值观，逐渐学会像作家一样去思考社会生活、自然世界乃至自身生命。语文课标将“思维发展与提升”作为语文核心素养之一，强调学生在语文学习过程中，通过语言运用，获得直觉思维、形象思维、逻辑思维、辩证思维和创造性思维的发展，促进深刻性、敏捷性、灵活性、批判性和独创性等思维品质的提升。因此，初中语文深度学习课堂教学重要任务之一也是重要特征之一就是培养和发展学生的思维能力，促进学生养成良好的思维品质。

从语文教学角度看，阅读教学与写作教学是语文教学的重头戏，也是发展学生语文核心素养的主阵地，两者都与思维密切相关。语文深度学习特别强调发展学生的高阶思维能力（分析、综合、评价）和批判性思维能力，提升学生五种思维品质（直觉思维、形象思维、逻辑思维、辩证思维、创造性思维）。以阅读教学为例，《义务教育语文课标（2011年版）》明确要求“阅读教学应注重培养学生感受、理解、欣赏和评价的能力。……在理解课文的基础上，提倡多角度、有创意的阅读，利用阅读期待、阅读反思和批判等环节，拓展思维空间，提高阅读质量。但要防止逐字逐句地过深分析和远离文本的过度发挥”。这段话所提到的阅读“欣赏”“评价”“创意”“反思”“批判”等关键字眼，都是属于阅读活动高阶思维的内容范畴，也是语文阅读教学深度学习的必要环节。

（五）注重语文课程核心素养的培育

新颁布的语文课标将“语言建构与运用、思维发展与提升、审美鉴赏与创造、文化传承与理解”作为发展学生语文核心素养的四大课程目标与内容。其中，“语言建构与运用”是指学生在丰富的语言实践中，通过主动的积累、梳理和整合，逐步掌握祖国语言文字特点及其运用规律，形成个体言语经验，发展在具体语言情境中正确有效地运用祖国语言文字进行交流沟通的能力；“思维发展与提升”是指学生在语文学习过程中，通过语言运用，获得直觉思维、形象思维、逻辑思维、辩证思维和创造性思维的发展，以及深刻性、敏捷性、灵活性、批判性和独创性等思维品质的提升；“审美鉴赏与创造”是指学生在语文学习中，通过审美体验、评价等活动形成正确的审美意识、健康向上的审美情趣与鉴赏品位，并在此过程中逐步掌握表现美、创造美的方法。“文化传承与理解”是指学生在语文学习中，继承和弘扬中华优秀传统文化、革命文化、社会主义先进文化，理解与借鉴不同民族和地区的文化，拓展文化视野，增强文化自觉，提升中国特色社会主义文化自信，热爱祖国语言文字，热爱中华文化，防止文化上的民族虚无主义。

语文学科核心素养的四个方面是一个整体：语言是重要的交际工具，也是重要的思维工具；语言的发展与思维的发展相互依存，相辅相成；语言文字是文化的载体，又是文化的重要组成部分，学习语言文字的过程也是文化获得的过程；语言文字作品是人类重要的审美对象，语文学习也是学生审美能力和审美品质发展的重要途径。语言建构与运用是语文学科核心素养的基础，在语文课程中，学生的思维发展与提升、审美鉴赏与创造、文化传承与理解，都是以语言的建构与运用为基础，并在学生个体言语经验发展过程中得以实现的。可见，初中语文深度学习课堂教学发展学生语文核心素养是语文学科落实立德树人的教育根本任务，促进学生全面发展的应有之义、必由之路。

四、初中语文深度学习课堂教学实践路径

与传统基于“知识本位”的表层性教学与工具性教学对知识灌输与占有为目的不同的是，初中语文深度学习课堂教学反对将语文知识作为对象来传授、学习和占有，重视挖掘知识的价值与意义，强调知识与学生精神发育的内在契合，特别是知识习得与学生成长的价值契合、过程契合、结构契合，主张在教学过程中凸显知识对于学生不同领域的发展价值，强调知识向思想、方法、能力和经验的转化和生成。知识的这种转化和生成过程，实际上也是深度学习与深度教学相互融合、相互促进的过程。因此，在课堂教学的方法、模式与实践路径上，初中语文深度学习课堂教学必然与传统“知识本位”的表层性教学与工具性教学有本质上的差异性，反映出当前核心素养为导向的语文课标的理念与教学要求。

从国内外教育界对基于深度学习的课堂教学模式探索看，美国生物学课程研究（BSCS）开发出的一种建构主义教学模式，即5E教学法。这五个“E”具体为：参与（Engagement）、探究（Exploration）、解释（Explanation）、详细说明（Elaboration）、评价（Evaluation）。因为5个学习阶段都以“E”开头，所以又被称为“5E”教学模式。5E教学模式的每个教学环节充分挖掘学生的主体地位，激发学生的认知兴趣和思维，强调学习的过程，突出知识的创新和应用，与深度学习的理念有着异曲同工之妙，不仅能够给予国内科学教育提供启发和借鉴，而且能够促进深度学习的落实和实践，促进科学教育的变革和学生科学素养的培养。在国内对于深度学习的课堂教学模式还处于起步阶段，华中师大郭元祥教授从引导学生深度学习的角度，提出了三方面的教学策略：理解性教学策略、问题导向教学策略和回应性教学策略。其中，理解性教学策略将为理解而教作为教学的基本出发点，通过具体知识的学习，理解具体知识所表征的特定事物和事务的本质及其规律、价值及其意义、思想及其方法、情感及其态度，引导学生通过知识理解建立起与外部世界的内在联系。问题导向教学

策略强调知识学习过程的体验与探究，以问题为导向，引导学生体验和探究具体知识所隐含的思想和方法，以及问题解决的核心策略。回应性教学策略注重从对象化教学转向自我感教学，从知识处理转向对学生的关注，将知识处理的结果与学生的现实状态建立起必然的联系，引起学生的反思、觉醒和感悟。国内外的研究者对于深度学习课堂教学模式及其策略的研究，为我们探索新课改不同学科深度学习的课堂教学模式提供了启示。

语文学科是一门学习语言文字运用的综合性、实践性课程，具有自身的学科本质特性与教学要求，“学科教学的个性来自学科的独特功能和任务，以及学科知识背后所隐藏着的学科的精神内涵和文化底蕴。教学活动唯有渗透着浓厚的学科精神内涵和文化，才能形成学科教学的特有个性，才能把学科核心素养的培养真正落到实处。为此，教学活动应充分体现学科的特点和需要，教学方法的选择与教学场景的设置等应围统并服务于特定学科的特点和需要，并体现特定学科的精神”。因此，从语文学科本质特性与深度学习的需要出发，我们在实践中初步建构了初中语文深度学习的课堂教学设计的模型图（见图7–1），并且形成了初中语文深度学习的课堂教学“五字诀教学法”（导、读、悟、用、评）的实践路径。深度学习的课堂教学设计模型图及“五字诀教学法”具体教学过程如下：

（一）初中语文深度学习课堂教学设计

1. 依据深度学习特点设计教学目标

教学目标是课堂教学要达到的知识、能力与情感等方面的要求的具体表述，是课堂教学设计的出发点与归宿点，教学目标的设计是整个教学设计的核心，其明确、具体、清晰程度直接影响教学活动的开展。2011年，新课程改革提出三维教学目标要求，把师生的思维囿于一个框框里，没有了开放性。制订教学目标，既要注意规范性，更要强调开放性。依据学科课标要求与教材特点以及学生核心素养发展需要来设计教学目标，才是科学合理的。基于深度学习的语文教学设计，同时还必须依据深度学习的特点来设计教学目标。

深度学习的主要特点，简而言之，一是强调以学生为中心，帮助学生主动参与学习活动；二是注重知识的迁移应用，要求学生灵活运用所学知识解决问题；三是比较关注学生在应用、分析、综合、评价、创造等层面的高阶思维能力的发展，培养学生创造性思维实践能力。例如《记承天寺夜游》教学目标设计，在整合单元教学与课文教学要求基础上，依据深度学习特点，把《记承天寺夜游》的教学目标设计，从传统的“注重重点词句的理解与翻译、了解写景抒情特点的教学目标”变为：能理解与运用“欲”“户”“念”“遂”“寝”等单音节词、“盖……也”特殊句式；能综合分析文章的内容与表达的作者情感；能探究文中所表达的作者的特殊心境；能评价作者光明磊落的胸怀与旷达乐观的人生态度。

这个教学目标设计的改变，不仅更为清晰、具体明确，而且利于激发学生的思维，使学生在对知识的深度理解基础上，从浅层次学习变为深层次学习，使课堂学习更有实际的意义。

2. 以学生为中心理念设计课堂教学过程

深度学习改变传统的以教师为中心，学生被动学习的方式，强调以学生为中心，学生积极主动参与学习活动，注重知识的运用与能力的迁移，以培养学生创造性思维、创新实践能力等高阶思维品质，最终形成运用所学知识解决问题的能力。基于此，深度学习的教学过程设计，教师始终要立足于“学”，从激发学生学习兴趣与问题思考开始，然后引导学生进行深度学习活动，加深对新知识的学习与理解，完成知识输入与建构，在此基础上，以解决问题为目的，开展知识迁移应用教学，运用习得的知识解决具体问题，达到对知识的深入理解与掌握，完成知识的输出与迁移。如笔者在设计文言文《记承天寺夜游》的教学过程时，就是按“以学生为中心”的理念开展的。教学过程设计如下：

（1）提问导入新课。例如，先提出问题：当你受到老师严厉批评时，你会产生怎样的心境？引起学生思考，学生在回答问题得出不同答案基础上，教师再提出问题：苏轼被贬后，他产生了什么特殊心境呢？学生带着此问题进入新课学习。

（2）朗读课文，整体感知。要求学生读准字音，读出节奏，并在理解朗读基础上，让学生自主归纳文章主要内容。

（3）翻译课文，探究文情。在教师点拨疑难词、句意义基础上，学生根据课文下面注释并借助古汉语词典独立自主地把课文翻译成白话文，师生互动共同订正译文。在此基础上，引导学生探讨两大问题：一、文中表述了作者当时什么样的特殊心境？产生这种特殊心境的原因是什么？二、文章是作者最真实的生命体验，从中可领悟作者有什么样的胸怀与人生态度？举文中句子进行分析、评价。

（4）文白对译，逆向思考。开展把《记承天寺夜游》的白话文翻译（还原）成文言文学习活动。练习完后，要求学生对照教材原文，自主完善译文并评价学习结果，师生共同总结文白对译规律，主要是白话文语言转化成文言文语言的主要规律，掌握学习方法，初步形成文白对译能力。

（5）学以致用，知识运用迁移。教师根据课文原文创编一篇白话文，然后要求学生翻译成文言文，并把习得的文言词汇与特殊句式运用到译文中，这一文白语言转换的练习教学环节，本身就是深度学习的行为，同时也是对前面学习效果的测评。学生在把白话文翻译成文言文的测评练习中，不仅提高学生的语言运用能力，而且发展学生的思维，能进一步加强对知识的理解、掌握与运用知识解决具体问题的能力。

（6）课堂总结，反思不足。课堂总结是让学生回顾学习过程，畅谈学习收获，反思学习上的不足。

以上教学过程六个环节的设计，从设问导入新课，学生带着问题自主朗读课文，自主翻译课文，自主探究文情，分析解决问题到开展文白对译训练等教学环节，都体现了深度学习“以学生为中心，学生积极主动参与学习”的特征。我把六个教学环节进行了归纳，形成了“导—读—译—练—用—结”（六字诀）文言文深度学习课堂教学基本模式。如果具体阐释，“导”是设境导入新课；“读”是朗读课文，整体感知；“译”是把文言文课文翻译成白话文；“练”是把白话文（课文译文）翻译成文言文；“用”是学以致用，开展把老师创编的白话文翻译成文言文。“结”是总结评价。对学习的知识进行梳理，使其结构化和系统化，并当堂练习评价，实现国家“双减”政策的落实。

3. 紧扣深度学习课堂教学目标设计教学效果测评习题

衡量一堂课的成功与否，主要是以深度学习目标的实现为标准，评价一堂课的价值大小，要看教学效能的提高程度。何谓教学效能？教学效能是单位时间内创造的价值，效能并不等于效率，有效能的课，不只是追求效率，更应该注重促进学生成长，指导帮助学生学会知识建构与转化，发展思维，这符合深度学习的特征，体现深度学习的目标。因此，紧扣深度学习的目标，来评价课堂教学，才能突破评价瓶颈。评价一堂课，深度学习是否发生，也要有科学的方法，比如表现性评价、形成性评价、总结性评价。我认为表现性评价是最及时的，表现性评价，是根据教师的要求，学生在安全自由的情境中，运用先前学习的知识和掌握的技能完成某项任务，考查学生信息整合、知识建构、迁移应用、问题解决等创新实践能力发展情况，主要采用习题测评方式进行，设计题目多以客观性习题为主。

例如，笔者在教学《记承天寺夜游》时，采用进阶方式测评深度学习的目标实现及教学效果情况。按三个阶梯设计测评题。

第一阶梯：字词对译。把下列白话文词语翻译成文言词语。

表7–1　字词对译表

题号	白话文词语	文言文词语
1	想到	念
2	想要	欲
3	原来	盖
4	只是	但

第二阶梯：句子对译。把下列白话文句子翻译成文言文句子。

表7–2　句子对译表

题号	白话文句子	文言文句子
1	（我）解开衣服正想要睡觉	解衣欲睡
2	于是到承天寺寻找张怀民	遂至承天寺寻张怀民

第三阶梯：篇章对译。把根据课文创编的白话文翻译成文言文。

在实操上，教师首先把创作的白话文展示出来，然后提出对译练习的任务与要求，确定学习评价标准，让学生自主对译练习。练习完成后，进行评价，采取学生自评、互评的方式进行。最后，师生共同讲评。

这些测评练习的设计，正是紧扣课堂教学目标，从语言建构与运用、思维发展与提升、文化传承与理解等方面进行的，重点考查学生知识迁移能力的情况，同时促进了学生高阶思维与学科核心素养的发展。

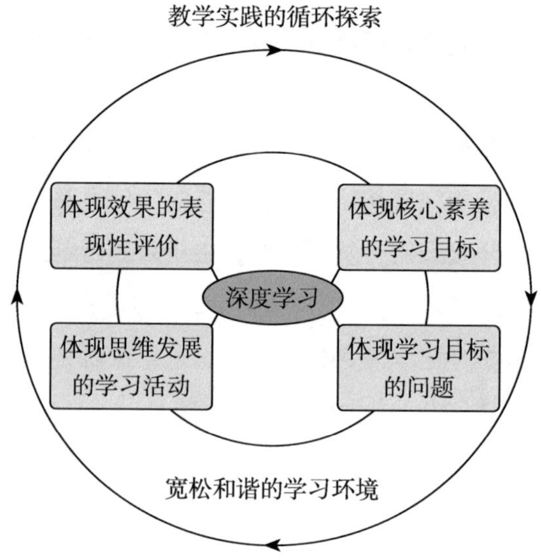

图7–1　初中语文深度学习的课堂教学设计模型图

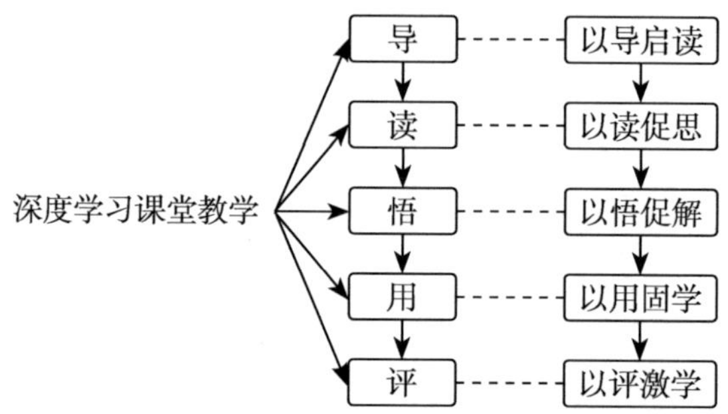

图7–2　初中语文“深度学习”课堂教学基本模式图

（二）初中语文深度学习课堂教学路径

1.“导”

即导入新课学习。柏拉图曾经说过：“良好的开端是成功的一半。”课堂导入作为教学的第一环节，不仅可以吸引学生的注意，激发学生的兴趣，更重要的是可为学生创造知识理解的条件，可促进知识的转化和内化，为实现人的发展奠定基础。基于深度学习的课堂导入要求教师在课堂导入中引导学生了解和掌握相关的文化背景知识，创设与学习内容相近或关联的教学情境或问题情境，激活学生的经验，激发学生的思维，为超越对单一知识符号的学习走向对能力的发展和意义的建构打好坚实的基础。在教学过程中，教师具体教学操作要求：一是学习目标问题化，即教师要善于把学习目标转化成思考问题；二是问题设计层次化，即问题之间要有进阶性、挑战性、创新性，适合学生高阶思维发展，不动脑就能直接回答的问题，不属于深度学习的问题；三是导入内容要指向课文的核心价值，达到以导启读的效果。

从语文教学的角度看，不同的文体、不同的课文应作不同的导入设计。比如文情并茂的散文可以导之以情，以情激情；平实浅易的说明文宜于导之以趣，激发学习情趣；富于哲理和逻辑力量的议论文应当导之以理，启发学生思考。从深度学习的角度看，课堂导入所设置的问题或教学情境应该指向对文本内容的深层次理解，能够引导学生高阶思维的产生，促进学生深入探究的兴趣和热情。例如，全国著名语文特级教师于漪老师讲初中语文课文《孔乙己》时，她先讲了这么一段话："据鲁迅先生的朋友说，鲁迅先生对他的小说中的人物，最喜欢的是孔乙己。鲁迅先生为什么最喜欢孔乙己呢？他是以怎样的鬼斧神工之笔来塑造这个苦人儿的形象的呢？你们认真读课文以后，就能得到回答。有人说，古希腊的悲剧是命运的悲剧，莎士比亚的悲剧是主人公性格的悲剧，易卜生的悲剧是社会问题的悲剧，那么，鲁迅写孔乙己悲惨的一生，是命运的悲剧，性格的悲剧，还是社会问题的悲剧呢？我们学完课文以后，可以得到正确的答案。"这样不围绕课文内容本身，而借课题以外的与课文有关联的某些内容发问，巧设悬念，由远及近，引入新课，不仅过渡自然，而且所述问题正是学习《孔乙己》的一些本质问题，即塑造孔乙己形象的创作方法和孔乙己这个形象的典型意义。这导入问题的设计，激发了学生思维的兴趣，为学生接下来的深入学习课文奠定了良好的基础。

2. "读"

即朗读课文。"读"是语文学习非常重要的方式之一，也是语文课堂教学不可或缺的教学环节。宋代朱熹《训学斋规·读书写文字》中谈道："古人云：'读书百遍，其义自见。'"谓读得熟，则不待解说，自晓其义也。叶圣陶先生非常重视语文教学中的"读"，倡导语文"美读"方法，认为："所谓美读，就是把作者的感情在读的时候传达出来。""美读得其法，不但要了解作者说些什么，而且与作者的心灵相感通了，无论兴味方面或受用方面，都有莫大的收获。”在朗读教学过程中，教师要将课文内容的教学与情感体验有机结合起来，让学生通过声情并茂的“美读”，去感受文本，体验情境，从而准确把握作者的情感，实现与作者情感的对接，心灵的“感通”，这对学生深入理解文本蕴含的情感、意义非常必要。在教学中，教师“读”的操作要求：一是让学生带着思考问题朗读课文；二是朗读要形式多样，可以是默读，可以是放声朗读，甚至是诵读，但必须是个性化朗读，让学生独立自主地各取所需地朗读课文；三是要读、思结合，达到以读促思的效果。

语文课堂教学中“读”的方法有朗读、默读、精读、略读等形式。然不管是运用哪一种读的方法，其读的过程必须是学生结合自己的知识、经验和情感等去理解和重构文本的意义，必须要伴随有分析、比较、综合、归纳、演绎、想象、联想等抽象思维和形象思维活动，换句话说，就是需要触发学生的高级思维活动。从深度学习的角度看，朗读和精读应该成为深度学习的重要读法，它有助于学生理解文本的文字、词句的意义，揣摩文章的表达顺序及方法，领悟文章的内容，体会作者的思想情感，从而受到作品的感染和激励，形成情感的共鸣，获得阅读的审美体验。例如，初中语文教材《安塞腰鼓》这篇散文有着雄浑伟奇的画面，更有着与画面风格一致的气势磅礴的语言，歌颂激荡的生命和磅礴的力量，歌颂阳刚之美。文章条理十分清晰，语句优美，用词也十分精练。所以，教师的课堂教学可以以“读”为主线贯穿始终，让学生通过一次次的朗读，一次次地拥抱文本语言，一次次地进入情境，体验情感。学生在读中感受着黄土地人们的滚滚豪情、冲天斗志，感受着腰鼓的壮阔雄浑、泱泱大气，体会中华传统文化的魅力。

3.“悟”

即组织学习活动，让学生紧扣思考问题，探究问题答案。培养学生理解能力是语文教学的核心，无论是教学情境的创设、问题的设计，还是教师的启发讲授，都是为了更好地促进学生对课文深刻全面的理解与体悟。著名的语文教育家叶圣陶先生在《语文教学二十韵》中谈道，“作者思有路，遵路识斯真。作者胸有境，入境始与亲。一字未宜忽，语语悟其神，惟文通彼此，譬如梁与津”。前四句叶老把“遵路”“入境”作为亲近文本，深入领会文本要旨，走进作者内心世界的重要途径；后四句叶老特别强调一个“悟”字，认为语文学习要在字、词、句、段等某些关键处反复琢磨，求得融会贯通，“阅读方法不仅是机械地解释词义、记诵文句、研究文法修辞的规则，最紧要的还在多比较，多归纳，多揣摩，多体会，一字一语都不轻易放过，务必发现它的特性。惟有这样的阅读，才能够发掘文章的蕴蓄，没有一点含糊”。从学生理解能力的发展水平看，理解能力有三级水平：低级水平的理解是指知觉水平的理解，就是能辨认和识别对象，并且能对对象命名，知道它“是什么”；中级水平的理解是指在知觉水平理解的基础上，对事物的本质与内在联系的揭示，主要表现为能够理解概念、原理和法则的内涵，知道它是“怎么样”；高级水平的理解属于间接理解，是指在概念理解的基础上，进一步达到系统化和具体化，重新建立或者调整认知结构，达到知识的融会贯通，并使知识得到广泛的迁移，知道它是“为什么”。基于深度学习的语文课堂教学要着力培养学生中、高级理解能力，促进高阶思维发展。教师具体教学操作要求：一是教师要下达学习任务；二是组织学生为完成任务而开展课堂学习活动，可以是独立学习活动，也可以是小组合作学习活动，也可以是师生互动的学习活动等；三是开展学习成果的展示、研讨、交流，共同分享学习成果，让问题得到解决，达到以悟促解的教学效果。

语文教材大量的名家名篇都是值得学生去熟读精思、虚心涵泳。然而，教材中的很多作品（如鲁迅的作品）与学生的生活世界是有很大的距离的，学生需要在教师的引导下才能够深度学习。德国哲学家伽达默尔认为“不能只承认作品的历史性，而否认读者的历史性。文本作者的意图当代人不可能完全再现，文本的意义也不可能完全恢复。文本与读者的时间距离无法克服，也是不应当克服的。所以，理解文本是一个创造的过程”。从文本解读的角度看，文本解读有内在的规律与层次性，语文深度教学要引导学生真正读懂、读深、读透文本，必须走进文本，把握文意；潜味文本，涵泳语言；跨越文本，感悟意蕴。比如初中教材《故乡》这篇课文，教师引导学生通过作者描述故乡的变化，可以了解作品反映了辛亥革命给农村所带来的苦难。而事实上这部作品所包含的意义远远不止这些。以作品中的闰土为例，可以对比少年闰土与中年闰土的外貌、动作、对“我”的态度和对生活的态度等方面解读：闰土为什么会发生这样大的变化？这不仅仅是辛亥革命所造成的，还有封建社会对人精神的伤害。另外，从少年闰土与中年闰土、闰土父子、少年闰土与水生、年轻杨二嫂与中年杨二嫂等人物的身上，可以看出中国社会愚昧、落后、贫穷的轮回，在黑暗隧道中看不到尽头。由此可见，教师通过引导学生阅读文本、形象分析、语言品味等多元解读，不仅可以多方面理解文本内涵，达到对文本的深刻领悟，还可以培养学生的发散性思维。

4. “用”

即运用习得知识、能力、思维方法解决新问题，达到学以致用。基于语文深度学习课堂教学的“用”即知识应用或知识向能力的转化迁移。语文知识与语文能力关系密切，但语文知识不等同于语文能力，知识与能力之间的转化需要具备一定的条件（如听说读写训练、语文探究活动等）。语文是一门关于语言文字运用的综合性、实践性课程，学生学习语言文字知识，最根本的目标之一就是要“学会正确理解和运用语言文字”。因此，基于深度学习的语文课堂教学教师在引导学生弄懂语言文字知识和理解文本内容的基础上，要通过听、说、读、写等语文实践活动，让学生不断内化知识结构，化知为能，促进知识向能力的迁移。教师具体教学操作要求：一是根据课标与课文学习要求，选择或开发能发展学生高阶思维的学习内容或设计测评练习题；二是用习得的知识与形成的思维能力，解决生活中的问题，达到以用固学之目的。

我们知道，语文能力主要包括听、说、读、写四种能力，每一种能力又可以细分为若干种具体的能力。例如，语文阅读能力就包括识记、理解、分析综合、应用和鉴赏评价五种能力，这五种能力由低级向高级发展。从认知水平和思维的复杂程度看，分析综合、应用和鉴赏评价的能力属于语文阅读高阶思维能力。为了引导学生有效地应用语文知识，发展学生的语文能力，教师在课堂上既要给学生讲授语文学习方法性、策略性的知识，又要精心设计问题情境或语文学科活动，鼓励学生积极参与语文实践。比如，批判性思维能力是学生语文学习中比较薄弱的能力，针对这种情况，教师需要想方设法在教学中去培育学生的批判性思维意识与能力。著名的语文特级教师宁鸿彬老师就比较重视培养学生的批判性思维能力，他对课堂教学提出了“三个不迷信”（不迷信古人、不迷信名家、不迷信老师）、“三个欢迎”（欢迎质疑、欢迎发表与教材不同的见解、欢迎发表与教师不同的见解）、“三个允许”（允许说错做错、允许改变观点、允许保留意见）。在教学课文《口技》时，对课文开头处写了“一桌、一椅、一扇、一抚尺而已”，结尾再次写道“一人、一桌、一椅、一扇、一抚尺而已”，有位学生认为作者写作有点啰唆，只在结尾处写就足够了。宁老师对于学生的质疑没有简单处置，而是让学生陈述自己的理由，学生指出开头不描写才会让读者在阅读中产生猜测，最后形成恍然大悟之效，从而突出口技人技艺的高超，使文章更具有吸引力。宁老师肯定了学生的质疑，并从文章写作的角度总结文无定法，作者之所以这样精心地安排，这样反复强调，构成首尾呼应，有利于突出口技人技艺的高超。由此可见，宁老师既鼓励了学生对文章的批判性思维意识，又教会学生写作的方法性知识，达到了良好的教学效果。

5.“评”

即总结评价。基于语文深度学习课堂教学中的“评”即评价、反馈，是对学生深度学习质量与课堂教学效果的评价与反馈，能够真实地反映“以学定教”理念下的课堂教学质量水平。《义务教育语文课程标准（2022年版）》强调“教师应树立‘教—学—评’一体化的意识，科学选择评价方式，合理使用评价工具，妥善运用评价语言，注重鼓励学生，激发学习积极性”。沈毅、崔允漷在《课堂观察：走向专业的听评课》一书中，将课堂教学评价分为学生学习、教师教学、课程性质以及教学发生的环境（主要是课堂文化）四个维度的评价，其中，“学生学习”的评价视角包括准备、倾听、互动、自主、达成；“教师教学”的评价视角包括环节、呈示、对话、指导、机智；“课程性质”的评价视角包括目标、内容、实施、评价、资源；“课堂文化”的评价视角包括思考、民主、创新、关爱、特质。每个视角又有多个观测点，由此形成了课堂教学评价4个维度、20个视角、68个观测点的课堂教学过程分析评价框架。

（1）三个内在评价标准

从课堂深度教学的评价上看，华中师范大学的郭元祥教授提出了促进深度学习的三个内在评价标准（观点摘录，有所删减）：

一是学习的意义感标准。学习的意义感是学生对学习内容、学习过程和学习活动方式在价值识别、价值评判和价值确认的基础上产生的一种积极的意义体悟和意识过程。课堂教学要引起学生对为什么要学习那些内容，学习那些内容有何价值，以及怎样学习那些内容等问题形成正确的意义理解和价值确认。学习意义感是衡量课堂教学优劣好坏的根本价值标准，也是起点标准。建立学生对学习内容、学习过程和学习活动的意义感，引导学生理解和把握知识背后隐含的学科思想、学科方法及实践价值与人生意义，是实现知识学习发展性价值的根本要求。

二是学习的自我感标准。学习的自我感，是指学生在学习过程中随着对知识理解的加深而产生的自我认知、自我觉醒和自我觉悟等自我成长体验。学习的自我感强调教学活动不能仅仅把知识作为对象和目的来看待，而应该把学生的自我成长作为对象和目的，教学需要建立起知识与学生自我的意义连接，知识理解应该与学生的认知方式、现实生活、人生状态、生活经验产生丰富的联系，回应学生认知方式、回应学生生活经验或人生体验，学生在学习过程中的自我感才能真正产生。学习的自我感标准是衡量课堂教学优劣的过程标准。

三是学习的效能感标准。这是指学生在学习过程中经过认知和情感过程所产生的成效体验，是教学活动的一种结果标准或成果标准。学习的效能感是评价课堂优劣好坏的结果标准。缺乏发展性的课堂，教学过程止步于让学生知道和会解题，不顾学生通过知识加工产生了什么个人想法，形成了什么思想和能力。单一的知识授受和解题训练，或者课堂表层的活跃，绝不是效能感强的标准，相反，提升学生学习的效能感，必须依赖学生的强参与性、探究与体验和深度的反思与感悟。

（2）四个指标内容

也有的研究者认为课堂深度教学评价包括四个指标内容（观点摘录，有所删减）：

第一，知识解读得深刻。知识解读得深刻，是深度教学的基本标准，没有教师对知识的深度解读，就难以实现学生发展的深度与教学的深度。教师对知识的解读，不能仅仅限于对知识文本符号的理解、分析，还应该进一步探究知识背后所隐含的学科思想、学科方法、情感态度及意义，并思考如何有效地实现知识蕴含的学科思想、方法、情感、意义对学生成长与发展的影响。

第二，生活经验的联结。生活经验是学生知识学习的重要资源，是学生深度理解知识，建构深度学习的重要材料与支撑，深度教学需要建立学生的生活经验与教学、学习活动之间的联结，让学生带着自身的生活经验与生活履历参与知识的学习与理解、参与思想的建构与意义的生成。生活经验的联结，是学生在教学中产生学习的意义感、自我感和效能感的要求，也是“教育回归生活”理念的体现。

第三，思想文化的浸润。学生学习的知识是蕴含着思想的，是文化负载的，深度教学还需要实现思想文化对学生的浸润，思想文化的浸润既是知识本身的要求，也是学生发展的要求。只有课堂实现了思想文化对学生的浸润，课堂才真正成为具有生命的活力，才真正成为学生生命成长之地，这样的课堂教学才是真正的深度教学。

第四，核心素养的培养。知识具有多维的教育价值，包括认知性教育价值、自我意识性教育价值和实践性教育价值，从核心素养的培养来看，个体的个人修养、社会关爱、家国情怀、自主发展、创新实践的培养在很大程度上与知识的自我意识性教育价值和实践性教育价值的实现有关，深度教学追求知识多维教育价值的全面实现，因此，深度教学能够促进学生核心素养的培养。同时，深度教学注重引导通过知识符号的学习获得学科知识隐含的学科思想、学科方法，而学科思想、方法的获得能够促进学生学科能力的提升，每一门学科的学科能力亦是核心素养所要培养的关键能力。

语文课标与研究者们对课堂深度教学评价的研究成果，为教师全面把握与科学评价“以学定教”的课堂深度教学提供了思路与方法，语文教师可以结合语文学科的本质特点与课堂教学规律去探索与研制更加具体、更加具有可操作性的评价标准指标体系。在教学中，教师进行评价的教学操作要求：一是课前以信任方式激励学生预习，课中以肯定、赞扬、表扬的方式激励学生学习；二是课后以做测试题的方式让学生练习，检测学生的学习效果；三是开展课后学习调查问卷，促进学生反思学习，改进学习方法与思考方法，达到以评激学的效果。

上述基于初中语文深度学习的课堂教学“导、读、悟、用、评”路径，笔者把它称为“五字诀教学法”，它反映出初中语文课堂深度教学的一种教学活动过程，也是一种语文“深度学习”课堂教学的基本模式（见图7–2）。这五个字之间是有内在的关联性与逻辑性，既符合课堂教学的发展过程逻辑，也符合语文学科本质与教学的要求，因此，“五字诀教学法”具有鲜明的理论价值与实践意义。

五、初中语文深度学习课堂教学策略

深度教学不是一种教学策略、教学方法或教学手段，而是一种教学理念，深度教学的理念倾注了对学生发展丰富性的要求，凝聚了对学生生命成长的关注，渗透着对课堂教学发展性品质的追求，是培养学生核心素养的重要途径之一。为了有效地开展初中语文深度学习的课堂教学，教师应该理解深度学习的理念与知识，掌握促进深度学习的教学实施策略。

（一）五字诀教学支架策略

支架式教学源于前苏联著名心理学家维果斯基的“最邻近发展区”理论，是指课堂教学过程教师为学习者建构对知识的理解提供一种概念框架（conceptual framework）。这种框架中的概念是为发展学习者对问题的进一步理解所需要的。

1. 支架式教学的主要环节

支架式教学一般包括以下几个主要环节：

（1）搭脚手架——围绕当前学习主题，按“最邻近发展区”的要求建立概念框架。

（2）进入情境——将学生引入一定的问题情境（概念框架中的某个节点）。

（3）独立探索——让学生独立探索。探索内容包括：确定与给定概念有关的各种属性，并将各种属性按其重要性大小顺序排列。探索开始时要先由教师启发引导（例如演示或介绍理解类似概念的过程），然后让学生自己去分析，探索过程中教师要适时提示，帮助学生沿概念框架逐步攀升。

（4）协作学习——进行小组协商、讨论。讨论的结果有可能使原来确定的、与当前所学概念有关的属性增加或减少，各种属性的排列次序也可能有所调整，并使原来多种意见相互矛盾、且态度纷呈的复杂局面逐渐变得明朗、一致起来。在共享集体思维成果的基础上达到对当前所学概念比较全面、正确的理解，即最终完成对所学知识的意义建构。

（5）效果评价——对学习效果的评价包括学生个人的自我评价和学习小组对个人的学习评价，评价内容包括：自主学习能力、对小组协作学习所做出的贡献、是否完成对所学知识的意义建构。

2. 应用五字诀教学支架策略的要求

五字诀教学支架策略（导、读、悟、用、评）具有支架式教学的共性特征，符合课堂深度教学的认知过程与语文学科教学的本质规律。应用这种教学策略，从知识的深度学习与能力素养的培育来看，教师要注意把握好如下的要求：

（1）在“导”的环节上，依据学习主题、教学目标、教材内容和学生学情等实际，建立一个相关的概念框架，创设教学情境，激发学生学习动机与思维，并提供与学习主题相关的背景性知识。其“导”的方法有新旧知识联系导入法、审题导入法、情境导入法、悬念导入法、故事导入法、实物演示导入法，等等。不管教师运用何种导入法，要注意导入设计与学习内容的联系性、迁移性、适应性和启发性。例如，有位教师讲《斑羚飞渡》一文时，就采用故事导入法进行导入：

在一次森林大火中，蚂蚁家族不得不进行一次大规模的迁徙。面对熊熊燃烧的大火，大大小小的蚂蚁迅速地结成一个球体。为了那一线生的希望，它们冲向了火海。伴随着一阵噼噼啪啪的声响，最外层的蚂蚁被火吞噬了，烧焦了。然而，这蕴含着生命的团体仍向前滚动着，噼啪声越来越响，蚂蚁团越来越小，最后滚出火海的蚂蚁只剩下了一小团……

这是一个感人至深的蚂蚁的故事。的确，在生与死的抉择中，有谁不渴望生呢？可是，这群蚂蚁却生得艰难，死得辉煌。今天，我们同样要聆听一个悲壮感人的斑羚的故事，现在就让我们一起走进这动人的故事。（板书课题）

在这个教学案例中，教师建立了与文本学习相关的概念框架，即“悲壮感人的斑羚的故事”，激发了学生的学习兴趣，为后续深入学习课文奠定了情感基调。

（2）在“读”的环节上，注重将“读”作为整体感知课文的文意，把握文本情感基调，体味作品意蕴，品味语言特色的重要方式方法。语文教学过程中“读”的方式方法多种多样，比如从读的主体看，有教师示范性朗读、学生个体朗读、学生小组朗读、学生全班朗读等；从读的方式看，有朗读、默读、精读、略读、浏览，等等。然而，不管采取何种读的方法，“读”都是为学生进一步深入理解文本内容服务的。

语文新课标非常强调培养学生正确、流利、有感情的朗读能力。教师或学生有声有色的朗读，会加深学生对课文的印象，作品中的优美、准确、富有表现力的语言尤其使学生着迷，朗读时的鲜明的爱憎，会强烈地影响着学生，使他们的思想感情发生共鸣。当然，课堂教学过程朗读的形式要多种多样，学生才不会觉得枯燥乏味。为能准确指导学生朗读、点燃学生的朗读兴趣、激发学生的朗读感情、促进学生的朗读训练，老师可以借助于丰富多彩的朗读方式，如齐读、单读、对读、分角色读、赛读、录音朗读，等等。

（3）在“悟”的环节上，教师要围绕学习的重点、难点、疑点鼓励学生去自主学习或小组合作探究，在学生在对文本内容进行分析、比较、综合、联想、想象、评价的基础上，教师善于抓住学生“愤悱之情”相机点拨、启发诱导，将学生已有的知识经验与文本学习内容联系起来，不断深化学生对文本内容的理解，促进高阶思维的发展，让学生在存疑、释疑、解疑过程中体验到思维活动“山重水复疑无路，柳暗花明又一村”的乐趣。

在课堂深度教学过程中，为了促进学生的“悟”，教师应灵活采取一些教学方法，比如：建构课堂有层次、有深度的学习任务群；抓文本关键词句推敲品味，理解语言表达的深层意义；联系生活开展联想想象，领悟文本的丰富意境；进行新旧知识比较分析，促进知识理解与结构优化，等等。例如，窦桂梅老师在教学课文《秋天的怀念》时，在反复研读教材，研读史铁生后，确定将“好好儿活”作为本节课教学确定的主题。她以独具慧眼的解读，把教学主题由“母爱”升华为“好好儿活”。为了突出这个主题，窦老师精心地抓了这句话：“母亲扑过来，抓住我的手，忍住哭声说：‘咱娘俩，好好儿活，好好儿活！’”把这句话作为贯穿整个课堂的主线，把指导对这句话的感受和朗读作为教学重点。窦老师抓了三个关键动词“扑”“抓”“忍”，让学生体会到母亲要“扑”灭儿子想死的心，“抓”住儿子活下去的欲望，“忍”住自己生理心理上的折磨。引导学生一层一层地体会意思，一次一次地把体会到的意思“送进去”读出来。一次一次地读，一波一波地把情感催过来。在课堂上，能很清楚地看到，每体会到一层意思，学生就读得更好了，情感体验也更深了。由此，既培养了学生的朗读能力，又让学生强烈地感受到作品“好好儿活”的深刻含义。

（4）在“用”的环节上，强调学生语文实践活动与语文知能的转化。

从深度学习的角度看，“活动与体验”是深度学习的核心特征。学生要成为学习的主体而不是被动的知识接收器，就得有“活动”的机会，有“亲身经历”知识的发现、形成、发展的过程的机会。而学生主体活动的过程，也是学生全身心体验知识的丰富复杂内涵与意义的过程，也是发生丰富的内心体验、提升个人经验与精神境界的过程。因此，教师要精心设计各种语文学习活动任务（情节复述、作业练习、片段改写、角色扮演、小组辩论等），引导学生积极开展语文听说读写的活动，使学生在语文实践中不断“用”知识，化知为能，形成语文能力，发展语文核心素养。例如，依据初中生的认知心理与语文学习的特点，在初中语文教学中加强对角色扮演方法的运用，有利于提高学生的学习兴趣，促进学生的个性化发展，同时，也有利于加强对学生思维的培养，提高学生对于课文内容的理解与体验。

（5）在“评”的环节上，包括对学生深度学习效果与课堂教学效果的评价，但侧重对学生深度学习效果的评价。从支架式教学评价的角度看，评价内容包括：学生自主学习能力、对小组协作学习所做出的贡献、是否完成对所学知识的意义建构。有的研究者提出评价课堂深度教学的四个观测维度：知识解读的深刻，生活经验的联结，思想文化的浸润，核心素养的培养。也有的研究者从“单元主题、学习目标、学习活动、持续评价”四个方面去设计深度课堂教学评价。从现有的研究文献看，不同的研究者在建构深度学习的课堂教学评价体系时，其观测点不同，评价的维度与指标点往往也是有差异的，甚至不同学科的深度学习课堂教学的评价也是不同的。无论教师设计几个评价的维度，都必须将评价内容进一步具体化，以便建构起科学的可操作性的评价指标体系。笔者在教学实践与研究中，根据课堂教学的三要素（教师、学生、教材）和语文深度学习的过程与教学要求，初步构建了基于语文深度学习的课堂教学评价量表，用于指导和评价初中语文深度课堂教学。其评价量表如表7-3：

表7–3　初中语文深度学习课堂评价量表

<table>
<tr><td>学校</td><td></td><td>学科</td><td></td><td>年级</td><td></td><td>班级</td><td></td><td>时间</td><td></td></tr>
<tr><td>授课人</td><td></td><td>课型</td><td></td><td>节次</td><td></td><td>课题</td><td colspan="3"></td></tr>
<tr><td rowspan="2">评价维度</td><td colspan="4">评价要素</td><td colspan="4">评价等级</td><td rowspan="2">得分</td></tr>
<tr><td>一级指标</td><td colspan="3">二级指标</td><td>A</td><td>B</td><td>C</td><td>D</td></tr>
<tr><td rowspan="5">（一）学生维度（50分）</td><td>1. 预习任务认真完成（10分）</td><td colspan="3">（1）认真读课文或微课学习；
（2）独立完成前置任务或预习练习；
（3）积极思考，提出疑问并尝试解决</td><td>10</td><td>8</td><td>5</td><td>2</td><td></td></tr>
<tr><td>2. 学习活动深度开展（10分）</td><td colspan="3">（1）积极参加课堂学习活动，学生的学习在课堂上真实发生，学习参与率高；
（2）高质量问题在个性化学习或合作学习中基本解决；
（3）学习活跃，能大胆大声发言，回答问题表述清楚</td><td>10</td><td>8</td><td>5</td><td>2</td><td></td></tr>
<tr><td>3. 知识主动学习建构（10分）</td><td colspan="3">（1）主动学习并掌握基本知识和技能，达成课堂学习目标；
（2）弄清知识的内在性、前后关联性，并建构知识体系；
（3）在真实情境中体验、对话、实践，解决问题，积累方法与经验；
（4）能对习得的知识进行运用加工，实现知识的转化与迁移</td><td>10</td><td>8</td><td>5</td><td>2</td><td></td></tr>
<tr><td>4. 高阶思维积极发展（10分）</td><td colspan="3">（1）在课堂上能动脑积极思考，大胆质疑；
（2）在知识学习与加工中，能运用分析、综合、评价方法解决具有挑战性问题，使高阶思维得到发展；
（3）在学习中养成批判性思维习惯</td><td>10</td><td>8</td><td>5</td><td>2</td><td></td></tr>
<tr><td>5. 学习成果展示交流（10分）</td><td colspan="3">（1）小组合作，积极主动展示；
（2）展示形式多样，规范有质量，有创新意识；
（3）倾听其他观点，对后续学习有信心</td><td>10</td><td>8</td><td>5</td><td>2</td><td></td></tr>
</table>

续 表

评价维度	评价要素		评价等级				得分
	一级指标	二级指标	A	B	C	D	
（二）教师维度（40分）	6. 价值取向引领正确（10分）	（1）坚持立德树人根本任务； （2）培养学生良好思想品德； （3）落实语文课程核心素养	10	8	5	2	
	7. 课堂教学过程完整（10分）	（1）以学生为中心，立足“学”，设计课堂教学，针对性强； （2）注重过程，扎实施教，教学过程体现“导、读、悟、用、评”基本模式； （3）学习目标任务明确，教学环节衔接自然，课前、课堂和课后作业适当； （4）问题设计有层次性、进阶性、挑战性、创新性，适合培养学生的高阶思维能力，思辨能力、批判性思维能力； （5）营造宽松和谐的教学环境，组织开展自主探究、小组合作等学习活动，让学生参与教学过程，指导学生学习，课堂气氛活跃； （6）课堂教学方法有效，能利用学生的经验，创设教学情境，激发学生积极思维； （7）注重信息技术与语文教学的深度融合，提高课堂教学信息化水平	10	8	5	2	
	8. 注重核心素养培育（10分）	（1）依据课程方案和课标实施教学； （2）落实义务教育语文课程核心素养，发挥语文教育以文化人功能，注重文化自信，语言运用，思维能力，审美创造四方面素养培育； （3）挖掘语文课文思想政治内容，突出中华民族优秀传统文化、革命文化、社会主义先进文化内容，加强思想品德教育，完善学生人格	10	8	5	2	
	9. 合理实施评价反馈（10分）	（1）课堂教学要有总结评价； （2）在课堂教学中，善于进行激励性评价，激发学生学习积极性； （3）落实国家“双减”政策，分类分层设计布置作业，注重学习效果的测评与反馈	10	8	5	2	

续 表

评价维度	评价要素		评价等级				得分
	一级指标	二级指标	A	B	C	D	
（三）教材维度（10分）	10. 教材认识正确	能正确认识教材，教材不是语文教学的目的，而是语文教学的手段	4	3	2	1	
	11. 教材使用正确	能正确使用教材，树立“用课文去教”的理念，培养学生的能力	4	3	2	1	
	12. 教学资源开发	能丰富教学资源，对教材中的单元或课文进行有效整合，提高教学效率。开发课外资源，丰富课内教学内容，增强课堂教学的宽度和深度	2	1.5	1	0.5	
总分		等级					
评价人		A：优（≥85）	B：良（71—84）	C：合格（60—70）	D：不合格（≤59）		
综合评价与教学建议							

（二）问题进阶设计策略

美国学者杰姬与贝丝指出：“优质的问题和优质的提问是优质教学和学习的核心。”深度学习是一种基于理解的学习，是指学习者以高阶思维的发展和实际问题的解决为目标，以整合的知识为内容，积极主动地、批判性地学习新的知识和思想，并将它们融入原有的认知结构中，且能将已有的知识迁移到新的情境中的一种学习。深度学习离不开优质问题的发现、探究与解决活动。从优质问题的特征看，它主要表现为：①是具有认知冲突的问题；②是联系学生经验的问题；③是经过知识整合的问题（串）；④是能够让学生交流质疑的问题。从解决问题的过程看，它主要包括四个阶段：①理解与表征问题阶段；②寻求答案阶段；③执行计划或尝试某种解答阶段；④评价结果阶段。基于优质问题的特质及其问题解决的过程，语文教师要在真正读懂学生、读懂教材、读懂课堂的基础上，设计好问题，引导学生深度学习，发展学生的高阶思维能力。

指向问题解决的高级思维培养需要教师进行问题进阶设计，问题设计要有层次性有梯度，引导学生像爬山一样一步一步向上登山。教师科学合理地设计进阶式“问题链”可以逐渐吸引学生的注意力，使学生深入思考，同时还可以引导学生由浅入深、由易入难逐渐掌握学习的重点和难点。例如，《背影》是现代作家朱自清写的一篇回忆性散文，文章的教学重点是让学生理解文章的含义，教育学生学会感恩，珍视亲情。同时学习文章要抓住“背影”这一外在表现，展示人物心灵的写法。因此，教师可以设计问题像“文章一共几次提到背影，都是在哪部分？”“这几次对背影的描写，哪一次给你留下了最深刻的印象？”“作者是怎样刻画父亲买橘子的背影的？”“描写人物肖像，大部分都是以正面描写为主，而本文为什么不描写父亲的正面，而只描写父亲的背影呢？”“在过去的生活经历中，同学们有没有经历过最难忘的背影呢？请回忆当时的情境，并向大家讲述出来”“同学们，此时你们最想对父母亲说些什么呢？”等几个相互关联、层层深入的问题，引导学生深入理解文章意义，感悟文章蕴含的亲情，获得情感的熏陶与教育。

（三）自主式探究性学习活动策略

新课程改革倡导“自主、合作、探究”的学习方式，目的就是要改变学生原有的单一、被动的学习方式，建立和形成能充分调动学生参与、发挥学生主体性的多元化学习方式，促进学生在教师指导下主动地、富有个性地进行学习。在学校教学的环境下，自主式探究性学习活动，是指在课堂上，教师不再直接把结论告诉给学生，而是留给学生一定的时间和空间，学生在教师的指导下，经过探索、交流、合作、展示，发现问题、分析问题、最终解决问题，进行主动学习的一种学习方式。在自主式探究性学习活动中，教师引导鼓励学生自主探究和讨论问题，使学生有更多的机会发挥自身的创造潜能，改变学生被动地接受知识的状况，有利于激发学生学习与探索的积极性、主动性，学生真正成为学习的主人，教师更多地扮演指导者、参与者和促进者的角色。学生在活动中学习，在主动中发展，在合作中获得新知，在探索中创新，最大限度地满足学生自身发展的需要。

在自主式探究性学习活动中，教师指导学生探索只是为学生学习服务的，其任务是调动学生学习的积极性促使他们自己去获取知识、发展能力，做到自己能发现问题、提出问题、分析问题、解决问题，与此同时，教师还要为学生的自主学习设置探究的情境，建立探究的氛围，促进探究的开展，把握探究的深度，评价探究的成败。教师要深入地学习自主式探究性教学的最新理论，只有丰富了自己的理论知识，才能理解探索性教学的实质，并更好地运用于课堂教学，组织好学生的探究性学习。例如，语文教师可以运用如下的方法去指导学生进行自主式探究性学习：

1. 激发求知兴趣，培养自主学习的意识

教师可以借助图片、视频或引用诗词、名言警句、寓言故事、对联、名人故事等来激发学生的兴趣、丰富他们的知识，帮助他们领悟。例如，讲说明文《罗布泊，消逝的仙湖》时，可以利用多媒体，先展示罗布泊仙境美景的图片，再展示如今罗布泊荒漠惨状的图片，在强烈的视觉对比中激发学生探究的学习兴趣，为“罗布泊为什么会消逝？造成这样的悲剧的深层原因是什么？我们应该吸取什么教训？”这些问题的探讨创设了良好的学习气氛，在潜移默化中培养了学生自主学习的意识。

2. 发掘文本认知冲突的问题，启发学生进行质疑探究

如初中课文《孔乙己》的结尾，有这样一处描述：大约孔乙己的确死了。这句话将“大约”和“的确”两个词放在同一句话来表达，“大约”是揣摩的意思，而“的确”代表着肯定。揣摩和肯定的修辞出现在同一个句子里，这让人无疑产生费解，似乎是很矛盾，这是不是病句呢？教师可以以此引导学生去自主探究学习。

3. 创设课堂对话情境，引导学生自主探究学习

在语文教学中，教师要指导学生学会与作品、作者对话，通过与作者对话，与文本对话，达到对作者与自我的双重“发现”，学生的心灵受到撞击，就会促发他们心灵的火花，在类比联想中，会出现顿悟的境界，最终达到知识的传递与精神的升华。例如在《心声》教学中，教师可以设计这样一个问题：“李京京为什么那么渴望在公开课上朗读课文？程老师为什么不同意他朗读？为了更好地回答这个问题，让我们走近李京京，了解他性格发展的历史。”学生带着问题深入阅读，理清故事发展脉络，将阅读过程中感受与发现写下来，为接下来的师生对话奠定基础。

4. 结合语文适合性学习，教会学生自主探究学习方法

初中语文教材设置了若干个单元的综合性学习主题，教师应该结合综合性学习的主题，教会学生自主探究的方法（如观察法、文献法、调查法、访谈法等），引导学生在课外积极地进行自主探究学习。这里需要指出的是，开展语文综合性学习活动，主要不在于学生掌握多少知识，而在于学生是否主动获取知识，运用知识解决实际问题；主要不在于解决问题的结果，而在于能否主动发现问题和主动探索问题；主要不在于在活动中发挥多大的作用，而在于是否积极参与活动和善于合作；主要不在于学到什么思想和方法，而在于能否创造性地运用各种方法，形成自己的假设或观点。一言蔽之，就是要培养学生自主探究的学习能力。

（四）小组合作互学交流展示策略

语文新课改倡导自主、合作、探究的学习方式。其中，小组合作学习是一种以学生发展为目标的教学形式，学生在学习过程中通过自己的自主探索和同伴的交流帮助，掌握知识并形成技能，养成善于与他人沟通交流、合作创新的意识与能力。当前，小组合作学习是语文课堂教学中使用频率最高的教学方式之一，也是语文深度学习的一种有效的方法。

学习是一种认知的过程活动，也是一种社会化行为，“独学而无友，则孤陋而寡闻”，唯有同他人沟通、互动，才能取得较大的成效。小组合作学习是同学之间互教互学、彼此交流知识的过程，也是互爱互助、相互沟通情感的过程；学习的过程不仅直接作用于学生的认知发展，并且还通过情意因素促进学生认知的发展以及非认知品质（如人际交往等）的提高，同时也满足了每个学生“影响力”和“归属”方面的情感需求。一般情况下，教师将全班学生按照“组内异质、组间同质”的原则进行分组，使每个小组都有高、中、低三个层次的学生。这样分组不但有利于学生间的优势互补，相互促进，又为全班各小组之间的公平竞争打下了基础，有利于增强了小组优胜的信心，又有利于学生主体能动性的发展。

在语文深度学习的课堂教学活动中，运用小组合作互学交流展示策略，教师要注意把握好教学过程的几个关键环节：

1. 明确小组合作学习目标，达成解决目标共识

在实施小组合作学习之前，教师必须向学生讲明通过合作学习必须掌握的知识和技能，使每个小组的全体成员把学习目标当作必须完成的任务来对待。

2. 选择恰当的学习内容，指导合作学习的方法

语文教学有的内容适合于合作交流，有的内容适合于独立思考，有的内容适合于动手操作，有的内容适合于教师演示，等等。教师要根据教材内容和学生的实际情况进行选择，在选好内容的基础上，教师给学生以明确的方法指导，包括学生要做什么、以何种次序、用什么资料，等等。

3. 控制小组成员差异，鼓励学生进行互学交流

小组的成员组成必须多元化，即小组内成员之间必须有一定的差异，包括学习能力、文化背景、知识背景和性别等方面的差异。使学生能够接触到尽可能多的不同观点，增大知识面。教师引导学生进行面对面的直接交流和讨论，要学会与别人积极交流、友好相处，学会处理问题，学会接受建设性批评意见，学会妥协和谈判等。

4. 保证小组合作学习时间，提高学生合作学习效果

教师必须提供每一个学生和小组应有的充足的时间，让学生不断去思考、交流、体验和总结，在完成自己承担的任务过程中，对合作学习的内容有深刻的理解。

5. 展示合作学习成果，增进学生学习效能感

教师通过展示每个小组的合作学习成果，对小组在学习中获得的成功进行认可和表彰，对出色完成学习任务的小组给予学生认可的实质性的鼓励和表扬，不断增进学生学习的内驱力与学习效能感。

（五）创设真实情境，引导学习体验策略

语文学习的外延与社会生活的外延相同，语文教学要回归学生经验、回归社会生活已经成为语文教师的一种共识。《义务教育语文课程标准（2022年版）》强调“教师要充分发挥自身优势与潜力，积极利用和开发各类课程资源，不断增强课程资源意识。学校应积极争取社会各方面的支持，拓展资源领域、丰富资源类型；应重视信息化环境下的资源建设，关注语文学习过程中生成性资源的整理和加工，运用课程资源促进学习方式的转变”。语文教师要学会创设真实的教学情境，引导学生在真实的情境中进行学习体验。

众所周知，语文学习内容与学生熟悉的生活实际越贴近，学生就越能深度体验，越能将新观点、新概念与自己已有的知识、经验建立关联，整合建构，并在言语实践活动中迁移运用。例如，初中七年级上册第一单元的主题是“拥抱自然，热爱生活”，教师可以将作家笔下的自然与学生的现实生活紧密结合，设置“九月的校园”作为学习情境，引导学生在真实情境中，通过具体可操作的言语实践任务，强化体验，增进理解，自主构建。首先，通过“校园寻美”活动，学生运用经验、直觉、感悟，形成对学校的初步认识，增强心灵归属感；教师可借此了解学生观察、表达生活的习惯，收集、处理、分析信息的能力，分享、倾听、表达的方式，为确定初中学习起点和进入单元文本深度学习作好铺垫。其次，通过自主朗读活动使学生深度构建成为可能。为了让学生能够主动进入文本，深度理解课文，我们以“朗读”为主体活动，让学生与文本进行深层对话，去领悟作家们发现、表达自然之美的独特方式，体会作家们表达的特殊情感，最终实现有意义的知识建构、迁移、运用。最后，通过创意表达活动提升了学生的审美创造力。当学生真正与文字进行对话的时候，才能真正走进作者描绘的大自然，走进作者的心灵世界，体悟到作者的文字运用之妙，这个过程就是深度阅读的过程。当学生处于和作者相似的情境时，他们就会主动地像作家那样去观察、去感受、去表达。比如，教师可以利用课间下起的倾盆大雨，让学生走进雨里去观察雨、感受雨，他们看雨的方式和用文字表现雨的方式就会与以前不一样。课文为提升学生的审美素养提供了学习的样例，而基于真实情境的表达与交流活动，有利于学生进行深层次的思考和联想，对自然和生活产生独特的体悟，获得了丰富的审美感受。

（六）利用教学评价与反馈策略

课堂教学评价与反馈是教学过程重要的环节内容之一，它的目的不仅仅是对教师的课堂教学与学生学习效果进行评价，相反，它更是激励教师有目的性、有针对性地不断学习新方法，提高教学质量，促进学生知识、能力、态度、素养得到更好的发展。美国学者斯蒂金斯（Stiggins，R.）强调，“使用多种不同的评价方法，为学生、教师和家长提供源源不断的证据，以证明学生在掌握知识技能、巩固并达成标准方面取得了进展，就是促进学习的评价……一且有效使用，促进学习的评价总是能激发学习者对学习结果的积极反应。它会为学生提供一个清晰且友好的成就目标，然后为学生提供持续的描述性反馈，并指导学生如何改善学习质量、监控自己的学习，最终帮助学生缩小与学习目标之间的差距”。教学中常用的评价有诊断性评价、形成性评价和终结性评价。诊断性评价在于全面、准确地诊断出是否有新学习所必需的知识基础和技能、能力、态度；形成性评价在于及时反馈学习情况，以巩固、修正和调整教学；终结性评价主要在于对学习成果进行客观、公正的评定等级。从深度学习的课堂教学角度看，“形成性评价是在教学过程中即时、动态、多次对学生实施的评价，它注重及时反馈，用以强化和改进学生的学习”。教师应该更注重运用形成性评价进行评价与反馈。

依据初中学生的认知心理特点和课堂教学的规律，教师围绕教学目标，在教学评价上要善于运用激励性评价。教师必须始终把学生作为一个能动发展的主体来看待，通过各种外部诱因来满足学生兴趣、情感的需求，点燃他们的求知、进取、发展的火花，促进学生的主动学习和主动发展。例如，语文课堂教学中教师准确、生动、肯定、赞许的评价语，能极大地激发学习者的学习动机。比如课堂上对于朗读好的学生的评价：“读得真不错！听得出你是将自己的理解读出来了！”“听你的朗读真是一种享受！”“这个句子你读得多好呀！请你再读一遍，让大家仔细听听！”“老师听了你的朗读都被感动了！”等等。老师的由衷赞美会使学生在感受到巨大的成就感的同时产生积极的表现自我的欲望，产生进一步学习和发展的动力，由此创建出和谐愉快的课堂氛围。又如，教师在课堂中积极鼓励学生发现问题，提出问题，培养学生的探究能力，面对学生提出的一个个有价值的问题老师往往多加赞赏：“学贵有疑，这个问题问得好！”“你的思维很敏锐，这个问题很有深度！”“你真能发现问题，瞧！都问到点子上去了。”教师赋予学生以自我角色意识，启发他们捕捉自己的体验并进行创造。开放性问题的提出，以及及时跟进的评价语，激发了学生的探究兴趣和情感体验，学生的自主探究能力会得到较大的提升。对于课堂上比较有难度的问题，学生的理解有时不可能十分准确、全面，这时教师就要以充满爱心、饱含智慧的话语加以引导、纠正、鼓励学生回答，并注意情绪导向。如“今天你的表现真出色，只是说得还不够全面，请其他同学帮你补充，好吗？”“再想想，还可以怎么理解？”“你能进一步对你的回答作出解释吗？”这种以商量的口吻连串追问式评价语言，可引导学生向较高的思维层次递进，使学生能更深刻地对文本进行揣摩分析，由此将教学内容引向深处，使整个课堂显示出融洽和谐的氛围，提升课堂教学的层次和质量。

当然，教师除了运用形成性评价方式在教学过程中多用激励性语言对学生进行评价，还可以运用课堂教学评价量表去对整堂课进行综合评价，以便更加客观、全面地把握课堂教学。比如借助前面提到的珠海市金湾区乐晓华老师设计的初中语文“深度学习”课堂评价量表进行评价，也能够比较好地评价基于深度学习的课堂教学效果水平。

第八章　各类文体文章深度学习课堂教学实践指导

一、文学类文章深度学习阅读教学批判性思维培养指导

文学作品是作家根据一定的立场、观点、社会理想和审美观念，以语言文字为表达手段，从社会生活中选取一定的材料，经过形象化的反映客观现实，提炼加工而后创作出来的艺术。它以不同的形式（称作体裁）表现作者内心情感和再现一定时期和一定地域的社会生活。文学作品创作过程包含三个部分：创作动因、艺术构思和语言呈现。创作动因是指作家生活体验经验积累到一定程度时产生的创作内驱力；艺术构思是指作家运用艺术概括手段塑造艺术形象，构造故事情节，形成完整的艺术世界的过程；语言呈现是作家将构思成熟的艺术形象用语言表达出来的过程。在这个过程中，常常使用三个方法：艺术综合、艺术简化和艺术变形。艺术综合是把选定的材料进行重新组合形成完整艺术形象，艺术简化是对素材进行简化处理，艺术变形是作家有意将描写对象用不同于生活常态的形式表现出来，以达到某种艺术效果。在语言呈现上，要让作品“不隔”，语言就要恰如其分，富有表现力，追求独创性。文学作品类型包括戏剧、诗歌、小说、散文等。语文教材依据“文质兼美”的选材原则，从浩如烟海的古今中外名家名作中选取了大量经典性的文学作品供学生阅读学习。

（一）价值取向

文学作品的价值是多元化的，包括认知价值、审美价值、道德教育价值，等等。著名作家殷谦在其杂文集《殷谦杂文全集》里对文学作品价值做过详细论述：“作者的人格状况和人文素质是诠释文本的必要条件，也就是说，一部

作品反映了作者对读者的态度以及作者与现实之间的关系——他能不能使读者体验到诗性的意味和纯正的美感，能不能以健康积极的趣味创造一个真善美的世界；他能不能以充满同情和悲悯的情怀叙述具有人类性和社会性的经验内容，摆脱自恋和自我主义的倾向，使笔下的文字成为人们真正的精神食粮；他能不能在读者前行之路上提供温暖和光明，能不能以文化自觉客观地发现社会残缺和病象；他能不能捍卫自己的理想以及内心的尊严与自由，能不能不沦为市场的奴隶以娱乐和虚假的方式来粉饰现实及回避历史，能不能对他的读者说真话，能不能直面权力并勇于斗争；他能不能摆脱市侩对自己心灵的毁坏，能不能摆脱金钱和权力等异化性力量的消极影响，能不能以充分的教养和健全的人格来以笔为旗，文以载道…… 真正的作家以及文学作品应该包含着这几个尺度，也就是为文的普遍的价值准则。”可见，文学作品的价值由具体作家的观点立场、作品本身的性质特点和自身所包含的信息量、感染力决定，也由审美主体的知识结构、能力、人生观和价值取向所决定，这是主客体统一所产生的效应。

从文学作品创作过程看，作家创作的过程是经历着一系列的高阶思维活动，并且伴随着作家强烈的情感体验活动。而文学作品的解读过程则是，读者自始至终都要充分发挥自己的主观能动性，调动自己思想、文化方面的修养以及生活经验等各个方面的储备，并借助于联想、想象等思维方法，丰富文学作品的内容，加深对文学作品的理解，由此展开对文学作品的欣赏。同时，欣赏者在欣赏过程中并非被动依赖于文学作品的既有现实，毫无作为地兼收并蓄，而是积极发挥主观能动性，在自己生活经验和社会阅历的基础上，运用联想、想象等形象思维能力，对文学作品中的人、事进行艺术再创造，实现个性化的意义解读。《义务教育语文课程标准（2022年版）》明确要求学生文学阅读要：“①阅读反映中国革命各个时期的重大事件、伟大成就、代表性人物及其感人事迹的优秀文学作品，感悟革命领袖、革命英雄、模范人物的理想信念和奋斗精神，运用多种方式交流自己的阅读感受。②阅读表现人与自然的优秀文学作品，包括古诗文名篇，体会作者通过语言和形象构建的艺术世界，借鉴其中的写作手法，表达自己对自然的观察和思考，抒发自己的情感。③阅读表现人与社会、人与他人的古今优秀诗歌、散文、小说、戏剧等文学作品，学习欣赏、品味作品的语言、形象等，交流审美感受，体会作品的情感和思想内涵；尝试写诗歌、小小说等”。语文课标结合文学作品的创作过程、学生的阅读体验和教师的教学要求，对文学作品的阅读教学进行了明确的价值取向上的规定。因此，基于深度学习的文学作品的阅读教学要着力培养学生分析、理解、鉴赏和评价等高阶思维能力，特别是批判性思维能力的培养。

英国作家Stella Cottrell在《批判性思维训练手册》一书中指出，批判性思维是一个复杂的思考过程，涉及很多技巧和态度，包括：

（1）辨别他人的立场、论辩和结论。

（2）评价其他观点的证据。

（3）公正地权衡反方的论辩和证据。

（4）能够读出言外之意，看穿表面现象，辨认虚假或者有失公正的假设。

（5）识别出一些增加说服力的技巧，比如虚假逻辑和说服技巧。

（6）以有结构、有逻辑、有见解的方式思考问题。

（7）能够根据有效的证据和合理的假设判断论辩是否成立、是否公正。

（8）整合信息——将你对于证据的判断集中起来，以形成你自己的新立场。

（9）以一种结构清晰、推理严密且有说服力的方式介绍一个观点。

在文学类作品深度学习阅读教学中，进行批判性思维教育的直接目标是培育好的批判性思维者，即能够整合批判性思维的各种技能并加以有效运用，增强在其他学科学习和日常生活中运用这些有力工具的自信心、自觉性和具备良好判断力的人。这是文学类作品阅读教学区别于其他类型读物的鲜明教育价值取向。

（二）教学设计

从批判性思维发展的阶段看，心理学家加里森提出评价批判性思维的五阶段模型。该理论将批判性反思的过程视为一个问题解决的过程。第一阶段是问题识别技能的第一层次：基本辨识，即学习者观察或学习一个问题，确定问题的原理并观察联系，以便得出基本的理解。第二阶段是问题识别技能的第二层次：深度识别，即学习者分析问题，并得出对问题基础（如价值、信念和假设等）的理解。第三阶段是问题探究的技能——推断。此技能需要在基本的定义或推论的基础上进行扩展，包含归纳和演绎。当观点被证实后，认可或提议一个与其联系的观点，这个阶段同时包括超越现有解决方案的创造性技能。第四阶段是问题评估、适应性技能——判断。在社会背景下，评估可供选择的方案，判断需要决策、陈述、鉴别、批判或审时度势。第五阶段是问题整合技能——形成战略。提议一个协调的行动来应用解决方案，或将解决方案和决策坚持到底。

批判性阅读对读者的要求是能够在理解所读内容的基础上对其展开分析与评价，大致可以从三个层次来实现：第一层次是对文本本身的处理，即理解大意，读者的主要目标是努力抓住文本的主旨大意，基于文本信息建立立体的网状关系图；第二层次要求读者能够跳出文本，与自己已有的知识和经验建立联系，推断言外之意；第三层次是回归文本，就文本结构、写作方式、作者意图、作者观点等展开分析，并提出质疑或作出合理评价。读者在这些活动中与文本进行了充分对话，不仅能提升语言能力，更能获得思维能力训练。有的研究者指出，在文学作品教学中培养学生批判性思维的三大步骤和要领主要包括：①分辨作品中的四大要素的所在。世界（作品描写了什么）、作者（作者为什么要写这些东西，为什么要这样来描述这些东西）、文本（作者写成了什么样子，作品向我们呈现出什么样子）、读者（我对作品中描写的东西的看法、对作者的看法、对文本的看法）。②把文学作品中的世界、作者、文本和读者联系起来，理解它们之间的转换关系。并不是世界是什么样的，作者就一定会写成什么样子的，文学作品是作家对世界的“创造”；并不是作者想把作品写成什么样子就能写成什么样子的，“形象大于思想”；并不是文本里有什么读者就能得到什么，“一千个读者就有一千个哈姆雷特”。③在阅读教学过程中，逐步把教学的重点从“文本”转移到“自我”，这种转移是在不断的“自我监控”和“自我修正”的过程中完成的。这个过程，是读者自知的：他知道自己在自我监控和自我修正。这就是所谓反思。文学作品阅读教学培养学生的批判性思维，就是让学生形成一种反思的能力。

在此，以初中语文教材中的三篇课文《变色龙》《驿路梨花》和《秋天的怀念》的教学设计为例，分析一下文学类文章如何设计教学，培养学生的批判性思维的。

1.《变色龙》教学设计

第一课时

【学习目标】

1. 了解故事情节，分析奥楚蔑洛夫的人物形象。

2. 体会语言、动作、神态等细节描写的作用，学习小说通过鲜明生动的对话刻画人物的方法。

3. 理解奥楚蔑洛夫这一人物形象的深刻社会意义。

【教学重点】

体会语言、动作、神态等细节描写的作用，学习小说通过鲜明生动的对话刻画人物的方法。

【教学难点】

理解奥楚蔑洛夫这一人物形象的深刻社会意义。

【课时安排】

2课时，本课为第1课时。

【教学过程】

（一）导语引领

（1）复习小说的概念，检查预习。

（2）复习文体知识，检查预习。

（3）作者简介。

（二）浅层阅读——整体感知

（1）明确学习目标。

（2）检查字音、字词。

（3）理清文章脉络。

（三）深层学习——文本探究

进行模拟法庭。

（1）完成表格，评判奥楚蔑洛夫的判案是否正确。

表8–1 《变色龙》内容细节表

	狗主人的变化	对小猎狗	对狗主人	对赫留金
1				
2				
3				
4				
5				
6				

（2）明确奥楚蔑洛夫的人物形象及对比手法的运用。

奥楚蔑洛夫处理“狗咬人”案件时，他的态度是随着什么而变化？其中有什么是不变的？

明确：随着狗主人的身份而变化。五次变色中，奥楚蔑洛夫媚上欺下、见风使舵的本性始终不变。

（3）文章主旨探究：奥楚蔑洛夫可不可以不变？

背景简介。

明确主旨：通过描绘奥楚蔑洛夫采用见风使舵、媚上欺下的生存方式，在那种黑暗、腐朽的社会得以生存，讽刺孕育了这种奴性人格的腐朽专制的社会。

（四）深层学习

拓展延伸：以人为镜，可以知得失。

奥楚蔑洛夫的判案对不对？本文对我们的为人处世有什么启发？

（五）课堂小结和分层作业

进行课堂小结，并布置分层作业。

（六）板书设计

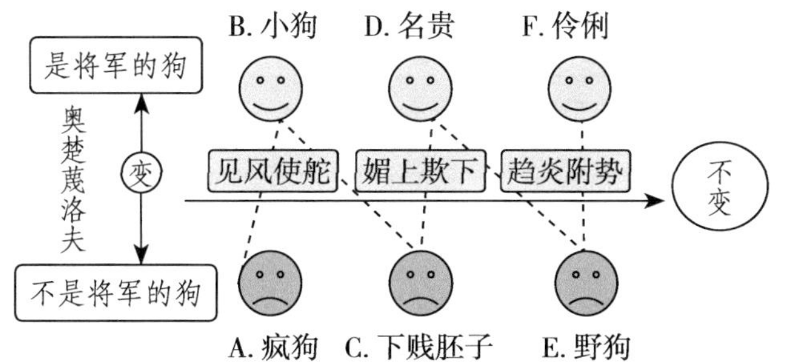

（七）《变色龙》学习任务单

《变色龙》学习任务单

班级：________ 姓名：________ 学号：________

［课前预习任务］

一、文体知识

小说是一种文学体裁，以__________为中心，通过完整的__________和具体的__________描写来__________。

1. 小说的三要素是__________、__________和__________。

2. 小说的故事情节可分为____________、____________、____________和____________四部分。

3. 小说的环境主要包括____________和____________。

［课中学习任务］

二、整体感知

（一）词语小测

就连那手指头也像是一面胜利的qí zhì（　　）。

他是个huāng táng（　　）的家伙，长官！

哎呀，天！他是diàn jì（　　）他的兄弟了……

忽然，这个贱畜生wú yuán wú gù（　　）就把这手指头咬了一口……

你那手指头一定是给小钉子弄破的，后来却yì xiǎng tiān kāi（　　　　），想得到一笔什么赔偿费了。

（二）理清文章脉络

速读课文，请用一句话概括全文。

三、深层学习——文本探究

（一）模拟法庭：完成表格，评判奥楚蔑洛夫的判案是否正确。

	狗主人的变化	对小猎狗	对狗主人	对赫留金
1				
2				
3				

续 表

	狗主人的变化	对小猎狗	对狗主人	对赫留金
4				
5				
6				

（二）奥楚蔑洛夫处理“狗咬人”案件时，他的态度是随着什么而变化？其中有什么是不变的？

（三）文章主旨探究：奥楚蔑洛夫可不可以不变？

四、深层学习

拓展延伸：以人为镜，可以明得失。

奥楚蔑洛夫的判案对不对？本文对我们的为人处世有什么启发？

［课后学习任务］

五、深度学习

知识迁移运用和分层作业。

2.《驿路梨花》教学设计

【教学内容分析】

《驿路梨花》是部编版初中语文七年级下册第四单元的课文，第四单元的教育主题是展现中华美德以及时代对这些美德的呼唤。本文是一篇表现边疆少数民族乐于助人、热情好客淳朴民风的小说，是一篇表现雷锋精神发扬光大的感人小说，也是一篇表现互帮互助良好社会风貌的小说。它采用倒叙的记叙顺序，以“我”和老余行走在深山之中一晚一早的见闻为线索，围绕“小茅屋的主人是谁”的问题展开故事情节。文章构思巧妙，层层设置悬念和误会，中心突出感人至深。题目的含义耐人寻味，尤其是“梨花”多次出现，含义丰富，在全文结构中起着不同的重要作用。

【学情分析】

我所任教的班级学生语文素质参差不齐，有一部分学生在课堂上乐于表达自己的阅读体会，而另一部分学生阅读量少，视野比较窄，习惯于在课堂上保持言语沉默。因此教师在教学过程中，必须要不断激发学习兴趣，让学生获得成就感尤为重要。初一学生正处于人生观形成建立的重要阶段，需要让学生“修身正己”，树立“榜样”的力量，从别人身上汲取营养。教师要引导学生从文章中描写的人物身上，学习感受中华民族的传统美德，从中汲取精神力量，加强学生的个人修养和行为规范。

【学习目标】

1. 我能利用略读的阅读方法，理清文章的情节和写作思路。

2. 我能通过故事背景的设置，发现作者选择的特定的时间、地点并总结其作用。

3. 我能找出文中的悬念和误会，并在课后尝试运用设置悬念的写法，独立完成一篇小作文。

4. 我能找出文中有关“梨花”的句子，理解并归纳“梨花”的内涵。并根据自己的兴趣，课后积累其他有关梨花的古诗句，丰富自己的文学储备，拓宽自己的视野。

5. 我能在阅读文章的基础上，解决实际问题，并提出自己的看法和体会。

【教学重难点】

1. 学习略读，理清文章的情节写作思路。

2. 明确故事背景下时间地点设置的重要性及作用，分析设置悬念和误会的写法。

3. 通过精读，理解“梨花”的内涵。

【课时安排】

1课时。

【教学过程】

（一）问题导入，激发兴趣

读完文章，你有怎样的阅读感受？

［**设计意图**］利用阅读感受，去激发学生深入探究文章的兴趣。兴趣是最

好的老师，能够有效引导学生进一步思考自己为何有这样的感受呢？可以进一步培养学生自我反思、深入分析的能力。

（二）梳理文章，分析手法

1. 活动：关注背景，分析起笔

学习任务：朗读文章的开头部分，圈画出故事发生的时间和背景，说一说作者为什么要这样设置？

评价标准：圈画准确得两颗星，回答或思考与总结相符即可再得两颗星。

［**设计意图**］“没有背景，任何事情都不可能发生。”作家在进行创作的时候，首先也要给自己的故事创设一个吸引读者的背景。这往往是学生在阅读和写作时，常常忽略的。通过发现作者选择的特定的时间、地点并总结其作用，教学生如何通过“读”来促进提高自己“写”，将读写结合起来。

2. 活动：找出悬念误会，揭开神秘面纱

学习任务1：略读文章，找找文章设置了哪些悬念和误会？

评价标准：每找对一处空得一颗星，意思和文本相似即可。

方法总结：找到悬而未解的核心问题，明确设置悬念的方法及作用，可以使文章情节一波三折，环环相扣。

［**设计意图**］本文悬念的写法贯穿全文，引导学生去感受悬念写法的独特与妙处，能够学以致用。

学习任务2：揭开悬念，梳理相关情节，解决核心问题：“谁是小木屋的主人？”

评价标准：能准确判断“所有人”都是小木屋的主人，得一颗星。

方法总结：略读“小木屋”的相关情节，找到关键词。

［**设计意图**］文章的悬念设置往往与事件、人物、情节紧密相关，引导学生关注文本，从文本中找到依据，进一步思考理解。

（三）深入“梨花”，理解内涵

学习任务：找出有关“梨花”的句子，并说出其内涵。

评价标准：通过文本挖掘出浅层次的得一颗星，深层次具体的精神品质可再得两颗星。

［**设计意图**］通过这一环节，引导学生挖掘文章主题的深层含义，提高学

生深度思考的能力。

（四）活学活用，情境实践

学习任务1：小组活动（任选题目解决）。

利用刚刚学过的知识，思考《驿路梨花》这个标题，妙在哪里？

如果换个标题，你会拟什么标题？

评价标准：能将标题拆解成“驿路”“梨花”两部分，可得两颗星，并且能考虑从手法入手，可以再得一颗星。自拟标题能围绕“内容”“主旨”“手法”来答亦可。

［设计意图］通过这一学习任务，整合前面学习的内容，活学活用，激发学生学习的积极性。

学习任务2：设置情境，公交车上，人头攒动，一位健康的男青年坐在爱心座位上，此时有一位老人哆哆嗦嗦地抓住扶手，倚靠在一旁，看到这番情景，你会怎么做？

评价标准：考虑“称呼是否恰当、用语是否礼貌、劝说语气是否委婉”这三方面，达到一面即得一颗星。

［设计意图］设置情境，解决实际问题，并提出自己的看法和体会。

（五）总结评价，以读促写

1. 学生盘点收获

学生总结本课所学所获。

2. 了解写作意图，教师小结寄语

材料：“文革”中我经受了许多磨难。我的7年监狱生活更是走俏的题材，但是我却没有写这些。因为作家总是急于写他最关注的事，所以我“文革”后写的第一篇作品是传递美好的情感。

3. 布置作业，拓展延伸

（1）读一读《闻武均州报已复西京》，并积累摘抄有关梨花的古诗句。

（2）请以“梨花就在我身边”为题，尝试设置悬念，介绍发生在你身边的动人事迹（400字左右）。

（六）板书设计

小茅屋		梨花　乐于助人的精神
主人	所有人内涵	善良　淳朴的民风
		互帮互助的社会公德

3.《秋天的怀念》教学设计

教材：部编版人民教育出版社　语文　七年级上册

【教学目标】

1. 学习并积累本课的生字生词。

2. 正确、流利、有感情地朗读课文，理解课文内容，感受文章蕴含的浓烈情感。

3. 学习运用动作、神态、语言、心理等多种描写方法刻画人物，表达情感。

4. 探究课文蕴含的思想感情与育人价值，进行思政教育，培善学生优秀品格。

【教学重点】

1. 通过朗读理解课文的思想感情。

2. 培养学生关注本文细节，在课文动作、神态、语言等多种描写细节中品味深沉细腻的母爱与作者的悔恨之情。

【教学难点】

让学生联系自己的母亲，来谈对课文情感的感受。

探究课文的育人价值，进行思政教育。

【教学理念】

贯彻“深度学习”教学理念。以学生为中心，让学习在课堂中真实发生，发展学生思维，指向育人教学，落实学科核心素养。从学生的角度、学生的视角进行教学设计。

【教学方法】

采用朗读法、任务驱动法、合作探究法实施教学。

【课时安排】

2课时。

【教学过程】

第一课时

（一）创设情境，激趣导入

让学生背诵古诗（或放映电影视频）导入新课学习：唐朝诗人孟郊，写了一首诗歌《游子吟》，同学们会背诵吗？（让学生齐声背《游子吟》），你认为在这首诗歌中表达了什么样的思想感情？（预设：母爱）

今天我们来学习一篇表现母爱的散文《秋天的怀念》（PPT显示）。

（二）朗读课文，整体感知

1. 活动：准确朗读课文，学习生字生词

学习任务：

（1）自由朗读，读题目，作者，课文，并将课文中的生字词圈出来。（5分钟）

（2）给生字词注音。（2分钟）

瘫痪（tān huàn）	暴怒（bào nù）	沉寂（chén jì）
侍弄（shì nòng）	捶打（chuí dǎ）	憔悴（qiáo cuì）
央求（yāng）	絮絮叨叨（xù xù dāo dāo）	诀别（jué bié）
淡雅（dàn yǎ）	高洁（gāo jié）	烂漫（làn màn）
翻来覆去（fān lái fù qù）	仿膳（shàn）	整宿（xiǔ）
豌豆（wān）		

（3）反复朗读生字词，识记生字词字形。（2分钟）

（4）课堂小检测：关上教材，听写生字词；展示检测结果。

自评分：一个词20分，错一个字扣3分。

瘫痪　憔悴　诀别　絮絮叨叨　翻来覆去

学习要求：①读生字词（1分钟，要求：注音的字词反复读，不会读的问老师）；②识记生字词（1分钟）；③听写。

2. 活动：朗读句子，理解生词含义

学习任务：

（1）教师PPT展示句子，学生朗读。

（2）理解生词含义。

预设：

① 母亲喜欢花，可自我的腿瘫痪后，她侍弄的那些花都死了。（经营照管）

② 可我却一直都不知道，她的病已经到了那步田地。（地步，境地）

③ 她常常肝疼得整宿整宿、翻来覆去地睡不了觉。（来回翻身）

④ 她憔悴的脸上现出央求般的神色。（形容人瘦弱，面色不好看）

⑤ 我的回答已经让她喜出望外了。（遇到出乎意料的喜事而特别高兴）

⑥ 她也笑了，坐在我身边，絮絮叨叨地说着。（形容说话啰唆唠叨）

⑦ 看着三轮车远去，也绝没有想到那竟是永远的诀别。（指不再相见的分别）

⑧ 黄色的花淡雅，白色的花高洁，紫红色的花热烈而深沉，泼泼洒洒，秋风中正开得烂漫。（指菊花开颜色鲜艳而美丽）

学习要求：

（1）大声朗读，理解生词在句中的含义。（1分钟）

（2）把解释写在括号中，不会填的查词典或者找同学讨论。（2分钟）

（3）展示交流并识记生词含义。（1分钟）

3. 活动：熟读课文，理解内容，体会思想感情

（1）指导朗读。

朗读要求：正确、流利、有感情。

朗读技巧：①把握文章的感情基调（预设 全文感情基调：深沉而忧伤，叙述语气平静而内敛，具体见教材）；②朗读时注意重音、停顿、语气、节奏（预设：语气表示语调的上扬、下降和延长；节奏表示朗读时的抑扬顿挫、轻重缓急）；③边朗读边感悟，并有自己的感受。

（2）根据指导内容，逐段朗读课文，同时思考问题。

① 这篇文章的线索是什么？

② 围绕线索写了几件事？

③ 课文表达了什么思想感情？

④ 从课文中的叙述，看出作者与母亲身体状况如何？

⑤ 在你理解内容体验了本文丰富的感情后，请以“________怀念”自拟题

目，先补充完整，再说明理由。

⑥ 作者却取题为《秋天的怀念》，为什么？（可追问：秋天怀念的是谁？为什么怀念？为什么会在秋天怀念？）

PPT展示：（以思维导图形式呈现课文主要内容）

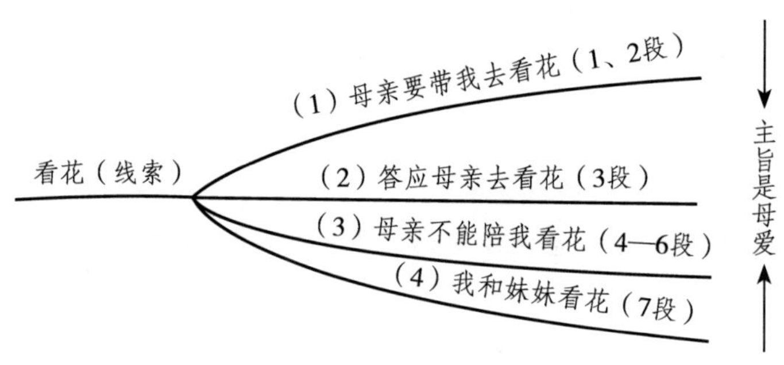

图8–1 《秋天的怀念》思维导图

学生展示朗读学习成果：重点讨论交流④⑤⑥三个问题。

（三）课堂教学小结

让学生回顾本节学习的过程，并谈谈课文学习的收获。

（四）课堂测评练习

（1）抄写本课生字生词。

（2）根据对课文的理解，完成填空，概括全文。

本文以________线索，记叙了________、______、________、________四件往事，表达了深沉、无私的________与作者的________思想感情。

从上述三篇课文的教学设计可以看出，课文《变色龙》紧紧围绕“奥楚蔑洛夫这一人物形象的本质及其深刻社会意义”核心问题去开展深度阅读和教学，教师在学生对文本浅层阅读、整体感知的基础上，设计了模拟法庭和两个关键问题引导学生深入探究文本，这两个问题即一是奥楚蔑洛夫处理“狗咬人”案件时，他的态度是随着什么而变化？其中有什么是不变的？二是奥楚蔑洛夫可不可以不变？学生在完成填表的基础上，通过对这两个关键问题的解决，更好地培养他们批判性思维能力。同样地，《驿路梨花》围绕“梨花和小茅屋的主人”设计一系列问题和活动去深度解读文本，《秋天的怀念》则是以理解文本蕴含的“伟大的母爱”为核心去组织深度学习与教学活动。因此，文学类文章的教学要着力于引导学生深度阅读文本，以问题为抓手启发学生的思维兴趣，促进学生不断去开展分析、理解、鉴赏、评价等高阶思维活动，逐步培养学生良好的批判性思维的能力。

（三）教学实施

语文教师在文学类文章阅读教学过程中，要敢于、善于突破传统思维，按照“真实、合理”原则，以质疑、批判的眼光去审视和发现文学类作品可批判的空间，深入剖析，提出独到见解和独特体验。最终使“教什么”更合理，更接近“文本价值”和“读者意义”，以此发展学生批判性思维能力。因此，依据初中语文“深度学习”的课堂教学基本模式，结合文学类文章侧重培养学生批判性思维能力的要求，教师在确定好教学目标的基础上，可以围绕“五步教学法”（导、读、悟、用、评）每个环节去设计问题与活动，精心组织教学过程，引导学生深度学习，培养学生批判性思维能力。

1.“导”的环节

精心设疑，激发学生的“批判”意识，调动学生思维积极性。学起于思，思源于疑，学生的批判性思维往往是从产生疑问开始的，质疑是批判性思维的显著特点之一。教师在文学类文章阅读教学中精心设疑，创设问题情境，才能更好地调动学生学习的积极性和主动性，达到教与学的目的。例如，语文特级教师余映潮在教学课文《孔乙己》时，在“导”的环节精心设计安排了这样一个主问题：说说孔乙己与“酒”。要求同学们围绕“孔乙己与‘酒’”自读课文，从课文的人物、场景、情节、结构等方面读一读，写一写，并说说自己的阅读所得。这个问题及学习要求的出现，打破了那种让学生泛读课文、抄写字词、标明段落、理解层次的习惯性讲读思路。它激发了学生的求知情绪，把学生引入了课文，也把学生引入到专心致志、全神贯注的阅读心理境界。学生会立即被这个问题吸引，目光深深地进入课文，开始对课文进行整体性感知阅读。又如，有位教师在教学课文《鲁提辖拳打镇关西》时，先向学生提出了“鲁达与武松，谁是真英雄”的疑问。这一问激起了学生极大的兴趣，尤其是男生，纷纷表达自己的看法。认为鲁达是第一英雄的，列举了鲁达路见不平，拔刀相助的种种义举：说他救了金翠莲，害得自己做不了军官而只好做了和尚；说他野猪林救林冲，连和尚都做不成而只好上二龙山落草；说他的这些行为都不关自身利益，这是真正的英雄所为，武松比不上他。说武松才是真英雄的，则干脆以武松与鲁达在犯下人命案子后的不同表现为证——武松在血溅鸳鸯楼之后，光明磊落地在墙壁上题写了“杀人者打虎武松也”八个大字，坐不改名，行不改姓，一人做事一人当，是真英雄之风范；而鲁达，三拳打死了郑屠，便寻思“洒家须吃官司，又没人送饭，不如及早撒开”，并“一头骂，一头大踏步去了”。所以有学生认为，鲁达救金翠莲是够仗义的，但事后畏罪潜逃无疑是不够英雄的。尽管学生的这些争论各有千秋也各有偏颇，但他们能结合对作品的独特理解来评价人物形象，这正是培养他们批判性思维的良好契机。

2.“读”的环节

教师引导学生朗读课文，理解、体悟学习内容的价值。该教学环节旨在用朗读的方法让学生思维进入文本，思维与作者写作思路共进，情感与作者产生共鸣，在朗读中理解、思考问题并产生质疑，达到“以读促思”的效果。文学类文章往往文质兼美、声情并茂，朗读对于文学作品的阅读教学是一个重要而有效的方法。教学中师生共同参与，以诵读为主线贯穿教学过程，以读代讲，让学生直接感受文本，培养良好的语感，激发对文学作品的兴趣，提高阅读文学作品的能力。教师要主动引导学生朗读，精彩的诵读就是对于原作的生动阐释，善于运用朗读去开展文本的学习，会有很好的效果。在文学类文章的教学中，依据批判性思维培养的层次要求不同，运用朗读方法去进行阅读活动的有初读、研读、品读等的区分。一般而言，初读课文进行整体感知，就是对课文内容、情感、表现手法、作者思路、文章脉络有一个大致的把握。它是学生着眼于全篇，通过自己主观感知，综合运用学过的各种语文知识，对阅读材料进行宏观的理解，为开展批判性思维活动奠定基础。例如，有位教师在教读《木兰诗》（人教版七下）时，以读为基础，通过读去感觉，去联想，去认知。这节课上，他围绕文本的“读”设计了这样的一个问题：《木兰诗》朗读节奏前后文有变化吗？为什么要有变化？带着这个问题，先让学生读准字音，然后再读准节奏，学生边读边体会，或默读或大声朗读，或集体读或个别读，很快学生就体会到文本前四小节节奏急促，渲染了即将奔赴战场的紧张忙碌的气氛。而后面三小节则是舒缓轻松的节奏，让人感觉到了喜庆和平的氛围。这就是朗读的力量，学生就这样一遍一遍地朗读，就能慢慢走进人物的内心，读出味，读出情感，读出意境，进入角色，感受巾帼英雄替父从军的传奇形象。

3.“悟”的环节

教师引导紧扣思考问题，探究问题答案。教师旨在通过组织学生开展课堂学习活动，让学生在课堂中真实地进行学习与感悟，引导学生积极思考，悟得问题答案并解决问题，形成“以悟促解”的效果。为了深入理解文本主旨、思想感情或人物形象等关键的问题，语文教师要尽可能地紧扣教学主目标，寻找到牵一发而动全身的切入点，设计出能够“一石激起千层浪”的问题，给学生以探究的广袤天空，并起到启发思维的作用。找到文本研读的问题的突破口就是找到了走进文本，走进作者心灵大门的钥匙，由此教师让学生通过朗读或与文本的充分对话、自主感悟之后加深对文本的理解、感悟、启迪。例如，语文特级教师余映潮在《孔乙己》的教学中，选择了“赏析孔乙己的四次脸色”作为理解文本的切入点，引导学生深入理解和把握人物形象。其课文教学过程摘录如下：

赏析脸色

1. 跳读课文，分析特点

从文中画出描写孔乙己脸色的句子，思考分析这些描写表现了人物怎样的特点？在画出的句子旁边作简要的点评。

2. 赏析四次脸色

学习方式：学生交流，互动评价，教师点拨。

（1）“青白脸色，皱纹间时常夹些伤痕。”这是孔乙己最初出场时的脸色。

问题：“青白脸色”说明了什么？你从本段哪句描写当中还能看出这一点？

穷困潦倒，没有进学，又不会营生、好吃懒做，温饱得不到保障，弄到将要讨饭了；“穿的虽然是长衫，可是又脏又破，似乎十多年没有补，也没有洗”一句也可以看出。

这些描写表现出孔乙己经济地位的低下。

（2）“孔乙己便涨红了脸，额上的青筋条条绽出，争辩道，‘窃书不能算偷……’”这是孔乙己被揭发偷了人家的书时的脸色。

问题：①你觉得这句中哪个词用得生动传神？②他是怎样争辩的？“窃”

和“偷”有什么区别?

①“涨”写出孔乙己羞愧、急切、竭力争辩的样子，表现他死要面子的特点。

“绽”使人感到孔乙己额上暴起的青筋似乎清楚可数，逼真地表现出孔乙己当时的神情。

②一样的意思，一个是书面语，一个是口语，可孔乙己却认为不可相提并论。他宁肯承认“窃”而不肯承认“偷”，为什么?揣摩一下孔乙己的心理。

在他看来，“窃”比“偷”似乎高人一等，何况他“窃”的是与读书人密切相关的书，这就更高人一等了。其实这是强词夺理，自欺欺人。

（3）“孔乙己显出‘颓唐不安’模样，脸上笼上了一层灰色。”这是孔乙己被人问怎么连半个秀才也没有捞到时的脸色。

问题：为什么会颓唐不安?从“灰色”的脸色，你读出了怎样的心境?“笼”有怎样的表达效果?

读书、科举、做官是孔乙己一生最大的梦想和追求，屡试不第成了他一生的奇耻大辱，是他最大的痛楚，无可争辩，只好掩饰；“灰色”写出他颓唐悲凉的心境；一个“笼”字说明这种灰色不仅笼罩在他的脸上，还笼罩在他的心里，笼罩了他悲剧的一生。

（4）“他脸上黑而且瘦，已经不成样子。”这是孔乙己最后一次出场时的脸色。

问题：通过“黑而且瘦”想象一下孔乙己受到了怎样的折磨?过着怎样的生活?（学生回答恰当即可）

孔乙己这样悲惨的境遇，招来的仍然是“笑声”。

学生读第11段最后一句。

教师指导：孔乙己在别人的笑声中出场，又在别人的笑声中离去。纵观全文任何人在任何情况下都可以取笑他，尤其是取笑他的不幸。于漪老师说：“孔乙己是一个悲剧，悲剧使人泪下，可是我们读了文章以后，眼泪不会夺眶而出，而是感到内心一阵痛楚。”这就是因为孔乙己的悲剧是在笑声中进行的，足见社会的冷漠。同时也可以看出，他极其低下的社会地位。

问题：还能从哪里看到他的地位低下?

例如名字的由来，“没有他别人也便这么过”，被丁举人打，连小孩子都不愿理他，人们记得的是他欠的钱等。

教师小结，纵观四次脸色，青白—红—灰—黑而且瘦，脸色的变化充分体现了孔乙己的好吃懒做、死要面子、自欺欺人的性格特点，体现了他低下的经济地位和社会地位，一步步预示着他的悲剧命运。

从余映潮老师的这个教学片段，我们看到了他教学过程中能够紧紧围绕教学目标和核心问题去进行，通过指导学生朗读和提问，做到以读促思，读思结合，引导学生深入思考问题，发展高阶思维能力。

4.“用”的环节

即运用习得知识、能力、思维方法解决新问题，达到学以致用。文学类的文章有丰富的批判性思维训练的内容，教师要充分利用教材中具有批判性思想的课文和课文中的批判性因素，指导学生进行批判性思维训练。例如，在《故乡》的人物分析教学环节，教师可以改变传统的以教师为主导的教学模式，要求学生以书写“人物传记”的方式，抒发自己对小说中每个人物的理解和感受，同时，鼓励学生对彼此的观点进行交流与分享，使学生在观点的碰撞与思想的交融中大胆质疑、各抒己见。由此，全班学生，甚至包括教师，都尝试从新的视角来认识闰土这个人物。教师通过鼓励学生大胆质疑，能够促使学生形成批判性思维。又如，对于语文教材中《项链》这篇文章的解读，许多年来，对女主人公玛蒂尔德的看法与评价，几乎是一致的：她是一个被资产阶级虚荣心腐蚀而导致丧失青春年华的悲剧形象。语文教学参考书上是这样写的，学术文章是这样分析的，许多语文老师也都这样讲。有位教师一改传统的阅读视角与思维定式，从培养学生批判性思维的角度设计思考题，让学生从女主人公玛蒂尔德丢失项链的前前后后的行为表现，去评价玛蒂尔德到底是个怎样的女性？学生在反复阅读与思考讨论中，深刻地认识到：当我们说玛蒂尔德的爱慕虚荣是其性格第一内涵时，不能忘记她的性格中还有其他依然本质的东西，那就是善良、诚实、质朴的本色。这种新的认知与评价，就是对传统语文教学参考书关于女主人公玛蒂尔德评价的一种超越，也是学生批判性思维发展的一种证明。

5.“评”的环节

教师进行总结评价。教师可以依据初中语文“深度学习”课堂评价量表对课堂教学进行整体的、综合的评价，形成对教师的教和学生的学有一个全面的认识。也可以结合文学类文章在批判性思维培养上具有的独特价值，针对文学类文章在培养学生批判性思维的效果上进行专门评价。从研究者对批判性思维的评价标准的研究看，它的评价指标有九个：

（1）清晰性。清晰性是思维的基础也是批判性思维的基础目标，要求免除混淆或含糊，消除晦涩，使人们能较好地理解话语。

（2）正确性。正确性蕴含着一个人获得与事实或真理一致性的积极实践。

（3）精确性。精确性是正确、明确和确切的质量要求，达到精确性需要更详细、具体的陈述和解释。

（4）一致性。一致性是批判性思维者的基础理念，要求思考、行动或说话与先前早已思考的、做的或表达的相一致。

（5）相干性。相干性说的是陈述与当下的内容相关联，它意味着考虑的事情是重要的、有密切的逻辑关系。批判性思维者必须能知道与问题相干的和不相干的事实之间的区别，把自己的注意力聚焦于相干事实，并且不让不相干的考虑事项影响他们的结论。

（6）逻辑性。逻辑性是支撑信念和行为的理由是否具备合理性的问题，逻辑性的标准要求推理只能得出理由所提供的那种可接受性强度的结论。

（7）深度。表现为批判性思维者能深入追溯一个问题，全盘把握一个思考或讨论的广泛过程的各个方面。他们对所获悉的详细资料产生自己的理解，将它们置于学科的大构架和他们的全面视角之下，他们沉思所研究的主题和问题背后的重大难题和疑问。

（8）广度。表现为批判性思维者借助许多学科的相关概念、知识以及洞察来分析问题。

（9）公正。表现为批判的思考者必须考虑对立观点的力量与弱点；想象把自己置于他人的处境，以便真诚地理解他们。

语文教师可以从批判性思维评价指标的九个方面，制作评价量表，去考察学生在文学类作品深度学习活动中的批判性思维的发展水平。

（四）教学评价

对文学类文章深度学习过程中学生批判性思维过程及成果，教师要给予适当的评价，坚持正面观察，多肯定，多表扬，多鼓励，实行多元评价，避免以答案论英雄，以免挫伤学生的思维积极性。具体而言，教师要做到三点：

1. 创设民主氛围，实施积极评价原则

教学过程中，学生表现出来的批判性思维有的具有积极意义，有的具有消极后果，这需要教师及时作出鉴别及评价。对学生来说，他们往往十分在意教师对自己行为的反应，教师善意的微笑、轻轻的点头、认真的倾听、略带惊讶的神色、责备的眼光，都会对学生的心态和行为产生影响。由于教师与学生的这种对话与交往指向学生的心理动力方面，因此可以把它称为控制性对话与交往。一般认为，教师对学生行为的控制应更多地采用激励的方法，而不宜采取粗暴干预的态度。激励能使学生处于愉悦、自信的心态之中，有利于学生内在潜力的激发和批判性思维的活跃。即使出现课堂上那些貌似不和谐的“杂音”，只要教师评价得当，引导得法，也是一种极为可贵的教学资源。

2. 注重方法，促进学生批判性思维发展

（1）多用实质性评价。听课过程中，我们常常被学生的见解震撼，让我们感受到正确有效的引导在激发学生思维和创造一切方面的可能性。与此同时，我们不得不为教师的评点而汗颜：“你真聪明！”“真棒！”“太好了！”课堂上充斥的常常是这些流于表象的过分热情的表扬式评点，而缺少让学生知道自己之所以被称赞的实质性评点。因为教师的评点很难预设，都是在动态的课堂中生成的，所以教师在学生回答问题时，一定要认真倾听，否则就无法在瞬间抓住学生说话的关键点，评点就自然会用通用的表扬式。其实教师的点评对那些个性化的充满批判性思维的精彩发言是否被其他同学接受至关重要。

（2）适度运用延迟性评价。即时评价常被教师采用，但其对学生学习过程、知识和能力的生成过程缺乏应有的观照。实行延迟性评价，允许一部分学生经过一段时间的努力和知识与技能的积累后，逐步达到学习目标，比即时评价更有积极意义。既尊重了学生的个性差异，给了学生心理安全，又保护了学生的自尊心和学习兴趣，让学生觉得教师对自己是充满希望的，这样也更利于培养学生的批判性思维。

3. 评价主体多元，发挥学生评价的主动性

课堂教学过程教师的评价是主导的，但也要变学生这个评价客体为评价主体，鼓励学生对课堂上学生所表述的一些批判性意见进行互评或自评，在师生、生生的对话与思维碰撞中，进一步深化学生对文本的理解与体悟，发展他们的批判性思维能力。

二、信息类文章深度学习阅读教学培养思维方法与思维品质指导

所谓信息类文章就是对非文学类文章的一个统称，主要是为了获取和使用信息，为了了解周围的世界和社会，具有较强的实用性，包括传记、新闻、调查报告、杂文、评论、科普文章等。初中语文教材中的说明文、议论文等都可以归属信息类的文章。信息类文章的最大特点在于其明确的信息传达、清晰的观点阐述和科学的判断推理，可以锻炼学生理解词语、提取信息、整体感知、综合分析、做出解释等能力。因此，对信息类文本深度学习阅读教学要注重培养学生知识掌握的牢固性、思维的深刻性和组织运用语言的灵活性。

（一）价值取向

同文学类文本阅读相比，信息类文本阅读需要更多的理性思维和分析能力，注重思维方法和思维品质的培养。

思维方法是人们通过思维活动为了实现特定思维目的所凭借的途径、手段或办法，也就是思维过程中所运用的工具和手段。思维品质实质是人的思维的个性特征。思维品质反映了每个个体智力或思维水平的差异，主要包括深刻性、灵活性、独创性、批判性、敏捷性和系统性六个方面。不同文体的信息类文章实际上体现出作者不同的思维方法和思维品质。一般而言，说明文是一种以说明为主要表达方式的文章体裁。它对客观事物做出说明或对抽象事理的阐释，使人们对事物的形态、构造、性质、种类、成因、功能、关系或对事理的概念、特点、来源、演变、异同等能有科学的认识。说明文的特点是中心鲜明突出，文章具有科学性，条理性，严谨性，语言确切生动。议论文是一种剖析事理，论述事理，发表意见，提出主张的文体。作者通过摆事实、讲道理、辨是非、举例子等方法，来确定某观点正确或错误，树立或否定某种主张。议论

文具有观点明确、论据充分、语言精练、论证合理、有严密的逻辑性的特点。科普文是一种把已有的科学知识、科学方法，以及融于其中的科学思想和精神，通过文字的方式表达出来，而使之成为读者所能理解的文章。科普文的特点表现为科学性、思想性、通俗性、艺术性和知识性。从上述所列举的三种信息类文章的内涵及特点看，以它们作为深度学习的文本对象，可以让学生在掌握知识概念，把握文章基本观点，弄懂文本逻辑关系，理解思想方法等过程中，逐步培养学生良好的思维方法和思维品质。

（二）教学设计

在教学信息类文本时，首先最好确立一个明确的目标。目标要尽量做到具体，有可测性，便于对学生的阅读行为进行监控和评价。要在阅读的过程中鼓励学生不断地问“文章想说什么”，要能用自己的话准确地概括出文章的主要观点。要把文本的重心落到主要的内容和关键的信息上，以使学生迅速而准确地掌握关键词的技能得以提高，还要注意培养筛选文本重要信息提取的能力。其次，要注重培养学生归纳整理提取信息的策略和方法。阅读过程中，重点是要理解文本、整理信息、培养理解能力和概括推理想象能力。若想深入的理解文章究竟讲了什么，便要跳脱出文本，站在文本之外去客观地看待文本，对其进行批判性的思考，但不管评价角度如何，教师应抱有明确的是非曲直的标准。我们阅读的目的不是单纯接受作者的意图，而要学会举一反三，触类旁通，最终的目标是把学到的东西应用于实践。

在此，我们以初中语文课文《大自然的语言》《无言之美》为例，分析一下信息类文章深度学习的教学设计：

1.《大自然的语言》教学设计

第一课时

【教材分析】

《大自然的语言》选自部编版八年级下册第二单元第五课。本单元课文均为事理说明文，学习本单元，要注意理清文章的说明顺序，筛选主要信息，读懂文章阐述的事理；还要学习分析推理的基本方法，善于发现问题、思考问题、质疑问难，激发科学探究的兴趣。

《大自然的语言》从一年四季的物候变化谈起，形象说明什么是“大自然的语言”，在此基础上自然引出什么是物候和物候学，以及物候学对农业生产的重要性，和决定物候现象来临的四个因素，最后说明物候学对于农业生产的重要意义，思路清晰，语言兼具准确性与生动性。本节课以三个教学活动“理全篇结构，习梳理方法”“识段落铺展，明物候原理”“赏语言特色，作物候小诗”为串联，主要致力于培养学生的思维方法与思维品质以及提升学生语言文字的运用能力。

【学情分析】

八年级的学生对说明文有了一定的认识，上个学期曾系统地学习过事物说明文，对于说明对象、说明顺序、说明方法这些说明文的文体知识已经有所了解。但由于学生平日较少阅读说明文，在理清文章思路与说明顺序以及语言鉴赏方面比较欠缺。

【教学目标】

1. 梳理文脉，理清文章思路与说明顺序。

2. 聚焦文字，品味语言特色。

3. 学习分析推理的基本方法，激发科学探究的兴趣，培养思维方法及思维品质。

【教学重难点】

1. 理清文章思路和说明顺序。

2. 聚焦文字，品味语言特色。

【课时安排】

2课时。

【教学过程】

（一）问题导入，激发兴趣

请从文章中找一个短语或短句，替换标题“大自然的语言”，并说明替换的理由。

方法总结：浏览全文，找出文章中反复出现的词语。

［**设计意图**］标题，往往是一篇文章的文眼。“授之以鱼，不如授之以渔。”紧扣标题去读懂文章，是学生可在自主阅读中迁移运用的有效的阅读方

法。通过替换标题的形式，引领学生品味富有意蕴的语言，培养学生直觉思维的敏捷性。

（二）读文明理，理清思路

评价标准：能正确判断说明顺序得两颗星，能结合文本分析原因得三颗星。

1. 活动：理全篇结构，习梳理方法

学习任务：快速浏览全文，圈画批注《大自然的语言》中的关键语句，理清课文思路，并补充填写结构导图。

评价标准：每填对1空得一颗星，意思与文本相符即可。

方法总结：关键词句来引路，层次结构超清楚。

［**设计意图**］以课文为范例，提炼科普说明文的阅读方法——提取关键句子，由“学”上升到“学会”。

2. 活动：识段落铺展，明物候原理

学习任务1：精读第7—10段。

思考：《大自然的语言》中第7—10段说明物候来临的决定因素时，采用了怎样的说明顺序？你认为，这样的说明顺序是出于什么考虑？（三颗星）

［**设计意图**］通过这一环节，指导学生理清说明顺序，体会文章条理性。同时，让学生明白，这种条理性既表现在文章的整体，也表现在文章的局部。推敲层次严密的结构，培养学生逻辑思维的深刻性。

学习任务2：运用文中习得的知识，解释材料当中的物候现象。

材料一：两个月前，在广州，看见了玉兰花开；两个月后，在北京，又看见了玉兰花。玉兰花呀，我说，你走得多慢哪！费了两个月工夫，你才到了京华。

——郭沫若《玉兰和红杏》

材料二：人间四月芳菲尽，山寺桃花始盛开。长恨春归无觅处，不知转入此中来。

——白居易《大林寺桃花》

评价标准：能正确运用文中的物候知识得一颗星，能用自己的话解释材料当中的物候现象得两颗星。

［**设计意图**］引领学生学会在生活中运用物候知识，培养学生结合文本综合、分析的思维方法，激发学生热爱自然进而认识和了解自然的热情。

（三）赏析语言，学以致用

学习任务1：

思考：比较下面两段文字的不同特点，体会说明文语言的生动性和准确性。

杏花开了，就好像大自然在传语要赶快耕地；桃花开了，又好像在暗示要赶快种谷子。布谷鸟开始唱歌，劳动人民懂得它在唱什么："阿公阿婆，割麦插禾。"

此外，物候现象来临的迟早还有古今的差异。根据英国南部物候的一种长期记录，拿1741到1750年十年平均的春初七种乔木油青和开花日期同1921到1930年十年的平均值相比较，可以看出后者比前者早九天。就是说，春天提前九天。

评价标准：能正确体会说明文语言的特点得两颗星，能结合文本分析得三颗星。

学习任务2：根据第一、二段的内容改文为诗或自主发散思维，以春、夏、秋、冬为时序，自主创作一首小诗，向《自然》杂志投稿，题目自拟。

截稿日期：2022年3月12日。

评价量表：（做到一点，则得一颗星）

表8-2　评价量表

评价类别	紧扣主题	意象贴切	用词精练	运用修辞手法	音韵和谐
摘星数					

［**设计意图**］通过这一环节，引导学生品味本文生动、准确的语言，增强学生的语言感悟与运用能力。

（四）总结评价，巩固效果

1. 介绍作者，概括课堂收获

简介作者，一句话谈课堂收获。

2. 布置作业，拓展探究

（1）预习作业：说明事理有许多方法，如举例子、作比较、列数字、引用等。试从课文中各找出一个例子，说说其作用。（在课本上做批注）

（2）巩固作业：

① 修改你课堂创作的物候小诗，向《自然》杂志投稿。

② 阅读《一门丰产的科学——物候学》原文、《竺可桢的大自然日记》、《第一朵杏花》，思索影响物候现象来临的原因。

③ 这篇文章总结了物候现象来临的四个决定因素。课外查找资料，或根据自己的观察、体验，为课文补充一些例证，还可以探究一下是否有其他决定因素，把你的探究所得写下来。

备注：A层同学完成（1）、（2）①③项作业；B层同学完成（1）、（2）①②项作业；C层同学完成（1）、（2）①项作业。

［**设计意图**］依据学情，分层布置作业，让每一个学生都能学有所获、学以致用。

（五）板书设计

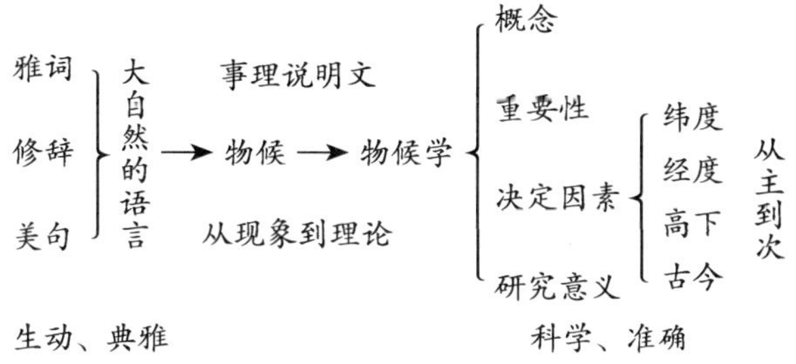

（六）课后作业任务单

《大自然的语言》课后作业任务单

班级：________　　姓名：________

一、巩固作业

1. 速读以下文段，用“提取关键词句”的方法快速梳理文章思路，在文中做好圈点勾画。

现代科技的发展日新月异，智能手机的出现在众多方面都表现出突出的优势。

智能手机的出现给我们的生活带来了便利。智能手机可以和电脑一样上网购物。淘宝、京东、拼多多各类网络购物平台上为我们提供了各式各样的生活所需。

智能手机使我们的交流更加便捷。智能手机可以和电脑一样上网聊天，甚至比电脑更便捷，手机微信、QQ、手机邮箱等掌上APP的推广使用，使得我们可以随时随地的交流联络。

智能手机的发展未来将更加广阔。智能手机已经成为时间的管理工具，移动办公的平台，还可以遥控家里的电视机、电饭锅、空调、洗衣机等，未来城市的发展趋势一定是向着智慧城市、智慧家庭的方向进军。

智能手机的发展依托科技进步，更需要高精尖技术人才的支撑，愿青少年努力奋斗，为科技的发展贡献力量!

2. 修改你课堂创作的物候小诗，向《自然》杂志投稿。（写在作文本上）

二、拓展作业

1. 阅读《一门丰产的科学——物候学》原文，深度思考影响物候现象来临的原因。（文章附后）

2. 这篇文章总结了物候现象来临的四个决定因素。课外查找资料，或根据自己的观察、体验，为课文补充一些例证，还可以探究一下是否有其他决定因素，把你的探究所得写下来。（写在作文本上）

三、预习作业

1. 说明事理有许多方法，如举例子、作比较、列数字、引用等。试从课文中各找出一个例子，说说其作用。（在课本上画出对应的句子，并在一旁做批注）

备注：A层同学完成巩固作业、拓展作业2及预习作业；B层同学完成巩固作业、拓展作业1及预习作业；C层同学完成巩固作业及预习作业。

2.《无言之美》教学设计

<table>
<tr><td>课题</td><td>无言之美</td><td>课型</td><td></td><td>课时</td><td></td></tr>
<tr><td>教学目标</td><td colspan="5">1. 把握作者行文思路，认识艺术中的无言之美。
2. 学习文章举例论证的方法，读懂议论文，理解议论文，揣摩议论文中的精彩论证方式并善于运用在日常习作中。
3. 细心体味“言”与“意”的关系；深入理解，体会“无言之美”</td></tr>
<tr><td rowspan="2">教材分析</td><td>重点</td><td colspan="4">深入理解，体会“无言之美”</td></tr>
<tr><td>难点</td><td colspan="4">揣摩议论文中的精彩论证方式</td></tr>
</table>

续 表

教学过程		
教学具体内容	学生活动	二次备课
（一）情景导入 同学们，在各种精彩文章评论中我们经常看到“言有尽而意无穷”这类句子，那么，何谓“言有尽而意无穷”“言不及义”“言不尽意”呢？接下来就让我们一起带着问题去学习朱光潜先生的《无言之美》，细细体味语言的魅力吧！ （二）自学互研 步骤一：知识梳理，夯实基础 （1）文学常识作者简介。 （2）生难词。 步骤二：整体感知，走进文本 （1）朗读指导：先试读，再带入问题探读，在反复诵读中体味文本语言魅力，深入解析“无言之美”。 （2）熟读课文，归纳文章层次结构。 第一部分（1—3）：引用孔子的话引出“无言”这一话题，提出“言”与“意”。第二部分（4—12）：以文学、音乐、雕塑等各类艺术作品为例，分析言不必尽意、无声胜有声、含蓄不露等所表现出来的无言之美。第三部分（13）：总结观点，说出来的越少，留着不说的越多，所引起的美感就越大越深越真切。 （三）合作探究 步骤三：精读课文，深入理解 （1）作者是如何引出“无言”这一话题的？作者认为无言的意蕴，应该从哪方面着手研究？ 交流点拨：作者首先从孔子和子贡的对话引出“无言”话题；作者认为要探究“无言”的意蕴，应该从美术的观点去研究。 （2）阅读第3段，概括“言”和“意”的关系。 交流点拨：言是固定的，有迹象的，是散碎的，有限的；而意是瞬息万变、缥缈无踪的，是混整的，无限的。所以，言所以达意，但意绝不是完全可以言达的。 （3）作者对文学的定义是怎样的？ 交流点拨：所谓文学，就是以言达意的一种美术。 （4）作者是从哪几个方面证明“无言”也能产生美的？作者在此主要运用了什么论证方法？ 交流点拨：作者一共从四种艺术入手，运用了举例论证，论证了“无言”也能产生美。①以“言尽一切”的相片与“言及部分”的图画相比，图画之美证明了无言之美；②以文学作品的“言不能尽意，也不必尽意”凸显无言之美；③从音乐中的“无声胜有声”论		

续 表

教学具体内容	学生活动	二次备课
证无言之美；④从雕刻艺术的含蓄不露来论述无言之美。 （5）简要说说本文的论证思路分析作者是如何论述“无言”之美的。 交流点拨：作者首先从孔子与学生的对话中引出无言的话题，并点明要从美术的角度关注无言之美。接着论证言意关系，并以从言达意的文学为例，说明文学乃至一切艺术都是尽量以言表意，而不能全然以言表意，也无须全然以言表意，即说明无言之美。为了论述自己的观点，作者分别从绘画的选择之美、文学的意蕴之美、音乐的无声之美、雕刻的含蓄不露之美来论证。 步骤四：深层探究，局部突破 请你结合作者的任意一则论据，说说你对“无言之美”的感受。 交流点拨：正如作者探讨文学作品时的数个例子，诗歌本是极其简短的几句话，但是其包含的意境却是极其宽广的。如“大漠孤烟直，长河落日圆”，言语只有短短的十个字，但是读来却似看见大漠的宽阔宏伟之景，悲凉之意，予人以悲凉雄壮的美感。然而，作者要描写出这宽阔宏伟之景，悲凉之意，恐怕书万言都难以说尽，这不是意味着作者将它们寓于无言之中了吗？这就是古典文学中深蕴的无言之美。 （四）当堂演练 步骤五：总结课文，拓展延伸 （1）课堂小结：通过对本课的学习，我们初步了解了“无言之美”的内涵，同时也得到了一些启示：欣赏艺术作品时，不仅要注意有形有象的部分，还要关注其中的“空白”，懂得感受其中的“无言之美”。 （2）拓展延伸：你认为“穷形尽相”是获得美和达到美的最好途径吗？请举例论证		

从上面这两个教学设计看，《大自然的语言》依据单元教学的要求，即“要注意理清文章的说明顺序，筛选主要信息，读懂文章阐述的事理，还要学习分析推理的基本方法，善于发现问题、思考问题、质疑问难，激发科学探究的兴趣”。结合本课文的文本写作特点，以三个教学活动“理全篇结构，习梳理方法”“识段落铺展，明物候原理”“赏语言特色，作物候小诗”为串联，主要致力于培养学生的思维方法与思维品质以及提升学生语言文字的运用能力。《无言之美》则侧重学习课文的精彩的论证方式。两者都较好地体现了信

息类文章培养学生思维方法和思维品质的价值取向。

（三）教学实施

既然基于深度学习的信息类文章的课堂教学着力培养学生的思维方法和思维品质，那么在教学实施过程中教师必须善于结合不同文本的内容，发掘文本所蕴含的思维方法和思维品质，以问题引导或学科活动等方式调动学生学习的主动性，让学生在认知、理解、分析、归纳、应用等思维活动过程中，逐渐培养良好的思维方法和思维品质。因此，遵循初中语文深度学习的“五字诀教学法”的基本模式，教师要组织好每个环节的教学活动。

1.“导”的环节

激发学生学习兴趣，明确学习目标。信息类文章的最大特点在于其明确的信息传达、清晰的观点阐述和科学的判断推理，它没有文学类文章那么具有鲜明的故事性和可读性。因此，在教学信息类文章时，教师要想方设法激发学生的学习兴趣，让学生明确具体的学习目标，带着目标进行课文的学习。例如，有位教师在教学课文《事物的正确答案不止一个》时，在“导”的环节上这样做：

（一）导入激趣

1. 教师展示问题：4–1=？请学生回答。

作为一个数学题，答案是3，在生活中，答案可就不一定了。（教师语言）

2. 教师展示问题：一个桌面四个角，锯掉一个角，还有几个角？

得出结论：因处理方法不同，所得答案不同。

3. 教师展示：苏轼的《题西林壁》，请学生齐读。

得出结论：因观察角度不同，所得感受不同。

4. 教师展示结论，并出示课题、作者。

（教师板书课题）

教师语言：在美国，有一位实业家、学者，他叫罗迦·费·因格。他明确告诉了我们：事物的正确答案不止一个，今天，我们就来学习这篇文章。

（二）展示教学目标，学生齐读目标

a. 理解议论文观点和材料的关系，学习举例论证的方法。

b. 理解文章的结构。

c. 培养创造性思维和创新意识，鼓励学生做一个有创造性的人。

从这位教师的“导”环节上看，他通过问题设计与诗词朗读，一下子激发了学生学习的兴趣，启发了学生的多角度思维意识和求知欲望，在此基础上，教师让学生齐读教学目标，让目标成为师生课堂教学的努力方向，为接下来的学习作了很好的铺垫。

2. “读”的环节

教师引导学生朗读课文，理解、体悟学习内容的价值。在信息类文章中，不同文体的文章都具有自己鲜明的特点：说明文的特点是中心鲜明突出，文章具有科学性、条理性、严谨性、语言确切生动；议论文具有观点明确、论据充分、语言精练、论证合理、有严密的逻辑性的特点；科普文的特点表现为科学性、思想性、通俗性、艺术性和知识性。因此，教师要善于依据不同文本的特点，引导学生认真阅读文本，以读促思，在理解学习内容的同时不断培养思维方法和思维品质。

像课例《大自然的语言》教学设计中的“读”这环节，教师设计了两个主要活动：

活动一：理全篇结构，习梳理方法

学习任务：快速浏览全文，圈画批注《大自然的语言》中的关键语句，理清课文思路，并补充填写结构导图。

活动二：识段落铺展，明物候原理

学习任务1：精读第7—10段。

思考：《大自然的语言》中第7—10段说明物候来临的决定因素时，采用了怎样的说明顺序？你认为，这样的说明顺序是出于什么考虑？

学习任务2：

探究：运用文中习得的知识，解释材料当中的物候现象。

材料一：两个月前，在广州，看见了玉兰花开；两个月后，在北京，又看见了玉兰花。玉兰花呀，我说，你走得多慢哪！费了两个月工夫，你才到了京华。

——郭沫若《玉兰和红杏》

材料二：人间四月芳菲尽，山寺桃花始盛开。长恨春归无觅处，不知转入此中来。

——白居易《大林寺桃花》

这个教学环节教师引导学生围绕问题，采用速读、精读的方法去阅读文本，使学生在对文本有初步感知的基础上，找出了文章的关键词语，理清了文章的思路，并且为深入理解文本的说明顺序打下了基础。这两个活动，实际上也是教师引导学生以“读”的方式，对文本关键信息不断进行认知、分析、筛选、归纳等思维活动。

3.“悟”的环节

教师指导学生紧扣思考问题，探究问题答案。信息类文章的思想观点、结构安排、语言表达、论证方法等方面都是比较独特的，教师可以结合信息类文章不同文体的文本特征与教学要求去引导学生深入学习。例如，有位教师在教学课文《苏州园林》时，他采用了多种方法去引导学生深入理解、品味文本语言的丰富内涵。下面是课文的教学片段：

师：叶圣陶先生是“优秀的语言艺术家”，本文语言准确简练，生动传神，耐人寻味，堪称说明文语言的典范。（多媒体显示）1.倘若要我说说总的印象，我觉得苏州园林是我国各地园林的标本。（“标本”在这里是什么意思？）

生：“标本”原指实物原样或经过整理、供学习研究时参考用的动物、植物、矿物。这里是典范、样本的意思。用这个词非常简练地说明苏州园林在各地园林中的重要地位以及对各地园林的广泛影响。

师：2. 谁如果要鉴赏我国的园林，苏州园林就不该错过。（后半句能否改为“谁就不该错过苏州园林”？）

生：不能，原句突出了“苏州园林”。

师：3. 总之，一切都要为构成完美的图画而存在，决不容许有欠美伤美的败笔。（去掉“一切”“决不”，可以吗？）

生：不能去掉，“一切”“决不”表示十分肯定的意思，强调苏州园林的总特点。

师：4. 假山的堆叠，可以说是一项艺术而不仅是技术。（“艺术”与“技术”有什么区别？）

生：“艺术”是强调个人独创性的活动，其成果能给人以审美愉悦，并且无法被复制；“技术”，意味着有固定的程序和手法，其成果是具有实际效用的东西，一般可以大量复制。

师：5. 水面假如成河道模样，往往安排桥梁。（去掉“往往”好不好？）

生：去掉“往往”，使表达失去了分寸。原句强调“大多是这样，但又不全是”这一层意思。

师：6. 有几个园里有古老的藤罗，盘曲嶙峋的枝干就是一幅好画。开花的时候满眼的珠光宝气。（这个描写的句子有什么作用？）学生朗读句子，悉心体味，思考。

生：这句子写出了藤萝争春的情景，烘托园林的繁华气氛，生机盎然，沁人耳目。

师：7. “可是墙壁上有砖砌的各式镂空图案，廊子大多是两边无所依傍的，实际是隔而不隔，界而未界，因而更增加了景致的深度。”句中“隔而不隔，界而未界”是什么意思?

生：“隔而不隔，界而未界”的意思是，尽管猛一看上去花墙和廊子把景致分开了，但因为墙壁是镂空的，廊子两边无所依傍，所以景致并没有真正隔开，而只是缓冲了一下视线，使得景物不是一览无余地呈现在游览者跟前，而是渐次展开，给人“山重水复疑无路，柳暗花明又一村”的感觉。

4. “用”的环节

强调运用习得的知识、能力、思维方法去解决新问题，达到学以致用。从信息类文章的教学看，教师往往会结合文本学习的需要设计“拓展延伸”或“作业布置”的教学环节，目的也就是让学生将习得的知识与思维方法运用于实际的生活情境中，化知为能，实现知识向能力的转化。例如，有位老师在教学课文《敬业与乐业》时，设计了“拓展延伸”和“作业布置”的两个教学任务，让学生将课文中学到的知识与社会生活联系起来进行思考，进行口头表达能力训练与语文知识积累。这两个任务安排如下：

1. 拓展延伸（多媒体出示）

文中说“因自己的才能、境地，做一种劳作做到圆满，便是天地间第一等人”。依据作者的这一标准来衡量，你能从身边也发现一两位这样“天地间第一等人”吗？请联系自己的实际谈谈我们中学生该如何去做。

教师点拨：那些凡人做的琐事，很多都忠实圆满的完成，他们都可以称为“天地间第一等人”。这样的例子在我们身边有很多，我们中学生怎样做才算天地间第一等人呢？

学生即席发言交流，其他学生做适当的评析。

2. 作业布置

（1）摘录并积累文中的经典语句、格言。

（2）完成课后练习二。

教师通过“拓展延伸”任务的设计，引导学生留意观察生活，能够发现身边凡人琐事的意义，同时练习口语表达能力。“作业布置”则是引导学生积累经典语句、格言，不断丰富学生的语文知识，促进语文知识的建构与运用，在潜移默化中形成学生良好的语文能力。

5.“评”的环节

即教师进行评价总结。教师要侧重评价学生在信息类文章深度学习中思维方法的获得与思维品质的发展。《义务教育语文课标》在课程“总目标”中提出：“在发展语言能力的同时，发展思维能力，激发想象力和创造潜能。”在第二部分“课程目标”中提出了“养成独立思考、质疑探究的习惯，增强思维的严密性、深刻性和批判性”的思维品质要求。在第三部分“实施建议”中提出：“引导学生在自己的语言实践中发展思维品质，提高思维能力。”因此，基于深度学习的信息类文章的课堂教学评价，教师既要注意评价学生在学习过程中是否发展了形象与直观、抽象与概括、分析与综合、归纳与演绎、联想与想象等思维方法，也要注意评价学生思维品质的深刻性、灵活性、独创性、批判性和敏捷性等方面。例如，特级教师钱梦龙老师在教学课文《死海不死》时，非常注意对学生的思维表现进行及时的评价。现摘选教学过程的一个教学片段：

师：课后练习中还要我们区别“确数”和“约数”，并且要求知道什么情况下用确数，什么情况下用约数。这些知识不教行吗？

生1：我认为行。

师：你挺自信，好样的！认为可以不教的同学请举手。（绝大多数同学举手）看来，还有一小部分同学似乎还缺少一点自信。（指一不举手的学生）你是认为还要教的，是吗？

生2：我想教一教不会有坏处，再说我也不大有把握。

师：确数和约数你能区别吗？（生点头）那你说说看，刚才那位同学从课文里找出的那些数据是确数还是约数？（生答："确数。"）你能找一个约数的例子吗？

生2："传说大约两千年前""最深的地方大约有400米"，都是约数。

师：找得很对嘛！约数在表达上都有一些明显的标志，你知道吗？

生2：一般都用"大约""左右""上下"这类词。

师：如果不用这些词，能表示约数吗？

生2：我想也行。

师：请举个例子，最好能造个句子。

生2：海水估计不会死的？

师：好极了！你关于约数的知识掌握得很好嘛，你应该有充分的自信，是吗？

生2：是的。

师：刚才有同学说用"确数"可以使说明更加准确，那么用约数是不是说得不准确了呢？

生3：约数和确数相比，当然不够准确。

生4：我认为不能这样说，主要看在什么情况下用，有的时候用确数反而不准确。

师：怎么会用确数反而不准确？能举个例子来说吗？

生4：（思索片刻）比如要我现在说出您的年龄，我只能说大约六七十岁（笑声），因为我不知道您的实际年龄；如果我肯定地说您65岁，而您实际上不是65岁，那不是反而不准确了吗？

师：言之有理！这位同学举手，有什么意见要发表吗？

生5：我认为课文里有个地方运用确数和约数有点自相矛盾。46页上有这样两句："海水平均深度146米，最深的地方大约有400米。"既然平均深度是个确数，那么最深的地方也应该是确数，否则怎么算得出平均深度呢？如果最深的地方用约数，那么平均深度也只能是约数。因为平均深度是根据从最浅到最深不同的深度计算出来的，根据约数怎么可能计算出确数来?

师：说得真好！我同意。同学们这样会动脑筋，真让我高兴。我看关于列数据说明的方法，同学们掌握的知识比我预料的还要多，完全可以不必教了。

（四）教学评价

信息类文章对培养学生的思维方法和思维品质是有独特的教学价值的。教师在进行信息类文章的教学时，从教学目标的设计、教学内容的选择、教学过程的安排、教学方法的运用，都需要考虑如何有效地培养与发展学生的思维方法和思维品质。在教学评价上，教师要注意把握好三方面：一是学生思维能力的评价是对思维过程的评价。思维过程包括分析、综合、比较、分类、抽象、概括和具体化等心智操作，学生思维能力就是运用这些心智操作时所表现出来的能力，对学生思维能力的评价必须在思维过程中进行。二是学生思维能力的评价是对策略使用情况的评价。由于学生个人的知识背景、经验水平、思维方法和策略存在差异性，每个人的思维效率各有不同，其中思维主体是否能够采用有效的思维策略，将直接影响着思维效率水平的高低，教师要注意从学生思维策略的运用上进行评价。三是学生的思维能力的评价要在问题情境中进行评价。学生的思维能力总是在一定的解决问题的过程中表现出来的，脱离具体的问题情境将很难对学生的思维能力进行评价。

三、文言文深度学习阅读教学培养创造性思维指导

文言文是中华民族传统文化精华的载体，文言文教学是语文教学的重要组成部分，也是语文教学寻根溯源、精益求精的殿堂。文言文许多优秀的篇目，它们不仅蕴含着深厚的中华民族的民族精神和文化智慧，而且语言简练优美，富有韵味，结构精当巧妙，写作技法高超。学习文言文，一方面对于弘扬和培育民族精神，吸纳民族文化智慧，塑造热爱祖国和中华文明，献身人类进步事业的精神品格，逐步形成积极的人生态度和正确的价值观大有好处；另一方面也有助于提高学生遣词造句、布局谋篇等写作技巧水平。由于语言与思维密不可分，学生写作技巧的创新与提高，最终也会促进学生创新性思维的发展。

（一）价值取向

赫尔巴特认为，教学是具有教育性意义与价值的。因此，文言文教学也是具有鲜明的教育价值的，主要表现为：

一是使学生初步接触古代汉语，感受汉语的历史演变，进而培养阅读浅易文言文的能力。从古迄今，汉语书面语已经经历了几千年的历史，构成古代书面语言的文言文和今天的书面语相比较，在用字、构词、造句等方面都有自己的特点和特质。为了使学生能阅读文言文，就要作相应的阅读训练。从训练中，使学生初步了解到文言文的性质和各种特点，培养对文言文的阅读兴趣，特别是训练阅读文言文的语感。

二是学习文言文的表达方法，借以提高现代语的写作能力。文言文在表达上的最大特点是语言简练，富有韵味，结构精当、巧妙。学生学习它的遣词造句法和文章构成法，既可以学习到汉语运用的知识，又可以感受到古汉语的力量和作用，进而受到写作的启示，学习到写作方法。不仅诗词、文学散文可使学生学习优美的语言，得到美的体验，就是一些政论文，内容也是丰富多彩，韵味无穷的。

三是有助于了解我国古代丰富灿烂的文化，批判地继承文化遗产，为现代文化提供可资借鉴的东西。文言文和现代语体文在内容方面的一个最大不同点是，它反映的是古代的社会、前人的生活、过去的文化。学生学习文言文，可以通过作者的观察、认识和文字表达，了解到古代的社会状况、文化艺术、生活情景以及古人的心理状态、思考感受方式等。把它们和现代生活相比较，可以判明应该批判些什么，继承些什么，使古代文化得以发扬光大。

四是对学生进行爱国主义、民族自豪感、道德情操教育。文言文学习与现代语体文的学习一样，都不单是满足智育目标。任何阅读的意义都不止于语言的、文化的，必然包含着世界观和道德伦理的因素。在这个意义上，语言学习从来不止是语言能力教育，在思想感情、精神意志等方面也有教育作用。

从深度学习的角度看，依据文言文在思想智慧、文化意蕴、语言表达、结构安排等方面所具有的独特性，在文言文教学中，教师要通过设计开放性问题、借助思维导图、布置写作练笔以及引入知识迁移等教学方法，培养学生的创造性思维，开阔学生的思维空间，促进学生的思维发展与提升，为实现语文核心素养的培养目标打下坚实的基础。

（二）教学设计

指向创造性思维培养的文言文深度学习的阅读教学在教学设计上应该有别于传统的文言文教学方法与模式。我们知道，创造性思维是一种具有开创意义的思维活动，它是发散性思维，这种思维方式，遇到问题时，能从多角度、多侧面、多层次、多结构去思考，去寻找答案。既不受现有知识的限制，也不受传统方法的束缚，思维路线是开放性、扩散性的。它解决问题的方法不是单一的，而是在多种方案、多种途径中去探索，去选择。创造性思维具有广阔性、深刻性、独特性、批判性、敏捷性和灵活性等特点。因此，在文言文教学中，为了更好地培养学生的创造性思维，教师的问题设计、教学活动、作业布置等方面应该也是具有开放性的，由此让学生进行发散性思维活动，获得多角度的理解。

为了更好地认识文言文深度学习的阅读教学设计思想，我们现在以初中文言文课文《记承天寺夜游》和《狼》两个教学设计为例进行指导。

1.《记承天寺夜游》教学设计

【学习目标】

1. 正确理解与运用“欲”“户”“念”“遂”“至”“寝”“盖”“但”和“耳”9个单音节词与“盖……也”判断句式。

2. 感受作者在文中表达的特殊心境，领悟作者的胸怀与人生态度。

3. 指导学生运用文言文对译方法，开展深度学习。

【学习重难点】

1. 正确理解课文内容，把握文章主旨。

2. 运用文言文对译方法，开展深度学习。

【课时安排】

1课时。

【教学过程】

（一）导：提问导入新课

当你受到老师严厉批评后，你会产生怎样的心境？

学生回答后，类比苏轼被贬情形，导入新课学习。

（二）读：朗读课文，整体感知

（1）学生齐读课文，要求：①准确地朗读（读准字音）；②有节奏地朗读（注意停顿、重音、语调、语气）。

元丰六年十月十二日夜，解衣欲睡，月色入户，欣然起行。念无与为乐者，遂至承天寺寻张怀民。怀民亦未寝，相与步于中庭。庭下如积水空明，水中藻（zǎo）、荇（xìng）交横，盖竹柏影也。何夜无月？何处无竹柏？但少闲人如吾两人者耳。

（2）用一句话归纳概括本文的主要内容。

参考答案：元丰六年十月十二日夜，苏轼和张怀民在承天寺散步赏月。

（三）译：翻译课文，探究文情

（1）教师点拨难词难句的意义：①欲：想要；②户：窗户；③念：想到；④遂：于是，就；⑤至：到；⑥寝：睡觉；⑦盖：原来是；⑧但：只是；⑨耳：罢了；⑩盖竹柏影也：判断句。意义为：大概是竹子和松柏的影子吧。

（2）学生独立自主翻译课文：结合老师点拨的词语、课文下面的注解与词典，把文言文翻译成白话文。

（3）学生展示翻译结果（师生共同订正）。

参考译文：元丰六年十月十二日夜晚，（我）解开衣服正打算睡觉，这时，月光照进门里，（于是）我高兴地起来走到户外。想到没有和我一起游乐的人，于是到承天寺寻找张怀民。怀民也没有睡觉，于是我们一起在院子里散步。（院子中的月光）如积水一般清明澄澈，仿佛有水藻、荇菜交错其中，大概是竹子和柏树的影子吧。哪一个夜晚没有月光？哪个地方没有竹子和柏树呢？只是缺少像我们两个这样的闲人罢了。

（4）研讨问题，探究文情：从文中字里行间，看出作者当时心境如何？并举文中句子作分析。

文中写的是作者最真实的生命体验，从中可看出作者有什么样的人生态度？

（四）练：深度学习，文白对译

（1）把下列《记承天寺夜游》的白话文翻译成文言文。

元丰六年十月十二日夜晚，（我）解开衣服正打算睡觉，（这时）月光照进门里，（于是）我高兴地起来走到户外。想到没有和我一起游乐的人，于是到承天寺寻找张怀民。怀民也没有睡觉，（于是）我们一起在院子里散步。院子中的（月光）如积水一般清明澄澈，仿佛有水藻、荇菜交错其中，大概是竹子和柏树的影子吧。哪一个夜晚没有月光？哪个地方没有竹子和柏树呢？只是缺少像我们两个这样的闲人罢了。

（2）打开课文，对照翻译，自我评价。

（3）师生共同订正。

（4）总结文白对译规律：①把双音节词转换成单音节词；②时间、地点、人名等专有名词保留，不必转换；③特殊句子套用成文言文的固定句式（如反问句、倒装句等）；④根据上下句意，转换成文言文句子时，主语可省略；⑤添加虚词，保持文言文表达习惯与味道。

（五）用：学以致用，能力迁移

（1）把下面根据原文创作的白话文，翻译成文言文。

（略）

（2）自我评价评分标准：能使用老师强调的9个单音节词与1个句式。每使用一个得10分，总分得80分或以上为优秀，得60分以上、80分以下为合格。

教师巡视课堂，了解学生完成情况。

（3）师生共同讲评译文，订正译文。（主要以口头抢答方式讲评译文）

（六）结：课堂学习小结

学生回顾学习过程，小结学习收获。

（七）布置作业，巩固所学

（1）修改自己的译文，使之具有文言味。

（2）发挥想象，把《记承天寺夜游》进一步改写成一篇白话游记散文。

（3）课外阅读：推荐类文阅读，苏轼《记游松风亭》与郑板桥《画竹》两篇文章，读后回答问题：各表达了作者怎样的心境？

2.《狼》的教学设计

【教学目标】

1. 理解与运用“故”“窘”“敌”“顾”“弛”“瞑”“意”“暇”

"暴""寐""黠"等单音节词。

2. 学习并运用"白话文翻译成文言文"的高效文言文学习方法，提高文言文学习的能力。

【教学重难点】

1. 培养学生自主学习文言文的习惯。

2. 掌握"白话文翻译成文言文"的文言文学习方法，达到学以致用的目的，提升学生文言文学习能力。

【课时安排】

2课时。

【教学设计说明】

该文教学分三个阶段：

第一阶段：课前预习。朗读课文，读准字音；利用工具书和课文下面的注释理解课文的字词句。（上课前由学生自主学习完成）

第二阶段：自学辅导，把课文翻译成白话文，概括文章的内容和主旨。（第一课时）

第三阶段：把白话文翻译成文言文——学以致用。（第二课时）本堂课为第二课时。

【教学过程】

（一）创设情境，导入新课

（1）导言：同学们，动物是人类的生存伙伴，有了它，我们的生活才丰富多彩，趣味无穷。你喜欢动物吗？请大家欣赏以下动物。

（2）动物视频：马、虎、狗、狼等，请同学们说说每种动物的性格特征（两面性），导入课文学习。

（二）诵读课文，读准字音

（1）生字词检测：

缀（zhuì）	窘（jiǒng）	苫（shàn）
倚（yǐ）	弛（chí）	眈（dān）
瞑（míng）	暇（xiá）	尻（kāo）
寐（mèi）	黠（xiá）	

（2）学生朗读并背诵课文。

（三）理解语句，弄懂文义

（1）复习小测：把文言文翻译成白话文口头小测。（形式：口头抢答）

① 一屠晚归，担中肉尽——有一个屠户傍晚回家，担子里的肉卖完了。

② 途中两狼，缀行甚远——路上遇到两只狼，紧跟着屠户走了很远。

③ 骨已尽矣，而两狼之并驱如故——骨头已经没有了，可是两只狼还是像原来那样一起追赶。

④ 屠大窘，恐前后受其敌——屠户非常困窘，恐怕前后都受到狼攻击。

⑤ 顾野有麦场——环顾四周有一个麦场。

⑥ 弛担持刀——放下担子拿起刀。

⑦ 禽兽之变诈几何哉？止增笑耳——禽兽的欺骗手段能有多少啊，只是增加笑料罢了。

教师点评。

（2）把白话文翻译成文言文口头小测。（教师讲方法）

教师示范：①一只狼得到骨头停下来——一狼得骨止；②一只狼径直离开——一狼径去。

学生尝试：（口头抢答）

结合刚学过的文言文，把下列白话文词语及反问句式对译成文言文词语及反问句式：

①旧或原来——故；②困窘，处境危急——窘；③敌对——敌；④回头看——顾；⑤放松——弛；⑥闭眼——瞑；⑦神情，态度——意；⑧空闲——暇；⑨突然——暴；⑩睡觉——寐；⑪狡猾——黠；⑫多少呢——几何哉。

把下列白话文句子对译成文言文句子：

① 眼睛好像闭上了，神情悠闲得很——目似瞑，意暇甚。

② 屠户突然跳起来，用刀劈狼的头——屠暴起，以刀劈狼首。

③ 身子已经进入一半，只露屁股和尾巴——身已半入，止露尻尾。

④ 才知道前面的狼假装睡觉——乃悟前狼假寐。

⑤ 狼也太狡猾了——狼亦黠矣。

教师点评：对译是否准确。

（3）把下面的白话文翻译成文言文书面测试。

测试内容：

小偷

从前，有一个老头坐在树下（休息），小偷走了过来，在老人面前坐了下来，想偷老人身上的钱物。一会儿，他左右转头往旁边看了看，却看到一个官差正向他这边走来，小偷感到十分困窘，于是就闭上眼睛假装睡觉，装出悠闲无事的样子。

过了一会儿，见官差走过去了。小偷突然站了起来，抢过老人身上的钱物就想跑，这时候，官差迅速跑过来，一把抓住小偷，小偷放下了钱物，被官差抓走了。小偷也太狡猾了，比起官差的机智，小偷的欺骗手段能有多少啊？只给人留下笑料罢了。

参考答案：

昔日，一老翁于树下坐，一贼行至，坐于老翁前，欲盗其钱物，少时，贼左右顾盼，见一官差行至，贼大窘，即瞑其目，假寐，意暇甚。

少顷，官差径去。是时，贼暴起，抢其财物欲去，此时，官差速至，即捉贼，贼弛物，为官差提去矣。贼亦黠矣，与衙役智比，贼之变诈几何哉？

评价标准：使用“窘”“顾”“瞑”“意”“暇”“暴”“寐”“黠”“止”“弛”单音节词。

评分标准与要求：使用重点强调要掌握的课文中的10个单音节词与反问句式。每使用一个得10分，得60分或以上为合格，得80分或以上为优秀。

学生根据评分标准自评测试分数及等级。（学生自报）

学生展示对译成果。（小组讨论订正后，学生口头抢答翻译答案，教师评价）

（四）小结收获

（1）回顾激励。（回顾学习过程，重温学习目标，评价学习行为）

（2）当堂检测及课后拓展训练。

解释下列加点的词语：

①顾野有麦场（回头看）；②苫蔽成丘（覆盖）；③一狼洞其中（打洞）；④乃悟前狼假寐（假装睡觉）；⑤狼亦黠矣（狡猾）。

这篇课文告诉我们深刻的道理是人有狼所没有的智慧、勇气，对待阴险狡诈的恶势力，不存有幻想、妥协，要敢于斗争、善于斗争，才能获取胜利。

作者对这件事发的议论是狼亦黠矣，而顷刻两毙，禽兽之变诈几何哉？止增笑耳。

拓展训练：课后对《小偷》一文自己翻译成的文言文进一步修改。

从上述的两节课堂教学设计中，我们可以看到教师精心设计了“文白对译”的教学任务与活动，改变了传统文言文教学的“串讲法”的教学模式，能够有效地促进学生文言文深度学习，同时对培养学生的创造性思维也具有积极的意义。

（三）教学实施

在文言文教学的长期探索实践中，名教师乐晓华老师创建了文言文“六字诀”对译教学模式，该模式能够有效地培养学生的创造性思维。

文言文“对译”教学模式可用“六字诀”来概括：导—读—译—练—用—结。具体而言，这“六字诀”的内容表现为：

1. 导：创设情境、问题导入新课

一堂成功的语文课，离不开教师精心的导入。课堂教学开始时，教师先通过创设一个具有趣味性、启发性的情境，精心设疑，来轻松快乐地导入新课、启发学习。这样做有助于激发学生学习兴趣与强烈的求知欲望，开启学生思维与学习激情，调动学习的主动性、积极性，达到“因趣而动，因疑而思，因思而学”课堂氛围，使情、知、趣交融达到最佳的状态。新课导入方式有很多，如：用设置悬念、讲故事、猜谜语、做游戏、听音乐、互联网视频等。这一切都要围绕一个目标，那就是为学生学习新知识创造一个愉悦、和谐的教学氛围，激发学生学习的兴趣，唤起学生学习的主动性和创造性。

以教学《狼》一课为例，在教学《狼》一课时，教师是这样设置情景导入新课的：师：同学们，动物是人类的生存伙伴，有了它，我们的生活才丰富多彩，趣味无穷。你喜欢动物吗？生：喜欢。师：请大家欣赏以下视频。随后，播放马、虎、狗、狼等动物的活动视频。生：认真看视频。师：请同学们说说每种动物的性格特征。生：积极抢答。在一学生抢答到狼有贪婪、凶恶、狡猾性格时，师：（追问）同学们，你们读过反映狼恩将仇报的寓言故事吗？是哪个故事？生：《东郭先生和狼》。师：对，今天我们来学习蒲松龄写的《狼》，引导学生很顺畅地进入新课学习。

从以上教学过程看，主要采用了生动形象视频导入的方法，创设问题情境，激活学生的思维，激发了学生的兴趣与求知欲望，取得了良好的教学效果。

2. 读：朗读课文感悟理解

朗读对学习文言文有很大作用，教师要指导学生放声朗读课文，在长期的教学中，积累了不少经验，我们认为“没有朗读就没有语文学习”，“没有感悟理解就没有阅读体验”，所以学习文言文一定要朗读。姚鼐也说过：“大抵学古文者，必要放声疾读又缓读，只久之自悟，若但能默看，即终身作外行也。”叶圣陶先生也非常重视朗读在文言文教学的价值，他指出古人学习文言文“有个不二法门，就是熟读名文，读着读着，自己顿悟”，古语有云：“读书百遍，其义自见。”这些说的都是强调朗读在学习语文（包括文言文）的重要性，所以教学文言文要重视反复朗读。学生对文言文中作者的情思、文采、结构的匠心、语言运用技巧的感悟，体会愈深，学习文言文的兴趣才会愈浓。在教学过程中要求有教师示范朗读，有学生个人朗读。教师示范朗读，旨在从字音读准、语句停顿、语速、重音、语气等方面给予学生示范，促进学生实现对文本的感悟理解。学生个人朗读有三个层次：一是准确的朗读；二是理解的朗读；三是流畅的朗读。通过三个层次的朗读，使学生达到读准读顺读懂读通课文的要求。此环节可以在课堂上完成，也可以在课前由学生自主学习完成。比如我在教学文言文《狼》时，就非常重视指导并让学生自主自由的按三个层次要求反复朗读课文，并达到背诵的教学境界，正是在一遍又一遍的朗读中，学生不仅对课文的字词读音能准确把握，还训练了文言文阅读的良好语感，理解课文文意，品味了文章丰富的思想情感。此环节可以在课堂上完成，也可以上课前由学生自主学习完成。在课堂上，我一般会用测试和抢答的方式来测试同学的字音。朗读和背诵是学习文言文最简洁的方法。

3. 译：原文翻译成白话文

此环节并不是教师按传统的“串讲”方法，进行逐字逐句的翻译讲解，而是教师把事先设计制作好的微课视频通过互联网发给每位学生，放手让学生通过看微课，进行自主学习。微课的内容主要是教师引导学生学习，把课文学习的重点、难点及要求交代明白，尤其把课文中的多音字、通假字、歧义较多的实词、特殊的虚词用法、特殊句式等进行讲解辅导，即扫清课文中学生学习的障碍。学生观看完微课视频后，自主通译全文。教师上课时，通过学生小组合作互动学习展示学习成果或抢答的方式，了解学生对原文翻译情况，从而完成翻译教学环节。其实把文言文翻译成白话文，是学习文言文的一种手段，翻译本身不是目的，目的是通过翻译加深对文言文的理解。这一教学环节，主要在课前完成。这样设计教学，重在尊重学生的主体地位，引导学生自主学习。

4. 练：白话文翻译成原文

本教学环节与上面相反，把白话文再对译成原文的文言文，进行白话文对译成文言文的训练，能使学生体会两者对译过程中的语感，形成运用文言实词、虚词、特殊句式、文言语法、通假字等古汉语常识把白话文对译成文言文的习惯与能力。该环节主要分三个层次进行白话文对译成原文（文言文）训练。一是白话文词语对译成文言词语。例如：在教学课文《狼》时词语的对译，教师采用抢答方式进行，出示白话词语“旧或原来”，问学生对译成文言文哪个词？学生答道：“故。”依此类推，“回头看”对译成“顾”，“眯上眼睛”对译成“瞑”，“睡觉”对译成“寐”，“空闲”对译为“暇”等。二是白话文句子对译成文言文句子。例如，白话文句子“屠户突然跳起来，用刀劈掉狼的头”对译成文言文句子“屠暴起，以刀劈狼首”，“身子已经进入一半，只露出屁股和尾巴”对译成“身已半入，止露尻尾”等。三是整篇白话文对译成文言文（原文）。开展这些文白对译训练，要注意三点：一是文言表达的习惯；二是对译后的文言句子、文章要按古汉语的语法常识，调整语序或特殊句式；三是要有文言味。这些训练在课堂上可采用小测试或口头抢答方式进行，这一步“对译”训练是基础练习，为下一教学环节打基础。把白话文对译还原成原文（文言文）语句，大大降低了翻译的难度，培养了学生文言表达的素养。

当然，由于文言与白话在词汇与语法方面有一定差异，教师应该给学生讲清楚，让学生理解并掌握好，比如古今词义发生变化的词语，文言特殊句式，如倒装句、被动句、省略句、判断句等均有常见的表达形式，还有文言的使动用法、意动用法，教师都需要讲明白，让学生理解和掌握，这样学生在将白话文翻译成文言文时，才会轻车熟路，事半功倍。

5. 用：学以致用，文白对译

这是“对译法”的核心教学环节，其创新点也就在此。前面的环节都是为本教学环节做铺垫和准备，在本环节中，师生离开原文言文课文，开展拓展训练，即教师紧扣课文要求学生掌握运用的重点字词和句式以及文章结构，创作一篇白话文短文，然后让学生把教师写作的白话文短文翻译成文言文，并按教师给的要求作出评价，实现学以致用的目的。

学生在将白话文翻译成原文的文言文过程中，已经初步体验了文言和白话之间的语言思维差异和方法运用技巧，在此基础上，教师运用学习图式原理，通过创作一篇白话文短文，让学生趁热打铁地进行拓展训练，借原有的学习经验和学习方法对新语言材料进行自主性、创造性的学习，有助于学生新旧文言文学习“图式”之间心理加工整合，形成举一反三的迁移能力。

6. 结：总结收获，以利提高

课堂小结是课堂教学过程重要的组成部分，是教师在完成教学内容后，对课堂所学知识进行归纳总结，使所学知识形成系统并升华为能力的行为。文言文对译教学的课堂总结，可以是学生回顾学习过程，谈对课文的认识，谈学习收获，学生的认知能力得到螺旋式提高。也可以是教师的总结，对本节课的重点字词、重要句式进行归纳，对学生敢于对译的学习行为，给予肯定与赞赏，达到鼓励与激励学生学习的目的。

（四）教学评价

指向文言文深度学习的课堂教学要培养学生的创造性思维能力，属于文言文学习的高阶思维评价。因此，我们在评价课堂教学时，一方面要看教师从教学目标设计、教学内容选择、教学活动组织、教学方法运用等整个教学过程是否指向学生创造性思维培养这个核心任务，是否让学生经历了创造性思维的活动过程。毕竟，创造性思维是在解决问题的活动中实现的，需要一定的活动过程支撑。心理学家艾曼贝尔从信息论的角度出发，认为创造活动过程由提出问题或任务、准备、产生反应、验证反应、结果五个阶段组成，并且可以循环运转。对此教师可以借鉴艾曼贝尔的创造性思维的五阶段论并运用于课堂教学。

另一方面，教师也要关注学生在文言文深度学习活动表现出来的思维特点是属于低阶思维还是高阶思维，是一般性思维还是创造性思维。创造性思维是以感知、记忆、思考、联想、理解等能力为基础，以综合性、探索性和求新性为特征的高级心理活动，是需要人们付出艰苦的脑力劳动的。因此，教师特别需要关注学生在文言文深度学习过程中，对于教师设计的主问题，学生在解决问题时创造性思维思路是否开阔，是否善于从全方位思考，思路若遇难题受阻，是否不拘泥于一种模式，能灵活变换某种因素，从新角度去思考，调整思路，从一个思路到另一个思路，从一个意境到另一个意境，善于巧妙的转变思维方向，随机应变，产生适合时宜的办法。创造性思维善于寻优，选择最佳方案，机动灵活，富有成效地解决问题。倘若学生能够从多角度、多侧面、多层次、多结构去思考，去寻找到问题的答案，那么教师在进行教学评价时，就可以肯定学生进行的是一种创造性思维的培养。

附　录

基于深度学习的初中语文课堂教学典型案例及评点

案例一：白杨礼赞（散文）

一、教学设计

【教学目标】

1. 理解白杨形象及其象征含义，学习象征手法的使用。

2. 感受中华儿女正直、质朴、紧密团结、力求上进、坚强不屈的精神和意志。

【教学过程】

（一）导入

树是自然界中的一道亮丽的风景线，“碧玉妆成一树高，万条垂下绿丝绦”写的是柳的风韵；“大雪压青松，青松挺且直”写的是松的傲骨；“咬定青山不放松，立根原在破岩中”写的是竹的坚韧，今天我们来领略一下茅盾笔下白杨树的俊美吧。

（二）教学过程

活动一：品读形象，分享白杨图景

（1）思考：你依据文中的哪些词句绘出白杨图？作者笔下的白杨树有何形象特点？

如我依据课文中“皮微微泛出淡青色”的外形描写来绘画，以表现出白杨树朴素的内在品质特点。

（2）质疑：你对同学分享的白杨图是否存有疑问或觉得它有需要修改补充的地方？

预设：

附表1　白杨形象表

	外形特点	内在品质
白杨形象	干——笔直、绝无旁枝、丈把高 枝——一律向上、紧紧靠拢 绝不旁逸斜出 叶——片片向上、几乎没有斜生 皮——光滑、有晕圈、淡青色	朴素、倔强挺立、努力向上、不折不挠
	外在总特点：力争上游	内在总特点：倔强斗争

活动二：联想礼赞，感悟意蕴

思考：

（1）阅读第7段，思考作者由树联想到什么？两者有何共同点？

（2）对比阅读：将文中四个反问句改为陈述句，和原文的表达效果有何不同？

（3）对比茅盾修改前后的《题白杨图》，结合《白杨礼赞》的写作目的和以下写作背景链接，说说你觉得修改前和修改后哪个更好？

题白杨图（修改前）

北方有佳树，挺立揽斜晖。
叶叶皆团结，枝枝争上游。
羞挤楠枋死，甘居榆枣俦。
丹青标风格，愿与子同仇。

题白杨图（修改后）

北方有佳树，挺立如长矛。
叶叶皆团结，枝枝争上游。
羞与楠枋伍，甘居榆枣俦。
丹青标风骨，愿与子同仇。

注释：俦，同行为伴；丹青，指作画。风骨，指人的品格。含有刚强的意思。

写作背景链接：本文写于1941年3月，抗日战争进入相持阶段，茅盾先生在延安讲学，他看到了国民党反动派消极抗日、积极反共的丑恶嘴脸，同时又欣喜地看到北方军民在共产党的领导下同心同德，团结抗战，多次粉碎了敌伪的“扫荡”，巩固并发展了敌后抗日革命根据地，作者真切地感受到中华民族在最危难的关头，中国共产党所体现出来的力争上游、昂扬向上的精神，因此写了这篇散文。因当时生活在国统区，不便于直抒胸臆。所以借白杨树赞美共产党及其领导下的北方抗日军民的英雄形象，赞美他们身上所体现出来的精神和意志。

（4）指名朗读第9段，思考：作者将白杨树与楠木进行比较，目的何在？

教师补充：茅盾同志曾经说过，“贵族化的楠木象征着国民党反动派。我写此散文是这样想的”。

作者之所以在此写楠木，其实是把楠木和白杨树作对比，再次强调白杨树的不平凡，与顽固派的观点形成鲜明的对比，表明作者对中国共产党领导的北方抗日军民的热爱。结构上首尾呼应。

总结象征手法：通过某一特定的具体形象（本体）表现抽象事物或思想感情（象征体）。象征体和本体之间存在着某种相似的特点，可以借助读者的想象和联想把它们联系起来。

活动三：传承精神，联想白杨意义

学习了本课，你觉得白杨树在现代有何象征意义？

（三）总结

总结本课所学，分析象征意义。

（四）作业布置

基础类作业：回顾本课知识，为课本P81《题白杨图》作批注。

拓展类作业：阅读《枫叶礼赞》及《十万残荷》，思考两篇文章分别借助什么物？突出物的什么特征？有什么象征意义？

二、课堂教学实录及评点

师：上课！

生：起立！老师好！

师：同学们好，请坐！

师：树是自然界中的一道亮丽的风景线，“碧玉妆成一树高，万条垂下绿丝绦”写的是柳的风韵；“大雪压青松，青松挺且直”写的是松的傲骨；“咬定青山不放松，立根原在破岩中”写的是竹的坚韧，今天我们来学习的茅盾笔下《白杨礼赞》写的是谁的形象呢？

生：白杨树的形象。

（教师板书：《白杨礼赞》）

【教学评点】以上为“导”的教学环节。教师以列举学生所熟悉的古诗巧妙导入新课，有先声夺人、引人入胜的效果，从而激发学生学习兴趣。尤其是提出问题，引发学生思考，激起学生求知欲望。

师：昨天老师特别布置了一项作业，就是让同学们在课本中画出关键的句子进行感受，画出你心中的白杨图。不知大家成果如何呢？同学们都画好了吗？

生：画好了。

师：好。那我们一起来分享交流下。首先，我有一个问题，你们是依据文中的哪些词句绘出白杨图的？作者笔下的白杨树有何形象特点呢？我们可以先进行小组交流，可以运用老师的这个示例进行表达分享，如“我依据课文中‘皮微微泛出淡青色’的外形描写来绘画，以表现出白杨树朴素的内在品质特点”。其他同学边听边思考，究竟分享的同学画得是否准确，有没有哪些地方需要修改或补充的？三分钟进行小组分享，开始吧。

（小组分享交流）

师：时间到。请问有没有哪个同学自告奋勇来给我们分享。

生1（展示画作）：我的画作是根据课文第二段中有一句话：“宛若并肩的连峰提醒了你……黄的是土，然后还有麦浪，麦田。”然后第三段，“远远的有一排或者三五株、一株，像哨兵似的，然后它是笔直的干，笔直的枝，然后还有银色的晕圈，淡淡泛出淡青色”。

师：从绘画中，你想表达白杨树怎样的品质？

生：它的干是笔直的，像哨兵一样的精神，然后枝叶没有斜出的，它都是向上的，就是有一种积极向上的精神。

师：积极向上的精神，好，谢谢！（板书：干——笔直、绝无旁枝、丈把高——努力向上）

生2（展示画作）：嗯，我来给大家介绍一下我这幅画，我从下往上分析。首先我们来看，文中的第五段写道“丈把高”“笔直的”，体现了白杨树的干非常笔直，然后接下来我们看到从文中第五段也写到“一律向上”“然后也是紧紧靠拢”等词语，看出它的枝叶非常密且向上。然后我们看到它的叶子，作者在第五段，“宽大的叶子也是片片向上的，没有倒垂”，体现出白杨树那种不折不挠，努力向上发展的精神品质。最后我们看到整一幅画，第七段写道“坚强不屈”“挺拔”和“伟岸”的特点，更突出了白杨树像伟丈夫一样雄伟高大。

师：讲得很好，很全面啊，可以说是有一个很大体又很细致的把握。（学生鼓掌）

（板书：枝——一律向上、紧紧靠拢、绝不旁逸斜出；

叶——片片向上、几乎没有斜生——不屈不挠、倔强挺立）

【教学评点】以上为“读、悟”的教学环节。教师以问题为学习任务，以学习活动为载体，以小组交流为生生互动学习，让学生依据课文中的描写画一幅“白杨树图”，引导学生对课文的深入朗读、理解、感悟，白杨树的形象油然而生，白杨树图画自然形成。这样的教学，很好地发展了学生的深度理解、分析、想象、创造等高阶思维能力。

师：时间关系，我们先分享到这里。同学们，听了两位同学的分享，你觉得你对同学分享的白杨图是否存有疑问或觉得它有需要修改补充的地方？

生3：我就是看到第二段中描写的高原是黄土高原，而赖彦君同学画的山是绿色的。我觉得不对。

师：对，他看到了，我们上一节课也提到黄土高原作为白杨树的背景，起了一个什么样的作用？

生共同回答：衬托、烘托的作用，衬托了白杨树的一种生命力和伟岸。

师：还有吗？

生4：我说的是郑熙乔那幅画，在文中的第五段可以看到：它的丫枝一律向上，而且紧紧靠拢，而他画得非常稀疏，不可以看出它积极向上的特点。

师：好了，通过以上画作分享与对画作的质疑，我们读到了怎样的白杨树？

生：朴素、倔强挺立、努力向上、不折不挠。

（板书：外在总特点：力争上游；内在总特点：倔强斗争）

师：他只是想写白杨树吗？作者通过白杨树由树联想到什么？

生：不是，联想到了北方军民。

师：好，现在让我们一起来精读第七段，请同学们先朗诵感悟。

（学生朗读课文）

师：究竟两者有何共同点？

学生5：白杨树的朴质、严肃、坚强不屈的精神和北方农民的精神是一致的、相似的。它也和傲然挺立在那里守卫家乡的哨兵的那种坚强不屈的，傲然挺立的、不折不挠的精神，也恰好相似的。

师：把握得很好，理解得很准确。那究竟作者是怎样把它串连起来的呢？

生6：通过环境进行串联。白杨树生活的环境都是比较荒芜、是望不到边际的高原。哨兵站岗的位置也是在祖国的边界，也是一些比较荒芜的地方。另外在外在层次上，它们的外形特点都是笔直的、正直的，内在精神都是不屈不挠的。

【教学评点】以上的学习环节，非常好，教师以“还有没有补充的”追问的方式，引起学生再深入思考，并让学生发散思维，从各种角度发言、谈看法，很好地培养了学生的批判性思维。

师：作者是在内容层面，一层又一层地从白杨树联想到北方军民。这一层又一层的铺开，作者有没有通过一些特别的方法、形式来展示？（学生回答：反问句）对，反问句！我们可以进行对比阅读，把握其共同特点。如果将文中四个反问句改为陈述句，和原文的表达效果有何不同？请你们先分别读一读，再说出你们的感受。

（学生朗读）

师：读完后觉得有何区别？

生：在语气上起强调作用，是对北方军民精神的一种肯定。

师：作者表面赞美白杨树，实际赞美的是北方军民。这是一种怎样的手法？

生：象征。

师：象征就是借用某种具体的形象的事物暗示特定的人物或事理，以表达真挚的感情和深刻的寓意，那作者借白杨树来抒发怎样的情感呢？请同学们对比茅盾修改前后的《题白杨图》，结合《白杨礼赞》的写作目的和以下写作背景链接，说说你觉得修改前和修改后哪个更好?

（学生小组交流讨论）

生7：第一处修改后为“如长矛”，更能看出白杨树积极向上的特点。第二处“羞与楠枋伍”。修改后的“羞与”，更写出了白杨树对楠枋树的蔑视，似乎有一种出淤泥而不染的高洁。第三处修改后的“标风骨”，风骨是指有骨气的、精神气的意义，更能体现白杨树的精神特质，所以“风骨”比“风格”更好。

师：你很有自己的想法，很好！老师想问有没有同学认为修改前的版本更好的?

（学生沉默不语）

生8：我觉得修改前的版本更好，“揽斜晖”暗示着时间是日出或日落，就看出了北方的军民早出晚归的特点，更可以突出他们美好的品质。“羞挤”表明了很多人都想跟像楠枋这样的贵族在一起，跟他们一样过好的生活，而白杨树宁死都不愿意跟那样的贵族在一起。

生9：修改前的“风格”是艺术层面，修改后的“风骨”是精神层面的……（学生各抒己见）

师：其实老师也有一些想法，例如“揽斜晖”，通过这个落日的余晖，我们能联想到什么?

生：联想到新中国的困境、寥落，还有战争的惨烈。

师：带有凄凉气息的余晖似乎让我们联想到了这些，这其实也是用了一种什么手法?

生：象征。

师：其实通过这个环节，想告诉大家，有没有一个完全正确的答案?（学生：没有）但是呢，我们的理解都是基于背景和文本之上的。而我们同时也需要有一种质疑精神，去追寻真理、去探究真相。好，下面请我们一起来朗读本文的中心句，再次地感受白杨树的精神品质。

（学生朗读）

师：通过以上环节，我们把握了白杨树的形象与作者的写作意图，那么，你觉得在现代社会的哪些人也同样拥有白杨精神呢?

生：老师、抗疫医护人员、快递叔叔……

师：大家都很有自己的想法，希望课后大家能在生活中把白杨精神发扬光大。这节课上到这里，下课!

【教学评点】以上为“用”的教学环节。通过布置学习任务，组织学习活动，以问题为导向，引导学生自主深度学习，实现知识的运用与能力的迁移。

三、课堂教学简评

这是培养学生批判性思维比较成功的一堂课。其主要体现在：①能够重视问题的设计，从文本出发去分析，一直到白杨本质的分析，以问题成为学生学习的导向。②设计若干个开放性问题，能够引起学生的思维碰撞，这也符合批判性思维即是对思考的再思考，培养学生发散性思维的特点。③能够紧扣教学目标开展教学，教学效果较好，其中学生学习积极主动，气氛热烈。④课堂教学方式与学习方式得到了转变。学生主体地位突出。

（该教学案例由工作室学员赵丽红老师提供，工作室主持人语文教研员乐晓华老师评点并作课堂简评）

案例二：大自然的语言（说明文）

一、课堂教学实录及评点

（一）问题导入，激发兴趣

师：今天我们一起来学习《大自然的语言》，首先请大家快速浏览课文，从文章中找一个短语或短句，替换标题“大自然的语言”，并说明替换的理由。

生：物候。

师：你选择这个词语的理由是什么呢？

生：这个词语在文中出现的频率很高，也是这篇事理说明文的说明对象。

师：你的眼光十分敏锐，对说明文的文体知识也有了一定的认识。那么，还没有其他词语可以替换标题呢？

生：物候学。

师：你的补充十分完整。物候和物候学就是这篇事理说明文的说明对象。那么，同学们，谁能总结一下，如何快速找到一篇说明文的说明对象呢？

生：找反复出现的词语。

师：看来，同学们已对如何读懂一篇说明文有了初步的方法提炼。请所有同学在导学案上做好笔记。

（屏幕显示）

方法总结：浏览全文，找出文章中反复出现的词语。

【教学评点】以上为“导”的教学环节，以替换标题导入新课，新颖，激发学生学习兴趣。说明替换理由，引起学生思考，训练学生理解、分析思维能力。

（二）读文明理，理清思路

活动一：理全篇结构，习梳理方法

师：刚刚同学们已经明确了这篇说明文的说明对象，现在请大家快速浏览全文，圈画批注《大自然的语言》中的关键语句，理清课文思路，并补充填写思维导图。

（屏幕显示）

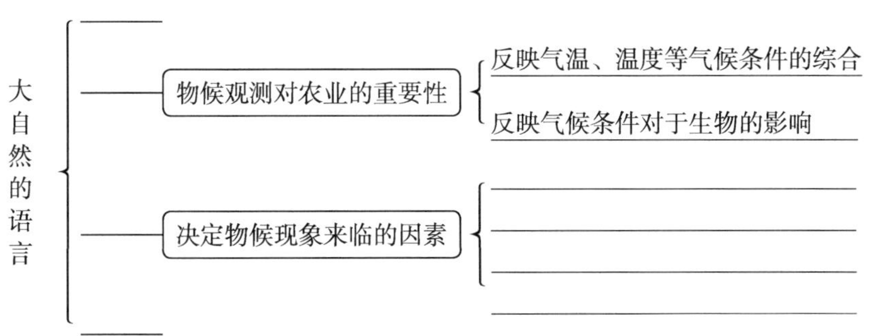

附图1 《大自然的语言》思维导图

师：《大自然的语言》这篇文章思路清晰，层次分明，我相信大家在边阅读边填写思维导图的过程中有所体会。哪位同学愿意分享一下你的阅读成果呢？

生：我找到了一些关键词，“重要性”“意义”“决定”。

师：说得很好！现在再来说说你找到的关键句吧！

生：我找到了第3自然段“这些自然现象，我国古代劳动人民称它为物候”。后面还有“物候学”的介绍。

生：物候观测使用的是“活的仪器”，是活生生的生物。

生：“物候现象的来临决定于哪些因素呢？”我觉得这个句子很重要，后面都是这些原因的分析。比如“首先是纬度”“经度的差异是第二个因素”“第三个因素是高下的差异”“还有古今的差异”，这些都是具体的决定因素。

生：还有一句“物候学的研究首先是为了预报农时，选择播种日期。此外还有多方面的意义”。这一句告诉我们这一段讲的都是“物候学的意义”。

生：我还找到第2自然段“这样看来，鸟语花香，草长莺飞，都是大自然的语言”。

师：大家找得又快又准，哪位同学可以把大家的阅读成果加以整合，分析一下这篇文章的说明思路？

生：作者首先向我们介绍什么是物候和物候学，紧接着阐述了物候观测对农业的重要性，然后介绍了决定物候现象来临的四个因素——纬度、经度、高下及古今，最后强调了研究物候学的意义。

师：你的分析既准确又有条理，其他同学有没有发现，他是如何让自己的分析更具条理性的呢？

生：他用了一些连词，如“首先”“接着”“然后”“最后”。

师：你的发现找到了问题的关键，同学们在分析说明文的说明思路时，需要用上这样的连词，让你的分析更有条理。大家还可以对照他的分析，根据导学案上的评价标准，看看你在这个学习活动中能摘得几颗星星。同时，也请大家把寻找关键词句的方法总结做好笔记。

（屏幕显示）

方法总结：关键词句来引路，层次结构超清楚。关键词句在全文特别重要的地方，比如段落开头的总起句，结束的总结句。

【教学评点】以上为“读”的教学环节，朗读较充分，利于理解、感悟并引发思考，让学生填写文章结构思维导图，验证朗读学习效果，使思维可视化。

活动二：识段落铺展，明物候原理

师：一篇说明文严密的结构，不仅体现在整篇文章的思路与层次上，也体现在段落之间的排列上。请同学们精读第7—10段，思考：说明物候来临的决定因素时，采用了怎样的说明顺序？你认为，这样的说明顺序是出于什么考虑？

（学生小组讨论，教师相机指导）

生：“首先”一段，说的是北寒南热的普遍现象，所以放在第一位。“第二”一段，说的是同纬度沿海和内陆地区物候现象差异，范围小多了，所以次之。“第三”一段，说的是山区、同一个地点物候现象的高下差异，范围更小，因此再次之。“此外”一段，说的是要经过长久的时间之后才能观察到物候现象的差异，于是放在最后。

师：你的学习迁移能力很强，马上就找到了“首先”“第二”“第三”“此外”这样的标志性词语。那么，你能具体说说这是采用了怎样的说明顺序吗？

生：采用了逻辑顺序，是按照对物候影响的程度高低来排列的。

师：你的总结简练而又完整，也就是说第7到10段是按照由主到次的逻辑顺序来布局的。其他同学还有别的补充吗？

生：前面三个因素属于空间范畴，最后一个因素属于时间范畴。

师：为你的敏锐点赞！这个发现很有价值。通过这个学习活动，我们感受到了说明文的条理性，既表现在文章的整体，也表现在文章的局部。那么，大家在阅读这几段时，有没有深入文本，真正理解这几个因素是如何影响物候的呢？接下来，我们来做一个小小的课堂练习。请你运用文中习得的知识，解释材料当中的物候现象。

（屏幕显示）

材料一：两个月前，在广州，看见了玉兰花开；两个月后，在北京，又看见了玉兰花。玉兰花呀，我说，你走得多慢哪！费了两个月工夫，你才到了京华。

——郭沫若《玉兰和红杏》

材料二：人间四月芳菲尽，山寺桃花始盛开。长恨春归无觅处，不知转入此中来。

——白居易《大林寺桃花》

生：广州在南方，北京在北方，北京的纬度比广州的要高许多，根据课文中的阐述“越往北，花期开得越迟”，所以说影响玉兰花开的因素就是纬度因素。

师：紧扣材料和课文，有理有据。其他同学分析时可以参考罗同学的发言。

生：寺庙在山上，海拔高，温度较山下低，桃花因此开得较迟，这体现了海拔高低对物候的影响。

师：你们的发言都太精彩了，俨然都成了一个个物候小专家。最后，让我们一起来关注这篇说明文的语言特色。

【教学评点】以上为“悟”的教学环节。明确学习任务，提出具有进阶性的问题，组织学习活动，让学生带着问题学习课文，思考答案，达到解决问题的目的，这是运用了语文所特有的“任务驱动”学习方式。给材料，要求学生解释材料中的物候现象，训练了学生分析信息、判断现象的能力，发展了学生的高阶思维能力。

（三）赏析语言，学以致用

师：请大家一起朗读以下文段，体会说明文语言的生动性和准确性。

（屏幕显示）

1. 杏花开了，就好像大自然在传语要赶快耕地；桃花开了，又好像在暗示要赶快种谷子。布谷鸟开始唱歌，劳动人民懂得它在唱什么："阿公阿婆，割麦插禾。"

2. 此外，物候现象来临的迟早还有古今的差异。根据英国南部物候的一种长期记录，拿1741到1750年十年平均的春初七种乔木油青和开花日期同1921到1930年十年的平均值相比较，可以看出后者比前者早九天。就是说，春天提前九天。

生：第一个句子体现了说明文语言的生动性，它运用了比喻、排比、拟人、引用等修辞手法，生动形象地介绍了大自然中的物候现象。

师：你从修辞手法的角度分析，非常直观。第2个句子，谁能来说说你的看法？

生：第2个句子体现了说明文语言的准确性，它运用了列数字的说明方法，具体准确地说明了古今差异对物候的影响。

师：大家的分析都既找到了准确的切入点，又能结合文本，通过对这两个句子的对比赏析，我们感受到了这篇说明文语言的准确性与生动性。接下来请大家继续赏读第1、2自然段，梳理成语和四字词语，感悟它们的妙处。

（学生自由朗读课文，在课本上圈点勾画）

师：大家想必有许多发现，我们用接龙的形式来分享你们的阅读成果吧！从这个同学开始，每人说一个你找到的成语或四字词语。

生：冰雪融化。

生：草木萌发。

生：次第开放。

生：翩然归来。

生：北雁南飞。

生：销声匿迹。

生：衰草连天。

生：风雪载途。

生：年年如是。

生：周而复始。

……

师：说得很好！作者用形象优美的描写展现出一幅充满诗情画意的四季风景画，激起读者阅读科普文章的兴趣。最后，让我们尝试写一首物候小诗，具体要求如下：

（屏幕显示）

以“大自然的——”为题，根据第一、二段的内容改文为诗或自主发散思维，以春、夏、秋、冬为时序，创作一首物候小诗，向《自然》杂志投稿，截稿日期：2022年3月12日。

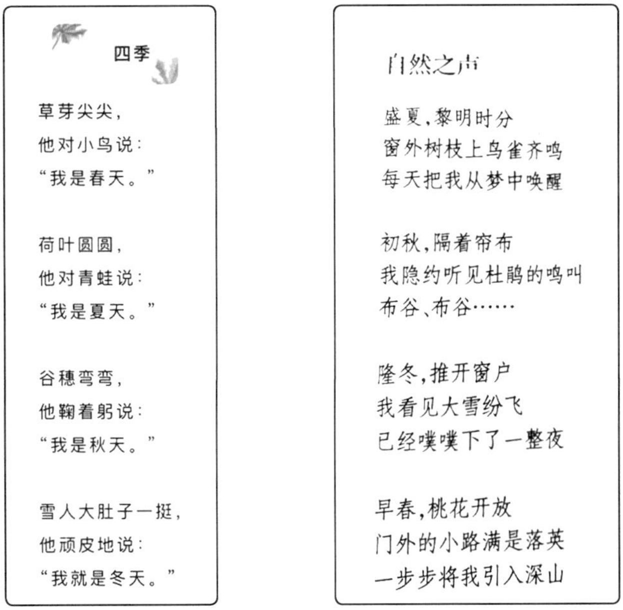

四季

草芽尖尖，
他对小鸟说：
“我是春天。”

荷叶圆圆，
他对青蛙说：
“我是夏天。”

谷穗弯弯，
他鞠着躬说：
“我是秋天。”

雪人大肚子一挺，
他顽皮地说：
“我就是冬天。”

（a）

自然之声

盛夏，黎明时分
窗外树枝上鸟雀齐鸣
每天把我从梦中唤醒

初秋，隔着帘布
我隐约听见杜鹃的鸣叫
布谷、布谷……

隆冬，推开窗户
我看见大雪纷飞
已经噗噗下了一整夜

早春，桃花开放
门外的小路满是落英
一步步将我引入深山

（b）

附图2 物候小诗

（学生小组合作，创作物候小诗，教师提供写作支架、评价标准并相机指导）

师：大家的创作热情高涨，某些小组已经有了不错的作品，请各个小组派代表展示一下你们的诗作吧！

生：我们组创作的诗歌暂时还没拟题，我来读一下：

初夏之时
草木皆绿
所有的万物都在迎接夏的到来
昆虫鸣叫
躁动着初夏之舞

初秋之时
树叶成黄
又迎来一年的盛大收获
农民喜笑
收割着初秋之粮

初冬之时
大地苍白
寒冷的冬风吹卷着大地
雪花飘落
展示着初冬之美

初春之时
万物复苏
冰雪融化，枝芽开花
新的一年开始了

师：从夏写到春，借鉴了《大自然之声》，有新意！

生：我们组创作的小诗为《我看见》：

我看见积雪融化，
我看见百花齐放，
原来冬天已经随着条条溪水淌走了。

我看见太阳高照，
我看见湖水蒸发，
原来春天已经伴着股股热气吹走了。

我看见树叶枯黄，
我看见硕果累累，
原来夏天已经乘着片片落叶飞走了。

我看见湖水结冰，
我看见雪花飘落，
原来秋天已经跟着朵朵雪花飘走了。

我看见四季周而复始，
但我又好像什么都没看见。

师：最后一句，富有哲理，引人深思。现在展示的都是2.0版本的诗作，1.0版本的也大胆地亮个相吧！

生：我们组创作的诗歌就叫《四季》：

细雨微微
她对草芽说：
“我是春天”

荷花朵朵
她对蜻蜓说：

“我是夏天”

果实累累
她对人们说：
“我是秋天”

红梅攀上白墙
她温柔地说：
“我就是冬天”

师：一个“攀”字，用得实在传神。每个孩子都是天生的诗人，只要你们愿意俯下身子，用心去观察、去感受这个世界。本篇文章的作者竺可桢，便是如此。

【教学评点】以上为“用”的教学环节。教师给出两段文字，学生朗读，分析说明文语言的准确性与生动性，掌握语言运用的方法，积累语言运用的经验。组织学生创作物候小诗的自主学习活动，不仅训练了语言运用的能力，巩固所学，而且达到知识迁移，学以致用，形成能力的目的，培养学生的综合、评价、创造等高阶思维能力。

（简介作者，屏幕显示）

竺可桢（1890—1974），浙江省绍兴县东关镇人，中央研究院院士、中国科学院院士，中国近代气象学家、地理学家、教育家，中国近代地理学和气象学的奠基者，浙江大学前校长。

竺可桢是中国物候学的创始人，对中国气候的形成、特点、区划及变迁等，对地理学和自然科学史都有深刻的研究。他兢兢业业，以身作则，从1936年1月1日直到他逝世的前一天（1974年2月6日），共计38年零37天，从未间断。每天记录天气阴晴、风力级别、气温高低，以及相应的物候现象。他的自然日记有40多本，有近千万字。在取得了这样十分雄厚材料的基础上，他写出了备受人们欢迎的《物候学》一书；83岁时还发表了《中国近五千年来气候变迁的初步研究》。

师：了解了竺可桢的生平后，你有什么感受呢？

生：他兢兢业业，以身作则，从1936年1月1日直到他逝世的前一天（1974年2月6日），共计38年零37天，从未间断。这充分体现了坚持与实践的重要性。

师："纸上得来终觉浅，绝知此事要躬行。"同学们，大自然的语言，值得每个人去倾听。让我们用善于发现的眼，善于感受的心，去感受自然赐予我们的美好馈赠吧！课后，请同学们继续完成以下作业：

（屏幕显示）

巩固作业：

（1）修改你课堂创作的物候小诗，向《自然》杂志投稿。

（2）阅读《一门丰产的科学——物候学》原文、《竺可桢的大自然日记》、《第一朵杏花》，思索影响物候现象来临的原因。

（3）这篇文章总结了物候现象来临的四个决定因素。课外查找资料，或根据自己的观察、体验，为课文补充一些例证，还可以探究一下是否有其他决定因素，把你的探究所得写下来。

预习作业：说明事理有许多方法，如举例子、作比较、列数字、引用等。试从课文中各找出一个例子，说说其作用。（在课本上做批注）

备注：A层同学完成巩固作业（1）（3）和预习作业；B层同学完成巩固作业（1）（2）和预习作业；C层同学完成巩固作业（1）和预习作业。

【教学评点】以上为"评"的教学环节。以谈学习感受的方式总结进行，以完成拓展测评习题的方式进行学习评价，提升了学习与思维品质。

二、课堂教学简评

刘老师执教《大自然的语言》，是初中语文"深度课堂"的一次有益探索。根据课程标准、核心素养与学情来制订学习目标，以课堂活动推动教学实施，以问题解决促进学生思维方法与思维品质的培养。从整堂课的教学实施来看，符合"深度学习"理念，体现了"以学生为中心"的教学立场，以下将从"深度课堂"的五个教学环节做具体说明。

第一，导。设置"替换标题"的问题，导入新课，让学生快速浏览全文，把握说明对象。这样的导入简洁有效，方法总结也及时到位，便于学生把课内习得的方法迁移运用到课外。

第二，读。如何引导学生读懂一篇事理说明文，这个环节提供了一个学习支架——思维导图。通过圈画批注关键语句的方法，快速理清文章思路。

第三，悟。这一环节，以“读”为基础，指向“读懂”。引进课外两则材料，要求学生运用课本中习得的知识解决问题。

第四，用。深度课堂的核心在于让学生由“学”到“学会”到“会学”，因此学以致用十分重要。这个环节，要求学生根据第一、二段的内容改文为诗或自主发散思维，以春、夏、秋、冬为时序，自主创作一首小诗，既培养了学生的创造性思维，又体现了分层教学的理念。

第五，评。整节课，每个环节都设置了评价标准，采取“摘星”的持续性评价，激发了学生的学习兴趣。同时，自主评价、同伴互评、教师评价相结合，评价方式多样。

从进一步加强实践的角度，提出几点教学改进建议：①提升学生的参与度，激发学生主动思考；②小组合作交流方面要加强，围绕真实的问题展开；③评价要及时，才能激发学生学习积极性。

（该教学案例由工作室学员刘兵老师提供，工作室主持人语文教研员乐晓华老师评点并作课堂简评）

案例三：邹忌讽齐王纳谏（文言文）

一、教学设计

【学习目标】

1. 正确理解与运用文中重点词语及句式。

2. 欣赏讽谏艺术，理解讽喻说理的特点。

3. 指导学生运用文言文对译方法，开展深度学习。

【学习重点】

1. 正确理解课文内容，把握讽喻说理的特点。

2. 运用文言文对译方法，开展深度学习。

【学习难点】

欣赏讽谏艺术，理解讽喻说理的特点。

【教学过程】

（一）导：创设情境导入新课

……提建议也是一门学问，不妨学习古人的智慧，从《邹忌讽齐王纳谏》中得到一些启示。

（二）读：朗读课文，整体感知

学生齐读课文，要求：准确地朗读（读准字音）；有节奏地朗读（注意停顿、重音、语调、语气）。

结合文章标题，说说文章讲了什么故事？

邹忌讽齐王，齐王纳谏。

（三）译：翻译课文，探究难点

教师点拨难词难句的意义。

学生独立自主翻译课文：结合老师点拨的词语、课文下面的注解与词典，把文言文翻译成白话文。

问题研讨：邹忌在向齐王提建议时，采用了什么方法？（理解讽喻说理的特点）

（四）练：深度学习，文白对译

把下列《邹忌讽齐王纳谏》的白话文句子翻译成文言文。

点拨：文白对译规律：①把双音节词转换成单音节词；②时间、地点、人名等专有名词保留，不必转换；③特殊句子套用成文言文的固定句式（如反问句、倒装句等）；④根据上下句意，转换成文言文句子时，主语可省略；⑤添加虚词，保持文言文表达习惯与味道。

（五）用：学以致用，能力迁移

把下面根据原文创作的白话文，翻译成文言文。

胡小燕，是农民工代表。在“两会”时提议说：“我有一好友，学历高，而且很有才干。晚上躺着时想：‘我与好友相比，哪一个强？’我的丈夫偏爱我，我的下属尊敬我，他们都认为（我）比好友强。但是我的学识怎么能比得上好友呢？我确实知道自己不如好友强，所以不自信。现在全国范围内有农民工几亿人，需要增长他们的才干，让他们能有一技之长，他们的子女都能在城市中接受教育。”温总理对胡小燕说：“好，你的梦想都会实现的。”

自我评价评分标准：能使用文中词语和句式，使用5个以上得60分以上。每增加一处加5分，80分以上为合格。文章简练典雅，加10分。满分为100分。

师生共同讲评译文。

（六）结：课堂学习小结

学生回顾学习过程，小结学习收获。

（七）布置作业，巩固所学

修改自己的译文，使之具有文言味。

二、课堂教学实录及评点

师：同学们，今天老师要和同学们一起上的这节课很特殊，知道为什么吗？因为这是我与大家共同分享的2021年最后一节语文课。老师为这节很特殊的课，做了很精心的准备，所以想邀请校长也来听一下这节课，同学们能不能帮我想想，我该如何劝说校长来听这节课呢？

生：校长，您好！请您在百忙之中来听听我的课。

生：2021年最后一节课很有特殊意义，邀请您来参加。

师：感谢同学们为我想的劝说词，同学们的邀请都很诚恳。在生活中，我们常常要和别人打交道，要提出自己的建议，表达自己的想法，此时最好的办法就是采用委婉的方式。今天，我们就借助《邹忌讽齐王纳谏》一课，看看邹忌是如何劝说齐王采纳自己的建议的，从古人身上我们可以借鉴些什么？请同学们放声朗读课文，有两个要求：一是要准确朗读字音；二是要有节奏的朗读。

【教学评点】以上为“导”的教学环节。导入新课非常切合课文学习内容，教师设计了一个真实情境，在学生体验情境、回答问题时导入新课学习，同时提出问题，让学生带着学习任务进入课文朗读，达到以导启读的效果，有效激发了学生的求知欲望。导入新课的设计，反映了教师的教育智慧。

学生齐声朗读课文。

师：同学们在读准字音方面做得很优秀，我们能不能更进一步，在朗读时注意停顿、重音和语气，请几位同学尝试朗读以下几个句子。

出示句子：君美甚，徐公/何能及/君也？

徐公/何能及/君也？

徐公/不若君/之美也。

教师点评：朗读时运用节奏、重音、语气可以增强文章的代入感，并且能帮助我们了解大概的文意。

师：朗读了解大意后，请结合文章的标题，说说文章讲了一件什么事？

生：邹忌讽齐王，齐王纳谏。

【教学评点】以上为“读”的教学环节。朗读是语文教学所特有的，所以一定要重视朗读。教师对文言句子重音、语气、节奏的朗读指导，并要求学生在充分朗读的基础上，理解全文大意，这是教师重视朗读教学的表现，达到了以读促思的效果。

师：同学们概括得非常准确，我们能不能把具体内容翻译出来呢？请大家借助工具书、课下注释或者与同学交流，口头完成整篇文章的翻译。

（学生自主交流学习）请学生分段落口头翻译课文内容，有误处其他同学纠正。

教师点拨需要重点关注的句子，请同学再译。

出示句子：谓其妻曰："我孰与城北徐公美？"

徐公何能及君也

臣之妻私臣，臣之妾畏臣，臣之客欲有求于臣

王之蔽甚矣

师：大家仔细观察一下，老师所选的这些句子其实是在概括比美事件的起因、经过和结果。对整件事，也有不少人进行了评论。有人称赞邹忌能将"千古臣谄君蔽，兴亡关头，从闺房小语破之"，也有人认为他的劝谏"并无讽王纳谏字句"，妙在"蕴藉"。请你结合这些评论，具体分析邹忌是怎样说服齐王的，其劝谏艺术有哪些高妙之处。

学生交流讨论。

生：运用排比句使人无可辩驳。

生：以家事喻国事，以小见大。

师："蕴藉"如何理解？

生：隐蔽说出，委婉劝说。

师：大家分析得很好，从中我们得到什么启示？

生：向别人提议时要采用委婉含蓄，入情入理的方式。

师：是的，刚才我们通过将古文译为现代文的方式进行了学习，大家的发言很精彩。今天，我们一起来尝试一下古文的另一种学习方法，将现代文还原为古文，加深我们对文本的学习。

【教学评点】以上是"悟"的教学环节。这个环节包括"译""练"两个学习环节，教师通过指导学生把课文翻译成白话文，同时引导学生理解课文内容、情感后，开展了把白话文翻译成文言文的学习活动，学生初步尝试了深度学习，逆向思维与创造能力得到发展。

先来尝试把文言词汇与白话文词汇互译。

（课件展示互译内容，学生抢答）

师：词语对译完成得很顺畅，增加一点难度，请将文言句子与白话文句子

进行对译。

（课件出示对译规律）

1. 把双音节词转换成单音节词。

2. 时间、地点、人名等专有名词保留，不必转换。

3. 特殊句子套用成文言文的固定句式（如反问句、倒装句等）。

4. 根据上下句意，转换成文言文句子时，主语可省略。

5. 添加虚词，保持文言文表达习惯与味道。

学生思考完成对译，并说出在对译过程中运用了哪些规律。

师：我们一起完成了词语和句子的对译，在此基础上，我们一起试着完成篇章的对译。老师根据一位农民工的故事编写了一个文段，这位农民工的名字叫胡小燕，2008年成为第一批当选全国人大代表的农民工，荣获“全国优秀农民工”称号和“全国五一劳动奖章”。在全国人代会上，温总理在听过胡小燕的建议后，给予了她高度评价，并对她说：“梦总能实现的。”珠江电影制片厂以其为原型拍摄了打工题材电影《所有梦想都开花》。请同学们将老师所编写的这个文段通过文白对译的方式进行学习，运用本节课所学的字词句，将白话文段对译为文言文。

（教师出示文段内容，并给出重点字词句提示以及对译评分标准）

（文段）胡小燕，是农民工代表。在“两会”时提议说：“我有一好友，学历高，而且很有才干。晚上躺着时想：‘我与好友相比，哪一个强？’我的丈夫偏爱我，我的下属尊敬我，他们都认为（我）比好友强。但是我的学识怎么能比得上好友呢？我确实知道自己不如好友强，所以不自信。现在全国范围内有农民工几亿人，需要增长他们的才干，让他们能有一技之长，他们的子女都能在城市中接受教育。”温总理对胡小燕说：“好，你的梦想都会实现的。”

（自我评价评分标准：1.能使用文中词语和句式。使用5个以上得60分以上。每增加一处加5分，80分以上为合格，满分为100分）

重点字词句：

甚：很； 何能：怎么能；及：比得上；不若：不如；以为：认为；诚：确实；谓……曰：对……说；美：认为……美；闻：使……听到；孰与：与……

相比怎么样；孰视：同“熟”，仔细；私：偏爱；畏：害怕；善：好；四境之内：全国范围内；谤讥：这里指“议论”，没有贬义。

吾孰与城北徐公美（倒装句）

吾妻之美我者，私我也（判断句）

（学生自主学习，完成文段对译）

学生展示学习成果，师生根据评分标准对学生的对译文段进行评分。

教师出示对译后的文言文段，学生朗读：

（对译文段）胡小燕者，农民工也。于“两会”之际谏曰：“吾有一挚友，学历高，且颇具才干。暮寝而思：‘吾孰与友强？’吾之夫私吾，吾之属敬吾，皆以为强于友。然吾之学识何能及友也？吾诚知不如友强，故不自信。今四境之内有农民工数亿人，需增其学识，使其有一技之长，其子女皆可受教于城中。”温总理谓燕曰：“善，汝之梦皆可成。”

【教学评点】以上为“用”的教学环节，即学以致用。开展自主学习活动，教师指导学生进行把自编的白话文词语、句子、文章翻译成文言文的学习实践活动，要求用习得的知识来解决问题，达到知识的迁移与思维能力的发展，这是深度学习课堂教学的特点。

（课堂总结）

师：请大家谈谈这节课的收获。

生：通过对译学习，将文言文译为现代文会更加轻松，并能对常见字词的使用以及其规律更加清晰。

生：学习到了委婉的说话方式。

师：通过本节课的学习，每个人都有不同的感悟与收获，老师想送给同学们三句话“赏讽谏艺术，以委婉含蓄之语达劝说之目的；立责任担当，以善察善思之举树清正之风气；得学习之法，以文白对译辟古文学习之蹊径”。下课！

【教学评点】以上是“评”的环节，即总结评价，测评教学效果，反思学习目标完成情况。

三、课堂教学简评

该节课以“导、读、悟、用、评”五个环节实施教学，很好地完成了既定的教学目标，落实了课堂重、难点的学习。具体评价：第一，能以学生为中心实施教学，突出了学生的主体学习地位。第二，贯彻了“文言文‘六字诀’对译教学法”，是一堂完整的展示课。导入别开生面，教学环环相扣，以学带动练习，以练习巩固学习，学练结合。第三，本节课促进了学生的深度学习，培养了学生的高阶思维能力。第四，教学过程中注重学生的朗读训练，如朱熹所说：“凡读书……须要读得字字响亮，不可误一字，不可少一字，不可多一字，不可倒一字，不可牵强暗记，只是要多诵数遍，自然上口，久远不忘。”第五，建议多探索体现学以致用“用”的环节的多种教学方式。

（该教学案例由工作室学员谭蓉老师提供，工作室主持人语文教研员乐晓华老师评点并作课堂简评）

参考文献

[1] 中华人民共和国教育部. 普通高中语文课程标准（2017年版）[S]. 北京：人民教育出版社，2017.

[2] 李松林. 回归课堂原点的深度教学 [M]. 北京：科学出版社，2016.

[3] 郑逸农. "非指示性"语文课堂观察研究 [M]. 杭州：浙江大学出版社，2017.

[4] 王开东. 深度语文 [M]. 桂林：漓江出版社，2009.

[5] 王策三. 教学论稿（第二版）[M]. 北京：人民教育出版社，2005.

[6] 中华人民共和国教育部. 义务教育语文课程标准（2022年版）[S]. 北京：北京师范大学出版社，2022.

[7] 于漪. 于漪语文教育论集 [M]. 北京：人民教育出版社，1996.

[8] 傅道春. 教师的成长与发展 [M]. 北京：教育科学出版社，2001.

[9] 谢利民. 教学设计 [M]. 北京：中央广播电视大学出版社，2004.

[10] 徐洁. 把课堂还给学生——如何构建理想课堂 [M]. 上海：华东师范大学出版社，2017.

[11] 刘月霞，郭华. 深度学习：走向核心素养 [M]. 北京：教育科学出版社，2018.

[12] 王昊，李一. 挑战与革新——面向 21 世纪的芬兰教育改革 [J]. 北京联合大学学报（人文社会科学版），2019，17（4）：81–86.

[13] 韦姣. 以成长促发展：澳大利亚教育改革新动向 [J]. 世界教育信息，2019（1）：68–71.

[14] 中华人民共和国教育部. 教育部关于印发《基础教育课程改革纲要（试行）》的通知 [EB/OL]. http：//www.moe.gov.cn/srcsite/A26/jcj_

kcjcgh/200106/t20010608_167343.html，2001-06-08.

［15］中华人民共和国教育部. 国家中长期教育改革和发展规划纲要（2010—2020年）［EB/OL］. http：//www.moe.gov.cn/jyb_xwfb/s6052/moe_838/201008/t20100802_93704.html，2010-07-29.

［16］核心素养研究课题组. 中国学生发展核心素养［J］. 中国教育学刊，2016（10）：1-3.

［17］Biggs J.B. Individual differences in the study process and the quality of learning outcomes［J］. Higher Education，1979（8）：381-394.

［18］舒兰兰，裴新宁. 为深度学习而教——基于美国研究学会“深度学习”研究项目的分析［J］. 江苏教育研究，2016（16）：3-7.

［19］Alliance for Excellent Education. A time for deeper learning：Preparing students for a changing world［R］. Washington：Alliance for Excellent Education，2011.

［20］卜彩丽，冯晓晓，张宝辉. 深度学习的概念、策略、效果及其启示——美国深度学习项目（SDL）的解读与分析［J］. 远程教育杂志，2016（5）：75-82.

［21］赵静. 深度学习理论指导下的大学翻转课堂教学［J］. 中国成人教育，2017（11）：93-96.

［22］郭亚龙. 构建适合学生深度学习的课堂［M］. 成都：四川民族出版社，2018.

［23］谢杰妹. 问题与任务促进科学深度学习［M］. 杭州：浙江教育出版社，2018.

［24］冯朝霞. 中学生学习方式的调查研究［D］. 上海：华东师范大学，2015.

［25］张治勇，李国庆. 学习性评价：深度学习的有效路［J］. 现代远距离教育，2013（1）：31-37.

［26］Loyens S. M. M.，Gijbels D.，Coertjens L.，et al.Students’ approaches to learning in problem-based learning：Taking into account professional behavior in the tutorial groups，self-study time，and different assessment aspects［J］.Studies in Educational Evaluation，2013，39（1）：23-32.

［27］SCALE. Student Performance Assessment［EB/OL］. https//scale.stanford.edu/student，2019–11–20.

［28］Mette H.，Catherine B.，Jennifer A. & Jennifer O'Day.The Shape of Deeper Learing：Strategies，Structures，and Cultures in Deeper Learning Network High schools［R］. Washington，D.C.：American Institutes for Research，2014.

［29］Biggs J. B. Study Process Questionnaire Manual. Student Approaches to Learning and Studying［M］. Australian Council for Educational Research Ltd，Radford House. Frederick St，Hawthorn 3122，Australia，1987.

［30］Nelson L.T.F.，Shoup R.，Kuh G.D. Measuring deep approaches to learning using the national survey of student engagement［A］. Annual Forum of the Association for Institutional Research［C］. Chicago： Elsevier Ltd.，2006：1–28.

［31］Jianxia Du.，Havard，B. & Heng Li.Dynamic Online Discussion： Task–Oriented Interaction for Deep Learning［J］.Education Media International，2005，42（3）：207–218.

［32］H.Tuzuen，M. Yilmaz–Sollu，T. Karakus，et al. The Effects of Computer Games on Primary School Student's Achievement and Motivation in Geography Learning［J］. Computers & Education，2008（52）：68–78.

［33］Joanne Quinn，等. 深度学习2——重新定义未来教育的学习模式［M］. 盛群力，等译.北京：机械工业出版社，2021.

［34］Buckland W. Promoting Deep Learning through the Use of Effective Textbooks［J］. Cinema Journal，2001，41（1）：121–127.

［35］Phan H. Deep Processing Strategies and Critical Thinking：Develop Mental Trajectories Using Latent Growth Analyses［J］. The Journal of Educational Research，2011，104（4）：283–294.

［36］何玲，黎加厚. 促进学生深度学习［J］. 现代教学，2005（5）.

［37］钟启泉. 深度学习［M］. 上海：华东师范大学出版社，2021.

[38] 孙银黎. 对深度学习的认识 [J]. 绍兴文理学院学报（教育版），2007（1）：34–36.

[39] 詹青龙，顾小清. 信息技术教师培训的新思维 [J]. 中国电化教育，2007（7）：13–17.

[40] 吴刚. 奔走在迷津中的课程改革 [J]. 北京大学教育评论，2013，11（4）：20–50，185–186.

[41] 崔允漷. 课堂教学变革的“家”在那里 [N]. 中国教师报，2016–06–01（7）.

[42] 刘哲雨，侯岸泽，王志军. 多媒体画面语言表征目标促进深度学习 [J]. 电化教育研究，2017（3）：18–23.

[43] 吴永军. 关于深度学习的再认识 [J]. 课程·教材·教法，2019，39（2）：51–58.

[44] 朱连云. 导向深度学习的教师实践手册——来自一线课堂教学改进12年的探索 [M]. 上海：上海教育出版社，2021：1.

[45] 安富海. 促进深度学习的课堂教学策略研究 [J]. 课程·教材·教法，2014，34（11）：57–62.

[46] 曾家延，董泽华. 学生深度学习的内涵与培养路径研究 [J]. 基础教育，2017，14（4）：59–67.

[47] 李春密. 深度学习：走向核心素养（学科教学指南·初中物理）[M]. 北京：教育科学出版社，2020：1.

[48] 李金云，李胜利. 指向深度学习的整本书阅读研讨：性质、定位及其核心教学策略 [J]. 课程·教材·教法，2019，39（2）：79–85.

[49] 刘建平，刘庆兵. 深度学习实验 [M]. 北京：民主与建设出版社，2020.

[50] 章明. 学科课程与深度学习 [M]. 上海：华东师范大学出版社，2020.

[51] 仇雅琳. 区域活动中幼儿深度学习的研究 [D]. 济南：山东师范大学，2018.

[52] 张浩，吴秀娟，王静. 深度学习的目标与评价体系构建 [J]. 中国电化教育，2014（7）：51–55.

［53］刘哲雨，郝晓鑫. 深度学习的评价模式研究［J］. 现代教育技术，2017（4）：：12–18.

［54］鲍贤清，张仙. 运用信息技术认知工具促进深度学习［J］. 现代教学，2005（5）：31–33.

［55］刘兆君. 促进深度学习的数字化游戏研究与设计［D］. 长沙：中南大学，2008.

［56］吕丽芬. 网络环境下开展学习叙事促进学生深度学习研究［D］. 金华：浙江师范大学，2011.

［57］张浩，吴秀娟. 深度学习的内涵及认知理论基础探析［J］. 中国电化教育，2012（10）：7–11，21.

［58］喻衍红. 利用信息技术促进大学生深度学习的研究［D］. 南昌：江西师范大学，2009.

［59］张顺良. 核心素养背景下初中语文深度学习的思考与实践［J］. 新课程，2021（39）：20.

［60］查永利. 核心素养导向下的初中语文深度阅读教学［J］. 中学课程辅导（教师教育），2021（2）：57–58.

［61］李继珍. 核心素养背景下探析初中语文深度学习策略［J］. 新课程，2020（37）：139.

［62］李俊. 讨论方式深度学习　培养语文核心素养［J］. 文理导航（上旬），2020（16）：20–23.

［63］梁岩岩. 基于核心素养的初中生语文深度学习研究［D］. 海口：海南师范大学，2019.

［64］郭宜娟. 初中语文深度学习：基于思维发展与提升的需要［J］. 语文教学通讯·D刊（学术刊），2021（7）：21–22.

［65］许昌良. 在初中语文教学中培养学生元认知能力［J］. 江苏教育，2021（45）：30–33.

［66］梁涛. 依托深度学习策略，培育学生思维能力［J］. 语文教学通讯，2020（27）：47–48.

［67］沈东新. 聚焦思维，深度学习——促进初中语文阅读教学质量的提升

［J］. 新作文（语文教学研究），2019（9）：26.
［68］朱成勋. 深度学习　生长学生思维的必备元素［J］. 考试周刊，2018（40）：23.
［69］谢友明. 基于学生心智发展的语文深度学习的策略［J］. 中学语文，2020（27）：68–70.
［70］朱峰. 深度语文，不妨从学生学习的视角落实［J］. 教书育人，2021（16）：22–23.
［71］居玉军. 深度学习：中学语文思维进阶的活动设计［J］. 散文百家（新语文活页），2020（11）：111.
［72］袁国超. 语文深度学习需要深度建构［J］. 教育研究与评论（中学教育教学），2020（7）：43–47.
［73］林明月. 深度学习视野下初中语文阅读教学情境的优化设计［J］. 散文百家（新语文活页），2020（12）：75–76.
［74］孙艳艳，胡海琦. 语文教学中深度学习的分层教学设计研究［J］. 教育实践与研究（B），2021（Z1）：19–22.
［75］魏巍. 基于批判性思维的深度学习教学设计研究［D］. 喀什：喀什大学，2021.
［76］蒋红森. 1+X语文深度学习方案［M］. 武汉：武汉出版社，2018.
［77］耿红卫，刘鑫鑫. 指向高阶思维发展的初中语文深度学习路径［J］. 语文建设，2021（23）：9–13.
［78］王莲春. 为未知而教　为深度而学——基于深度学习的语文课堂教学改进实践与思考［J］. 学周刊，2021（32）：155–156.
［79］熊圣红. 深度教学理念在语文教学中的有效落实策略分析［J］. 考试周刊，2021（3）：52–53.
［80］唐丽. 聚焦深度教学的初中语文课堂教学变革［J］. 教育科学论坛，2020（2）：61–63.
［81］刘威德. 初中语文深度学习策略探讨［J］. 新课程研究，2019（16）：97–98.
［82］邝艳香. 国学经典融入初中语文教学应用探究［D］. 南昌：江西科技师

范大学，2021.
［83］王云峰. 对语文课程深度学习中评价问题的思考［J］. 基础教育课程，2021（9）：65–68.
［84］韦伟. “深度学习”阅读教学的实施与评价［J］. 中小学班主任，2021（24）：17–20.
［85］王蓉. 探索多维评价　促进语文深度学习［J］. 语文世界（教师之窗），2017（12）：34–35.
［86］祝金玲. 针对语文作文的深度学习评价工具设计研究［D］. 沈阳：沈阳师范大学，2021.
［87］田晶. 促进深度学习的课堂评价机制研究［D］. 昆明：云南师范大学，2021.
［88］邓彤. 语文深度学习［M］. 上海：上海教育出版社，2022.
［89］王明玉. 深度学习下的语文阅读教学策略探究［J］. 作家天地，2021（34）：114–116.
［90］徐敏. 深度学习背景下初中语文阅读教学策略探析［J］. 考试周刊，2021（87）：58–60.
［91］韩雪梨. 深度学习下的初中语文阅读教学策略探究［J］. 新课程，2021（39）：113.
［92］后梅红. 深度学习背景下的初中语文阅读教学策略探析［J］. 新课程，2021（11）：10.
［93］肖熹. 深度学习对小说阅读教学的有效意义——以《桥边的老人》教学为例［J］. 华夏教师，2020（8）：68–69.
［94］高翀骅. 基于主题深度学习的任务群教学——《红楼梦》整本书阅读教学案例［J］. 语文教学通讯，2020（7）：42–44.
［95］李含笑. 深度学习视域下初中群文阅读教学研究［D］. 塔里木：塔里木大学，2021.
［96］刘颖. 深度学习理论与初中语文诗歌教学研究［D］. 喀什：喀什大学，2020.
［97］李敏. 基于深度学习理论的初中古诗词教学探究——以山东省M校八年级

为个案［D］. 北京：中央民族大学，2021.
［98］赵克双. 深度学习文言文，培养学生审辩思维［J］. 中学语文，2021（34）：94–96.
［99］王涛. 深度学习视角下文言文教学有效性提升办法［J］. 文学教育（下），2021（11）：60–61.
［100］温兴标，赵小意. “深度学习”视域下的初中文言文教学策略探微［J］. 中学语文，2020（23）：10–13.
［101］郑雪. 深度学习理论下的初中文言文教学研究［D］. 青岛：青岛大学，2020.
［102］杨小军. 初中古代山水散文的深度教学思考——以统编教材八年级上册第三单元为例［J］. 全国优秀作文选（教师教育），2018（12）：4–8.
［103］高榕蔚. 深度教学视域下初中散文教学研究［D］. 喀什：喀什大学，2020.
［104］范晓燕. 初中现代散文深度学习指导策略研究［D］. 杭州：杭州师范大学，2020.
［105］张菊，郭永峰. 深度学习研究综述［J］. 教学研究，2021（3）：6–11.
［106］Beattie V.，Collins B. & Mclnnes B. Deep and Surface Learning：A Simple or Simplistic Dichotomy?［J］. Accounting Education，1997（6）：：1–12.
［107］Bransford J.，Brown A. & Cocking R. How People Learn：Brain，Mind，Experience and School［M］.Washington，DC：National Academy Press，2000.
［108］National Research Council.Education for Life and Work：Developing Transferable Knowledge and Skills in the 21st Century［M］. Washington，DC：National Academies Press，2012.
［109］郭华. 深度学习及其意义［J］. 课程·教材·教法，2016（11）：25–32.
［110］Eric Jensen, LeAnn Nickelsen. 深度学习的7种有力策略［M］. 温暖，译. 上海：华东师范大学出版社，2010.
［111］Cheung D. The Combined Effects of Classroom Teaching and Learning Strategy Use on Students' Chemistry Self–Efficacy［J］. Research IN

Science Education，2015，45（1）：101–106.

［112］钟志贤. 面向知识时代的教学设计框架——促进学习者发展［D］. 上海：华东师范大学，2004：85–91.

［113］夸美纽斯. 大教学论［M］.傅任敢，译.北京：教育科学出版社，1999.

［114］杨向东. 如何基于核心素养设计教学案例［N］. 中国教育报，2008–05–30.

［115］王宁. 语文核心素养与语文课程的特质［J］. 中学语文教学，2016（11）：4–8.

［116］黄晓江. 基于深度学习的初中语文阅读教学策略与研究［C］//教师教育能力建设研究科研成果汇编（第七卷）. 中国管理科学研究院教育科学研究所，2018：224–227.

［117］刘爽爽. 深度学习视域下初中语文小说阅读教学策略探究［D］. 济南：山东师范大学，2021：12–14.

［118］Marton F.，Saljo R. On Qualitative Differences in Learning：I–Outcome and Process［J］. British Journal of Educational Psychology，1976，（46）：4–11.

［119］高文. 情境学习与情境认知［J］. 教育发展研究，2001（8）：30–35.

［120］琳达・达林–哈蒙德，等. 高效学习：我们所知道的理解性教学［M］. 冯锐，等译.上海：华东师范大学出版社，2010.

［121］李松林，贺慧，张燕. 深度学习究竟是什么样的学习［J］. 教育科学研究，2018（10）：54–58.

［122］B. S. 布卢姆，等. 教育目标分类学　第一分册　认知领域［M］. 罗黎辉，等译.上海：华东师范大学出版社，1986.

［123］贲爱玲. 元认知理论指导下的反思型教师教育［D］. 南京：南京师范大学，2004：16.

［124］张甜甜. 关于大学英语写作元认知策略训练与自主写作能力培养研究的意义［J］. 科技信息，2013（24）：173–174.

［125］焦淼. 深度学习视域下的初中语文教学研究［D］. 伊犁：伊犁师范大学，2021：32–36.

[126] 吴忠豪. 语文本体性教学内容研究 [J]. 语文建设，2014（34）：16–24.

[127] 李吉林. 为儿童快乐学习的情境教学 [J]. 课程·教材·教法，2013（2）：3–8.

[128] 李瑾瑜. 论师生关系及其对教学活动的影响 [J]. 西北师大学报（社会科学版），1996（3）：62–66.

[129] 邹进. 现代德国文化教育学 [M]. 太原：山西教育出版社，1992：27.

[130] 余文森. 核心素养导向的课堂教学 [M]. 上海：上海教育出版社，2017.

[131] 叶圣陶. 叶圣陶语文教育论集 [M]. 北京：教育科学出版社，1980.

[132] 伍远岳. 论深度教学：内涵、特征与标准 [J]. 教育研究与实验，2017（4）：63–64.

[133] Stiggins，R. From Formative Assessment to Assessment for Learning: A Path to Success in Standards-based Schools [J]. Phi Delta Kappan，2005，87（4）：324–328.

后 记

在基础教育这块充满希望的土地上，时至今日，我辛勤耕耘了34年，其中，第一个17年为我的一线教师教学生涯，这一历程，我练就了娴熟施教的功夫，积累了丰富的课堂教学经验，亦形成了自己“深入浅出、条理清楚、环环相扣、衔接自然”的严谨教学风格。2005年，我从中学校长、语文教师岗位上调到区教育科研培训中心主任、中学语文教研员岗位上，从事教科研管理及语文教研工作，至今刚好17年，这是第二个17年的教研历程，我不仅掌握了精准听课评课的功夫，而且总结出一套指导青年教师专业成长的“循环教研法”。渗透在教学与教研的两段工作历程中的，是坚持不懈、持之以恒的致力于中学语文科研课题研究，通过研究，解决教学、教研上的一系列难点问题，也促进了我的专业水平迅速提高，形成了精湛的教学艺术。有人说“每一个人的历程都是一部人才成长的教科书，在培养别人的同时使自己也成了人才”，这是非常正确的。

在教育科研方面，尽管这30多年来，教育目标从二维目标（知识、技能）发展到三维目标（知识与技能，过程与方法，情感、态度与价值观），从三维目标又发展到四维目标（语文课程核心素养的四个方面内容），可是我依然坚持科研课题研究。一路走来，我先后主持过“语文自学辅导教学实验研究”“语文个性化阅读与个性化写作教学实验研究”“新课程背景下的中学语文文言文对译教学研究”“基于互联网环境的文言文对译教学实践研究”“基于深度学习的初中语文教学研究”等课题的研究，同时创造了文言文“六字诀”对译教学模式，创建了初中语文深度学习“五字诀”课堂教学基本模式，还参与并指导过珠海市金海岸中学郭铭辉老师主持的“散合式语文教学法实验研究”、珠海市金湾区外国语学校的“先学后教六步教学法实验研究”等课题的研究。由“教学”而“教研”，由“教研”而“科研”，由借鉴到创造，使自己从“经验型教师”向“研究型教师”转化，专业得到了很大的成长。

把多年研究的经验写成教学专著，这一直是我的梦想。基于深度学习的初中语文教学课题研究历时近三年，这两年多来，我坚持不懈地阅读、研究、实践，夜以继日地查资料、构思、写作，拙作《深度学习视域下的初中语文课堂教学策略》终于付梓了。在艰苦的查资料、撰写过程中，饱尝了“衣带渐宽终不悔，为伊消得人憔悴”的艰辛；也曾遇到过“山重水复疑无路”的困惑与“柳暗花明又一村”的豁然开朗；著作的圆满完成，又使我有一种“千锤万凿出深山，烈火焚烧若等闲”的超脱之感。唯愿它成为一股涓涓细流，为我国基础教育语文教学改革的河流注入一股清泉，是吾之初衷也。

在研究与写作本书过程中，我得到过很多宝贵的帮助。诚挚地感谢广东科学技术职业学院马克思主义学院胡海建院长、教授、博士的支持。感谢肇庆学院教育发展研究院常务副院长、教授、硕士生导师曲中林先生，他是我主持的“深度学习初中语文教学研究”课题的顾问，一直指导课题组研究工作，付出了辛勤的劳动。由衷地感谢肇庆学院教师、教育学院副院长、教授、博导曾毅先生，他在我写作本书过程中，在教学实践方面做了有价值的指导，对本书写作目录的编排、调整以及章节间逻辑的处理等提出了许多宝贵的建议。感谢肇庆学院的教授曾苗苗女士，她在调查问卷与统计方面提供了有益的指导。特别感谢深圳市福田区教科院院长、全国著名特级教师、首批正高级教师郭其俊与广东省特级教师、语文正高级教师罗易两位先生为本书作序；感谢珠海市教育研究院高中语文教研员黄平先生与初中语文教研员储强胜先生两位专家，他们在本课题研究过程中给予了很多指导与帮助。另外，感谢我工作室的学员刘兵、纪楠、谭蓉、赵丽红、李其轩与珠海市平沙二中龚彩虹老师等提供了教学案例；感谢我工作室其他成员（虞佳、李智玲、陈志红、朱玮琪）在课题实践与探索方面作出的努力与支持。

另外，还要感谢珠海市铭宇印刷公司的杨红旗、罗笑珍两位在书稿打字排版方面的帮助；感谢珠海市三灶中学许培纯、广东实验中学金湾学校附属初中穆艳芳老师在书稿打字方面的帮助；感谢珠海市广东实验中学金湾学校郑文佳主任对本书校对付出的劳动。感谢黄宗付先生的鼎力支持。本书在写作过程中还参考、引用了有关书籍的大量资料，由于篇幅所限，未能将这些材料的出处一一列出，谨在此对作者一并表示感谢。

应该指出的是，《深度学习视域下的初中语文课堂教学策略》是课题的成果，因为它是一个新课题，可供直接参考借鉴的资料很少，为研究与写作本书带来了很大难度，加之我的孤陋寡闻和学识肤浅，研究也不够深入，使本书有很多不足之处，衷心地希望各位专家、学者、教师和其他读者能够给予批评指正，我将不胜感激。

乐晓华
2022年4月
于珠海市航空新城龙光·玖龙府小区